Philosophische Grundlagen der Soziologie

Reihe herausgegeben von

Peter Gostmann, Institut für Soziologie, Universität Frankfurt, Frankfurt, Deutschland

Die Buchreihe zielt darauf, mit den philosophischen Grundlagen der Soziologie vertraut zu machen. Zu diesem Zweck rückt jeder Band der Reihe einzelne Philosoph*innen von exemplarischer Bedeutung für das soziologische Denken (oder in Ausnahmefällen Philosoph*innen-Gruppen) in den Mittelpunkt. Neben Philosoph*innen, deren Schriften zum festen Bestand soziologischer Grundlagenreflexion zählen, sollen dabei auch solche, deren soziologische Relevanz man bisher noch nicht recht erkannt hat, in ein neues Licht gerückt werden.

Das Prinzip der Darstellung, das die Bände der Reihe auszeichnet, ist, die Praxis der Grundlagen*forschung* sichtbar zu machen: Sie vermitteln nicht den Eindruck statischen Wissens, sondern dokumentieren, was Arbeit am und mit Wissen bedeutet; sie leisten im Duktus einer Einführung einen Diskussionsbeitrag zur Frage der soziologischen Potentiale des Philosophierens und wollen auf diese Weise Anregung zu gehaltvollem soziologischen Denken sein. Deswegen geben die Autor*innen der Bände der Originalität und Prägnanz der Auseinandersetzung mit ihrem Gegenstand im Zweifelsfall den Vorrang gegenüber eher buchhalterischen Problemen wie etwa dem der Lückenlosigkeit des Berichts einer Rezeptionsgeschichte. Als Ganzes soll die Reihe ein Bild „tiefen" soziologischen Wissens bieten.

Peter Gostmann

Soziologisch denken mit Platon

Zwischen Philosophie und Politik

Peter Gostmann
Goethe-Universität Frankfurt am Main
Frankfurt am Main, Deutschland

ISSN 2661-8044　　　　　　ISSN 2661-8052　(electronic)
Philosophische Grundlagen der Soziologie
ISBN 978-3-658-37426-6　　　ISBN 978-3-658-37427-3　(eBook)
https://doi.org/10.1007/978-3-658-37427-3

Die Deutsche Nationalbibliothek verzeichnet diese Publikation in der Deutschen Nationalbibliografie; detaillierte bibliografische Daten sind im Internet über http://dnb.d-nb.de abrufbar.

© Der/die Herausgeber bzw. der/die Autor(en), exklusiv lizenziert an Springer Fachmedien Wiesbaden GmbH, ein Teil von Springer Nature 2022
Das Werk einschließlich aller seiner Teile ist urheberrechtlich geschützt. Jede Verwertung, die nicht ausdrücklich vom Urheberrechtsgesetz zugelassen ist, bedarf der vorherigen Zustimmung des Verlags. Das gilt insbesondere für Vervielfältigungen, Bearbeitungen, Übersetzungen, Mikroverfilmungen und die Einspeicherung und Verarbeitung in elektronischen Systemen.
Die Wiedergabe von allgemein beschreibenden Bezeichnungen, Marken, Unternehmensnamen etc. in diesem Werk bedeutet nicht, dass diese frei durch jedermann benutzt werden dürfen. Die Berechtigung zur Benutzung unterliegt, auch ohne gesonderten Hinweis hierzu, den Regeln des Markenrechts. Die Rechte des jeweiligen Zeicheninhabers sind zu beachten.
Der Verlag, die Autoren und die Herausgeber gehen davon aus, dass die Angaben und Informationen in diesem Werk zum Zeitpunkt der Veröffentlichung vollständig und korrekt sind. Weder der Verlag, noch die Autoren oder die Herausgeber übernehmen, ausdrücklich oder implizit, Gewähr für den Inhalt des Werkes, etwaige Fehler oder Äußerungen. Der Verlag bleibt im Hinblick auf geografische Zuordnungen und Gebietsbezeichnungen in veröffentlichten Karten und Institutionsadressen neutral.

Coverabbildung: © Marie-Lan Nguyen/Wikimedia Commons/CC-BY 2.5

Planung/Lektorat: Cori Antonia Mackrodt
Springer VS ist ein Imprint der eingetragenen Gesellschaft Springer Fachmedien Wiesbaden GmbH und ist ein Teil von Springer Nature.
Die Anschrift der Gesellschaft ist: Abraham-Lincoln-Str. 46, 65189 Wiesbaden, Germany

Vorwort

Die Frage nach den philosophischen Grundlagen der Soziologie stellt sich mit Blick auf den athenischen Akademielehrer Platon in besonderer Weise: Er ist selbst beteiligt an der Konstitution dessen, was wir heute Philosophie nennen. Anders ausgedrückt: Er ist einer derjenigen Philosophen, die die Philosophie noch ohne Unterstützung philosophischer Lehrbücher, ohne ‚Organon' und ohne einen ‚Kanon' lernen und praktizieren. Wir könnten, wenn wir einem vielzitierten Satz Alfred N. Whiteheads folgen wollten,[1] argumentieren, dass alle Wege, die von der Philosophie zur Soziologie führen, auf die eine oder andere Weise bei Platon oder jedenfalls in Platons ‚Milieu' beginnen; d. h. argumentieren, dass Platons Tätigkeit in Athen *die* Grundlage (auch) der Philosophie der Sozialwissenschaften ist. Dieses Argument ist allerdings, ob es trägt oder nicht, nicht besonders interessant; zu argumentieren, dass alle Philosophie der Sozialwissenschaften platonische Philosophie ist, hat so viel für sich wie der Satz, dass bei Nacht alle Katzen grau sind. In diesem Buch wählen wir deswegen einen anderen Weg des Umgangs mit der exponierten philosophiegeschichtlichen Position Platons: (1) Wir ignorieren ihre „organistische[]" Bedeutung,[2] d. h. kümmern uns nicht um die Frage des ‚Platonismus'; (2) wir verstehen sie als Hinweis, dass die Lektüre Platons eine gewisse Achtsamkeit verlangt, d. h. setzen *nicht* voraus, dass wir bereits am Beginn wissen, wohin uns die Lektüre führen wird.

Für eine solche traditionsentlastete Lektüre Platons spricht eine Beobachtung, die Thomas A. Slezák im Rahmen seiner jüngst erschienenen Monographie

---

[1] „Die sicherste allgemeine Charakterisierung der philosophischen Tradition Europas lautet, dass sie aus einer Reihe von Fußnoten zu Platon besteht." (Whitehead, Alfred N. 1987. *Prozess und Realität. Entwurf einer Kosmologie.* Frankfurt am Main: Suhrkamp), S. 91.
[2] Whitehead. *Prozess und Realität,* S. 92.

hervorhebt: Das „heute noch fortwirkende[], spezifisch ‚moderne[]' Platonverständnis[]", d.h. das uns geläufige Wissen, basiert, wenn wir die Umstände seiner „Initiat[]io[n]" betrachten, en gros auf einem „romantische[n]" Vorurteil,[3] zu dessen Stütze man z. B. eine besonders aussagekräftige Schrift, den sogenannten *Siebten Brief,* ohne rechte Gründe als Fälschung behandelte und also unberücksichtigt ließ.[4] Mit Blick auf die Frage der Soziologie, die der Philosophie Platons korrespondiert, kann von einer Tradition, von der wir uns zu entlasten hätten, ohnehin kaum die Rede sein.

Karl R. Popper, der Mitte der 1940er Jahre einen sich „einfach unbewußt" vollziehenden „großen Einfluss" von „soziologischen Theorien" Platons auf Vertreter einer „idealistische[n] Methode" in der modernen Soziologie kenntlich machen wollte,[5] gab selbst zu, dass seine Platon-Lektüre nicht „wissenschaftlichen Charakter[s]" sei, sondern er unter dem „*Gesichtspunkt*" des „Kampfes" für das, was er unter einer „offene[n] Gesellschaft" verstand, verfuhr.[6] Die ‚Erklärung', die Popper unter diesem Gesichtspunkt für eines der zentralen soziologischen Probleme fand, die Platons Schriften aufwerfen: für die Frage des Verhältnisses des Autors und des Hauptsprechers seiner Dialoge, entspricht denn auch nicht einmal den Standards, für die Popper selbst sich verwendete,[7] sondern scheint eher die Variationsbreite des ‚romantischen' Vorurteils zu illustrieren: Sokrates werde gegen Platons eigene Überzeugung („Rückkehr zum Stamm, zur primitiven Horde") in dessen Dialogen als überzeugender Vertreter einer offenen Gesellschaft sichtbar im Ergebnis eines „gigantischen Kampfes in Platons Verstand", der dessen unbewusstem Wissen um die „Tatsache des Verrats", den er an seinem Lehrer beging, Ausdruck verleihe.[8]

Alvin W. Gouldner hatte also gute Gründe, Poppers Darstellung der Soziologie Platons nicht heranzuziehen, als er 20 Jahre später dem „interest in the fate of men" und der „perplexity about their behavior" nachging, in dem „Platonic

---

[3] Szlezák, Thomas A. 2021. *Platon. Meisterdenker der Antike.* München: C.H. Beck, S. 207 und S. 203.

[4] Szlezák. *Platon,* S. 201; vgl. S. 114–116 und S. 178–194.

[5] Popper, Karl R. 1992. *Die offene Gesellschaft und ihre Feinde. Band I. Der Zauber Platons.* Tübingen: Mohr (Siebeck), S. 44.

[6] Popper. *Die offene Gesellschaft I,* S. 204–205, und Popper, Karl R. 1992. *Die offene Gesellschaft und ihre Feinde. Band II: Falsche Propheten: Hegel. Marx und die Folgen.* Tübingen: Mohr (Siebeck), S. 326; vgl. S. 311–316.

[7] Popper, Karl R. 1935. *Logik der Forschung. Zur Erkenntnistheorie der modernen Naturwissenschaft.* Wien: Springer.

[8] Popper. *Die offene Gesellschaft I,* S. 204, S. 233–234 und S. 232.

and [...] sociological curiosity" sich träfen.⁹ Sein Blick auf das Verhältnis Platon–Sokrates ist an schlichten Tatsachen orientiert, die auch wir im Folgenden als wichtige Hinweise behandeln werden, nicht zuletzt an beider unterschiedlichen Generationslagen, die mit einem unterschiedlichen politischen Erlebnishintergrund einhergingen. So wie Gouldner gehen wir, statt eine voraussetzungsreiche Herangehensweise wie Popper zu wählen, davon aus, dass zwischen den Lehren von Sokrates und Platon ein Verhältnis von „difference *and* [...] continuity" besteht.¹⁰ Allerdings wollen wir, um nicht ohne triftigen Grund vorschnell auf vertrautes soziologisches Terrain zurückzukehren, deswegen nicht gleich von Platon als „routinizer of Socrates' charisma" sprechen und suchen auch nicht den Vergleich mit „paired relations" moderner Intellektueller wie „Marx and Engels" oder „Saint-Simon and Comte".¹¹

Wie Gouldner werden wir außerhalb des Fachs Soziologie gesammeltes, mitunter bereits mit Hilfe einiger soziologischer Kategorien geordnetes Wissen über die „Hellenic World", in der Sokrates und Platon agierten, begleitend heranziehen. Anders als bei Gouldner¹² steht aber diese ‚Welt' nicht am *Beginn* unserer Untersuchung. Wir werden vielmehr bei Platon selbst beginnen und ziehen Kontextwissen erst heran, wenn seine eigenen Äußerungen uns auf bestimmte Kontexte verweisen, wobei wir von der Prämisse ausgehen, uns möglichst auf das beschränken zu wollen, was ein ‚durchschnittlicher' Bürger der Polis Athen wissen konnte. Während Gouldner der Beginn seiner Untersuchung in der Form einer Beschreibung der Politik der ‚griechischen Welt' ermöglichte, Platon–Sokrates als Vertreter einer sozialtheoretisch gedeckten „Alternative to Politics" zu zeichnen,¹³ interessieren wir uns einfach für das Ensemble sozialen Größen, das Platon in seinen Schriften arrangiert. Sokrates ist als Wortführer in den meisten Schriften Platons unter diesen Größen die hervorstechende; angesichts der Vielfalt der Gesprächspartner, denen Platon Sokrates begegnen lässt, und der unterschiedlichen Dynamiken, die die Dialoge entwickeln, konzentrieren wir uns statt auf das, was beide von der gegebenen Politik trennen mag, auf die Frage ihrer Einschreibung in sie.

Dieses Buch ist zuerst an Soziolog*innen adressiert (deren Interesse an den philosophischen Grundlagen ihres Fachs wir voraussetzen, hätten sie doch sonst

---

⁹ Gouldner, Alvin W. 1965. *Enter Plato. Classical Greece and the Origins of Social Theory.* New York, London: Basic Books, S. 172.
¹⁰ Gouldner. *Enter Plato,* S. 176–177; Hervorhebung von mir/PG.
¹¹ Gouldner. *Enter Plato,* S. 178 und S. 177.
¹² Gouldner. *Enter Plato,* S. 1–161.
¹³ Gouldner. *Enter Plato,* S. 165–196.

kaum zu diesem Buch gegriffen). Platon zählt allerdings nicht zu den Autoren, die Soziolog*innen üblicherweise während ihres Studiums lesen; und haben sie bereits etwas über Platon gehört oder gelesen, so ist nicht auszuschließen, dass sie bloß etwas im Sinne des romantischen Vorurteils gehört oder gelesen haben, das Szlezák skizziert. Beim Verfasser dieser Zeilen war es nicht anders; er musste erst entdecken, dass man Platon besser liest, als über ihn zu lesen oder von ihm zu hören. Das Prinzip der folgenden Darstellung ist deswegen, dass der Schreibende den Leser*innen möglichst nicht mehr als *einen* Gedanken voraus sein sollte: Ich versuche zu zeigen, wie Soziolog*innen (aller Fakultäten) Platon lesen können. Für Leser*innen, die *nicht* Soziolog*innen sind, kann meine Darstellung also nur in dieser letzteren Hinsicht von Interesse sein – sofern sie die Möglichkeit zulassen, dass der Mitvollzug einer soziologischen Lektüre Platons ihren eigenen Forschungen nicht hinderlich ist (oder überhaupt eine Geschmacklosigkeit goutieren würde). Für diese Möglichkeit spricht immerhin, dass eine Reihe von Platon-Studien vorliegen, deren Autor*innen die soziale Dimension der Dialoge zur Erkenntnisbildung heranziehen;[14] von ihrem Vorgehen unterscheidet uns nichts Grundsätzliches, sondern lediglich die Penetranz der Reflexion sozialer Größen in Platons Schriften – die uns allerdings mitunter zu etwas anderen Befunden führt.

Die Lektürepraxis, die der Darstellung zugrunde liegt, ist selbstverständlich etwas umständlicher, als das Bild des *einen* Gedankens, den der Autor den Leser*innen voraus zu sein versucht, zum Ausdruck bringt; tatsächlich entspricht diesem Gedanken praktisch eine (unter Umständen mehrere Schwünge umfassende) exegetische Pendelbewegung, in deren Zuge ich auch außerhalb des Fachs Soziologie gesammeltes Wissen über Platons ‚Welt' konsultiert habe. Als Laie in allen Fragen der Altertumswissenschaft und der Klassischen Philologie musste ich mich dabei überwiegend auf allgemeine Darstellungen beschränken; von außerordentlicher Bedeutung war hier Debra Nails' *Prosopography of Plato and*

---

[14] Dies gilt z. B. für Leo Strauss (insbesondere in den detaillierten Untersuchungen der *Nomoi* und des *Symposion:* Strauss, Leo. 1975. *The Argument and the Action of Plato's Laws.* Chicago, London: The University of Chicago Press; Strauss, Leo. 2001. *On Plato's Symposium.* Chicago, London: The University of Chicago Press) und für andere Vertreter der *Political Science,* die sich an ihm orientieren (vgl. nur Catherine Zuckerts umfassende Studie über die Ausprägungen der Figur des Philosophen: Zuckert, Catherine H. 2009. *Plato's Philosophers. The Coherence of the Dialogues.* Chicago, London: The University of Chicago Press). Aber auch z. B. Hans Blumenberg, der seine Überlegungen im Zusammenhang des Höhlengleichnisses der *Politeia* ausdrücklich als *philosophische* Leistung verstanden wissen will, weiß genau um die Bedeutung der sozialen Dimension seines Materials (Blumenberg, Hans. 1996. *Höhlenausgänge.* Frankfurt am Main: Suhrkamp, S. 22 und insbesondere S. 85–181).

Other Socratics,[15] mit deren Hilfe ich abzubilden versuche, was ein ‚durchschnittlicher' Bürger der Polis Athen über die Personen wissen konnte, die in Platons Schriften miteinander ins Gespräch kommen.

Unsere Platon-Lektüre beginnt mit den ‚autobiographischen' Passagen des erwähnten *Siebten Briefs* (1.). Wie wir sehen werden, lassen sich analytisch vier Sequenzen der Biographie unterscheiden, die wir im Bild von *vier Platonen* erfassen; Platons Schilderung der sozialen ‚Welt' korrespondiert der intellektuellen Entwicklung, die sich in den Unterschieden dieser vier Platonen zeigt. Der nächste Schritt gilt einem systematischen Überblick des Ensembles sozialer Figuren, die Platon in seinen Dialogen auftreten lässt (2.). Auf seiner Grundlage rekonstruieren wir Platons *soziale Geometrie*. Das folgende Kapitel zeigt die soziale Geometrie Platons anhand einer prägnanten Schrift, *Politeia,* als eine Ordnung *in Bewegung* (3.). Die Lektüre wird uns nicht zuletzt eine materialbasierte Einschätzung des Verhältnisses von Platon und Sokrates ermöglichen. Schließlich versuchen wir dem Problem Rechnung zu tragen, dass auch Soziolog*innen mit einem Interesse an den philosophischen Grundlagen ihres Fachs sich mit Recht fragen können, warum gerade von einem mehr als 2000 Jahre alten Autoren etwas zu lernen sein sollte – wobei die Darstellung im Zeichen des Vorrangs steht, den unserer Platon-Lektüre zufolge das Aufwerfen von *Fragen* gegenüber dem Deklarieren von *Antworten* haben sollte (4.).

Der Versuch, beim Schreiben den Leser*innen nicht mehr als einen Gedanken voraus zu sein, zu zeigen, wie Soziolog*innen Platon lesen können, führt dazu, dass die einzelnen Kapitel teilweise Züge des Sammelns von Auffälligkeiten tragen, deren Bedeutung sich erst im Gang der folgenden Lektüre erschließt; die Entwicklungstendenz (wenigstens in den Kap. 2 und 3) geht deshalb vom (relativ) Banalen zum (relativ) Komplexen. Das Pendant dieser Sammelbewegungen bilden systematische Reflexionen zur Soziologie Platons, die ich an verschiedenen Stellen (in 1.2, ausgangs von 2.5, eingangs von 3.4 und ausgangs von 3.5) einschiebe, um den (Zwischen-)Stand der Lektürearbeit zusammenzufassen.

Aufmerksame Leser*innen werden bemerken, dass ich nicht allen Auffälligkeiten, die wir anlässlich der Lektüre sammeln, die forschende Aufmerksamkeit widme, die sie verdienen; insbesondere in Kap. 2 werden sie auf eine Reihe von Forschungsperspektiven zur Soziologie Platons (und über sie hinaus) stoßen, die lediglich angedeutet werden. Teilweise wird dies sicher einer Unaufmerksamkeit des Verfassers geschuldet sein; manchmal aber wird die Entdeckung einer solchen Forschungsperspektive eine Begegnung mit der ‚didaktischen' Idee sein, die

---

[15] Nails, Debra. 2002. *The People of Plato. A Prosopography of Plato and other Socratics.* Indianapolis, Cambridge: Hackett.

den Versuch trägt, beim Schreiben den Leser*innen nicht mehr als einen Gedanken voraus zu sein: Die Möglichkeiten soziologischer Platon-Lektüre sind mit diesem Buch keineswegs ausgeschöpft; sie gehören ebenso den Leser*innen wie dem Verfasser.[16]

---

[16] Leser*innen, die diesen Möglichkeiten nachgehen möchten, finden unter dem folgenden Link ein Register historischer Personen- und Götternamen sowie Orte: go.sn.pub/J7Otxd.

Inhaltsverzeichnis

1 Elemente der Biographie Platons 1
   1.1 Die Person Platon 1
   1.2 Platons ‚Welt' 13

2 Corpus Platonicum: Überblick des Werks 27
   2.1 Das Prinzip der sokratischen Genealogie 27
   2.2 Zeiten der Hegemonie (450–415) 37
   2.3 Wege in die Provinz (413–400) 49
   2.4 Ein Jahr in der Provinz (399) 58
   2.5 Transhistorische Hinweise 65

3 Politeia: ‚Lehre vom Lebenslauf' und soziale Praxis 75
   3.1 Politische Hermeneutik 75
   3.2 Die Ausgangskonstellation 80
   3.3 Die Thrasymachos-Krise 91
   3.4 Die Untersuchungsgruppe 109
   3.5 Epistaten und andere 118
   3.6 Sokrates, Lysias und Platon zwischen Philosophie und Politik 140

4 (Neo-)Sokratische Konstellationen 155

Zeittafel 167

Literatur 173

Elemente der Biographie Platons

1.1 Die Person Platon

Wenn wir etwas über die Person Platon erfahren wollen, ist die naheliegendste Quelle die autobiographische Erzählung im Rahmen seines sogenannten *Siebten Briefs*. Wie für viele der Schriften Platons gilt auch für den *Siebten Brief*, dass seine Authentizität unklar ist; es ist nicht einmal auszuschließen, dass Teile, womöglich Jahrhunderte nach Platons Tod, „nachträglich eingefügt" wurden, und schon gar nicht, dass der Brief zwar auf ihn selbst zurückgeht, aber „in der Akademie", d. h. seitens seiner Schüler, „noch einmal redigiert, vielleicht auch revidiert" worden ist. Allgemein spricht also einiges dafür, den *Siebten Brief* als eine Art „Kunstbrief" zu lesen, in dem die Dinge nicht so präsentiert werden, wie sie *waren*, sondern so, wie sie gesehen werden *sollten*. Es gibt andererseits keinen belegbaren Grund, warum wir nicht davon ausgehen sollten, dass hier eine *Person* namens Platon mit dem Anspruch, der *Wahrheit* Genüge zu tun, Dinge berichtet, die Zeitgenossen für *glaub*würdig halten konnten. Wenn wir im Folgenden von Platons Autorschaft sprechen, so immer unter dieser Prämisse.[1]

Der Brief datiert auf den Sommer des Jahres 354 v.Chr.;[2] d. h. Platon verfasst ihn ungefähr 70-jährig, wenige Jahre vor seinem Tod. Mehr als 30 Jahre vorher hat er, wohl aus seinem Privatvermögen, vor den Toren Athens, „auf einem parkähnlichen Gelände […] in der Nähe des Flusses Kephisos", eine unentgeltliche

---

[1] Söder, Joachim. 2017. Zu Platons Werken. In *Platon Handbuch. Leben – Werk – Wirkung*. 2. Auflage, hrsg. Christoph Horn, Jörn Müller und Klaus Döring. Stuttgart: Metzler, S. 20–61, hier S. 21–22. Zur Authentizität, biographietheoretischen und werkexegetischen Bedeutung des *Siebten* Briefs vgl. Szlezák. *Platon*, S. 34–37, S. 112–116 und S. 611–615.
[2] Vgl. Nails. *The People of Plato*, S. 330.

© Der/die Autor(en), exklusiv lizenziert an Springer Fachmedien Wiesbaden GmbH, ein Teil von Springer Nature 2022
P. Gostmann, *Soziologisch denken mit Platon*, Philosophische Grundlagen der Soziologie, https://doi.org/10.1007/978-3-658-37427-3_1

Schule eröffnet, eben die Akademie,[3] der er, als er den Brief verfasst, immer noch vorsteht. Der Name der Einrichtung geht anscheinend auf einen der Heroen der Stadt, Akademos, zurück. Die biographische Forschung geht davon aus, dass die „Bindung" zwischen Platon und der Schülerschaft der Akademie ein „persönliche[s] Einverständnis" voraussetzte, das sich neben gemeinsamen „Mahlzeiten" in akademischen Festen mit religiösem Anspruch („Feier der Geburt Apollons") oder in sogenannten „Symposien" („Trinkgelage[n]" nach „strengen Regeln") bewähren musste. Nach allem, was man weiß, entwickelte Platon die Grundlagen einer akademischen Kultur des (gemeinsamen) Lesens und der Verschriftlichung.[4] Die Schülerschaft war nicht auf die Bürgerschaft Athens begrenzt und (zumindest zeitweise) keine Frage des Geschlechts.[5]

Die Adressaten des Briefs des alten Akademievorstands sind „Dions Verwandte und Freunde".[6] Platon hat den rund 20 Jahre jüngeren Dion, der kürzlich zu Tode gekommen ist, ungefähr 30 Jahre zuvor kennengelernt, kurz bevor er die Akademie gegründet hat. Dion gehörte damals als naher Verwandter von Dionysios I. zu dessen Hof in Syrakus, einer mehr als 300 Jahre alten, expandierenden griechischen Kolonialstadt in Sizilien, den Platon im Rahmen einer Art Kulturaustausch besuchte.[7]

Syrakus wird seit langer Zeit von Militärstrategen regiert; Dionysios I., ungefähr in Platons Alter, hatte, als Platon zu ihm nach Syrakus reiste, bereits gute 20 Jahre auf diese Weise regiert, wobei er sich auf die Beihilfe der „demokratischen Polisorgane" stützen konnte.[8] In Athen hatte man einige Jahre zuvor, vor dem Hintergrund des alten Konflikts mit Sparta, einer Polis auf der Halbinsel Peloponnes,[9] diplomatische Bande zu dem literarisch ambitionierten *stratēgós autokrátōr* geknüpft, indem man ihm wegen seiner militärischen Erfolge auf öffentliche Fürsprache des namhaften Dithyramben-Dichters Kinesias hin eine

---

[3] Vgl. Döring, Klaus. 2017. Zur Biographie Platons. In *Platon Handbuch. Leben – Werk – Wirkung*. 2. Auflage, hrsg. Christoph Horn, Jörn Müller und Klaus Döring. Stuttgart: Metzler, S. 2–18, hier S. 4–5. Vgl. Szlezák. *Platon*, S. 61–73.

[4] Szlezák. *Platon*, S. 61–63.

[5] Szlezák. *Platon*, S. 63–64.

[6] Platon. 1967. Siebter Brief. In *Briefe*. Griechisch-deutsch herausgegeben von Willy Neumann, bearbeitet von Jula Kerschensteiner. München: Heimeran, S. 44–115, hier S. 44–45 (323d).

[7] Vgl. Nails. *The People of Plato*, S. 247; Schmidt-Hofner, Sebastian. 2016. *Das klassische Griechenland. Der Krieg und die Freiheit*. München: C.H. Beck, S. 279–280.

[8] Schmidt-Hofner. *Das klassische Griechenland*, S. 273.

[9] Vgl. nur Vgl. Will, Wolfgang. 2019. *Athen oder Sparta. Die Geschichte des Peloponnesischen Krieges*. München: C.H. Beck.

1.1 Die Person Platon

Stele im Dionysos-Tempel stiftete. Als 40 Jahre später Platon Dions Verwandte und Freunde adressiert, lebt Dions älterer Verwandter Dionysios bereits seit Längerem nicht mehr; Kooperationen zwischen ihm und Athen hat es bis zu seinem Tod gegeben.[10]

Auf Empfehlung Dions hat Platon nach dem Tod von Dionysios, etwa 20 Jahre nach seiner ersten Sizilienreise, auch dessen Nachfolger besucht, seinen zu diesem Zeitpunkt etwa 30-jährigen Sohn (Dionysios II.), wie der Vater Ehrenbürger Athens. Ohne Mitwirken Dions (der zu Zeiten des zweiten Besuchs Platons in Syrakus in Ungnade gefallen und verbannt worden war), sondern auf Einladung des *stratēgós autokrátōr* selbst, ist Platon ein paar Jahre später ein drittes Mal in Sizilien gewesen. Wenige Jahre bevor Platon den *Siebten Brief* verfasst, hat man Dionysios II. abgesetzt; Stadt und Kolonialreich befinden sich seitdem in einem mal manifesten, mal latenten Bürgerkrieg.[11]

Dion ist an der Absetzung des zweiten Dionysios federführend beteiligt und in der Folge zwei Mal kurzfristig selbst *stratēgós autokrátōr* von Syrakus gewesen. Zuletzt hat der athenische Flottengeneral Kallipos, ein naher Bekannter Dions während der Jahre seiner Verbannung, der ursprünglich mit ihm gegen Dionysios II. gezogen war, ihn ermorden lassen – um selbst *stratēgós autokrátōr* zu werden.[12]

Vor dem Hintergrund dieser Verhältnisse dürfen wir nicht allzu viel Vertraulichkeit voraussetzen, wenn Platon Dions *Verwandte* und *Freunde* adressiert. Andererseits besagen die prominenten Fälle agonaler Verwandtschaften und falscher Freundschaften in Syrakus und über Syrakus hinaus nicht, dass Dion nicht auch wohlmeinende Verwandte und echte Freunde hinterlassen hätte. Wenn wir den *Siebten Brief* Platons als Kunstbrief lesen, müssen wir überdies mit Dions Freunden ‚im Geiste' rechnen, d. h. mit solchen, die Platon einer geteilten „Gesinnung" nach[13] mitadressiert oder die wegen ihrer Annahme einer solche geteilten Gesinnung sich von ihm angesprochen fühlen könnten.

Diese Gesinnung ist Platon zufolge dieselbe Gesinnung, die Dion selbst „gewann", als er 30 Jahre zuvor am Hof von Dionysios I. mit Platon ins Gespräch kam – weswegen wir sie die *dionische* Gesinnung nennen können. Ihr Grundsatz lautet: „die Syrakuser müßten frei sein und nach den besten Gesetzen leben"; d. h. es handelt sich um eine Art *liberal-legalistischer* Gesinnung. Um ihren Grundsatz recht zu verstehen, schlägt Platon das Mittel der Genealogie vor: Er will

---

[10] Vgl. Nails. *The People of Plato*, S. 132–135.
[11] Vgl. Nails. *The People of Plato*, S. 135–136.
[12] Vgl. Nails. *The People of Plato*, S. 129–132 und S. 77–78.
[13] Platon. Siebter Brief, S. 44–45 (324a).

erläutern, „auf welche Art sie [...] entstanden ist".[14] Diese Erläuterung gibt er in der Form besagter autobiographischer Erzählung. Am Anfang einer dionischen Gesinnung stehen also die Anfänge der Gesinnung dessen, im Gespräch mit dem Dion sie gewonnen hat: des bereits *älteren,* etwa 40-jährigen Platon, der erstmals Syrakus besucht.

Der Bericht des *alten,* 70-jährigen Platon über die Anfänge der Gesinnung des bereits *älteren* Platon (und zugleich über den Anfang einer *dionischen* Gesinnung) führt zurück in die Zeit, als Platon „jung" und „wie so *viele"* orientiert ist, nämlich ein „politische[s] Leben" anstrebt. Den Hintergrund bildet ein „Umsturz" in der Stadt Athen, dessen politische Folge als *Herrschaft der Dreißig* überliefert ist: ein Regime *Weniger,* die in der Stadt mit „unbeschränkter Vollmacht" herrschen, unterstützt durch weitere 21 Akteure, die die Marktaufsicht halten und die Verwaltung der Bezirke regeln.[15] Für den *jungen* Platon hat die Machtübernahme der *Dreißig* den praktischen Effekt, dass er ohne weiteres Zutun jenen Schritt vollziehen kann, den auch viele seiner Altersgenossen anstreben: Er hat „Verwandte und Bekannte" unter den *Dreißig,* die ihn in ihre politischen „Geschäfte" einbeziehen, weil ihm „das zukomme". Platons dionische Gesinnung ist das Ergebnis der Enttäuschung, zu der seine Einsichten in diese politischen Geschäfte führen.[16]

Der Gegenstand der Beobachtung, mit der Platons Gesinnungsarbeit beginnt, ist dem Brief zufolge ein „älterer Freund" mit Namen „Sokrates". An seinem Fall bestätigt sich dem *jungen* Platon der „verbrecherische" Charakter der Herrschaft der *Dreißig,* den er auch schon bei anderen Gelegenheiten bemerkt hat: Sie versuchen, Sokrates mit einer Art Trick in den Dienst des Regimes zu zwingen. Für die Ausbildung von Platons dionischer Gesinnung avant la lettre ausschlaggebend ist Sokrates' Reaktion: dass er die ihm auferlegte Pflicht ignoriert, d. h. sich „lieber der Gefahr aus[setzt]", den die Befehlsverweigerung bedeutet, als sich an den ungerechten Umtrieben des Regimes zu beteiligen.[17] Am Anfang der Gesinnung Platons, von dem aus er im Brief den Anfang der Gesinnung Dions berichtet, steht also ein Bild der Gesinnung seines älteren Freunds Sokrates – der so frei ist, nicht nach einem schlechten Gesetz leben zu wollen.

Sokrates ist zum Zeitpunkt, auf den der Brief datiert, seit fast 50 Jahren nicht mehr am Leben; wenige Jahre nach der gefährlichen Verweigerung des Befehls der *Dreißig* hatte ihn eines der Gerichte der inzwischen wieder demokratisch

---

[14] Platon. Siebter Brief, S. 44–45 (324b).
[15] Platon. Siebter Brief, S. 44–45 (324c-d); Hervorhebung von mir/PG.
[16] Platon. Siebter Brief, S. 46–47 (324d-e).
[17] Platon. Siebter Brief, S. 46–47 (324e-325b).

1.1 Die Person Platon

regierten Polis für schuldig befunden, die Götter der Stadt nicht anzuerkennen, neue Götter einzuführen und die Jugend zu verderben, wofür er zum Tod verurteilt wurde.[18] Im Rahmen der Autobiographie Platons markiert dies das maßgebliche Datum der Biographie Sokrates'. Das Urteil der Polis über ihn, gedeckt durch falsche, „auf Sokrates am allerwenigsten passende Anschuldigungen", vorbereitet durch „einige einflußreiche Leute", Oligarchen unter dem Mantel der Demokratie, gesprochen aber auch von Mitgliedern der unter der Herrschaft der *Dreißig* „verbannten Partei", für deren Rechte Sokrates sich seinerzeit auf eigene Gefahr eingesetzt hatte, bewirkt eine *Generalisierung* der Enttäuschung des *jungen* Platon wegen des Gangs der politischen Geschäfte.[19]

Die nächsten knapp 15 Jahre, bis der bereits *ältere* Platon das erste Mal nach Syrakus reist, beschreibt der *alte* im Brief als Jahre „prüfend[en] [B]etrachte[ns]" des Problems der „[F]ühr[ung]" eines politischen Gemeinwesens. Dieser kontemplativen Tätigkeit korrespondiert keinerlei politisches „Handeln", da einerseits das System der Patronage, das dem *jungen* Platon eine Position im politischen Geschäft gesichert hatte, aus *sokratischen* Gründen diskreditiert ist, andererseits neue „Freunde und zuverlässige Genossen" erst einmal nicht in Sicht sind.[20] Am Ende dieses Âge de raison, den der *alte* mit dem *jüngeren* Platon verbindet, steht die Bestimmung des Kreises der Freunde und zuverlässigen Genossen, die es bräuchte: Es soll sich um ein „Geschlecht der rechten und wahren *Philosophen*" handeln. Anders als die Verwandten und Bekannten des *jungen* Platon es waren, sollen die Mitglieder dieses Kreises vorerst *nicht* am politischen Geschäft beteiligt sein; aber es ist vorstellbar (wenn auch sehr unwahrscheinlich), dass sie oder ihresgleichen einmal in einem Gemeinwesen „zur Herrschaft" kommen werden bzw. es einmal Herrschende geben wird, die sich bereitfinden, „echte Philosophie [zu] treib[en]".[21]

Bei der Praxis, die der vom *jüngeren* Platon nach dem Bericht des *alten* antizipierte Kreis der *Philosophen* (der Freunde und zuverlässigen Genossen der *Weisheit*) pflegen soll, handelt es sich zwar um keine *genuin* politische Praxis; aber nach dem Bekenntnis des *jüngeren* Platon ist Philosophieren zugleich diejenige Praxis, die besser als jede andere geeignet ist, auf zwei Ebenen „die *Gerechtigkeit*" zu bestimmen: bezogen auf das *Gemeinwesen* ebenso wie auf das „Leben des *einzelnen*". Darum ist für den *jüngeren* Platon eine *Philosophenherrschaft* der Referenzwert für die Vorstellung des (nicht absehbaren) „Ende[s]"

---

[18] Vgl. Nails. *The People of Plato*, S. 268–269.
[19] Platon. Siebter Brief, S. 46–49 (325b-d).
[20] Platon. Siebter Brief, S. 48–49 (325c-326a).
[21] Platon. Siebter Brief, S. 48–49 (326b); Hervorhebung von mir/PG.

des „Unheils", das seiner prüfenden Betrachtung zufolge die Politik der Epoche durchwaltet.[22]

Syrakus, wohin den *alternden* Platon der athenische Kulturaustausch führt, erweist sich als prägnanter Fall der unheilvollen Politik der Epoche: eine Stadt, die „man glückselig nennt" wegen des *hedonistischen* Regimes, das sich in den hier unberührt vom Wechsel der Verfassungen „zwischen Tyrannis, Oligarchie und Demokratie" vorherrschenden „Gewohnheiten" und „Sitten" materialisiert. Ein solches Regime lässt die Entwicklung von Grundvoraussetzungen *philosophischer* Praxis („verständig werden" oder „zu besonnener Mäßigung [...] finden") *nicht* zu. Platons Prüfung der Lage der Dinge in Syrakus hat ihn zu der Einsicht geführt, dass schon die Erwähnung des „Namens" einer „gerechten Verfassung mit Gleichberechtigung" auf den Widerstand der in der Stadt herrschenden „Männer" stoßen wird.[23]

Unter den Herrschenden von Syrakus zählt Dion, an dessen Freunde und Verwandte der Brief des *alten* Platon adressiert ist, zu denjenigen, mit denen der *alternde* Platon „Lehrgespräch[e]" führt, um das „für die Menschheit [...] Beste" zu erläutern. Solche Erläuterungen bedeuten für den *alternden* Platon *nicht*, „die künftige Beseitigung der Tyrannis" auf den Weg zu bringen; aber der junge Dion hat sie, wie der *alte* Platon konzedieren muss, anscheinend in dieser Weise verstehen können.[24]

Dion, der, wie schon der *alternde* Platon hätte wissen können, wegen der ungünstigen Umstände in der Stadt Syrakus eigentlich *kein* Kandidat für den antizipierten *Philosophen*-Kreis sein konnte,[25] repräsentiert den Fall einer jungen Elite (einer sozialen Gruppe, zu der wir – zeitversetzt – auch den jungen *Platon* zählen können), deren Mitglieder auszeichnet, dass sie „sehr schnell auffaß[en]"

---

[22] Platon. Siebter Brief, S. 48–49 (326a-b); Hervorhebungen von mir/PG.

[23] Platon. Siebter Brief, S. 48–51 (326b-d).

[24] Platon. Siebter Brief, S. 50–51 (327a-b).

[25] Diese Deutung der autobiographischen Erzählung im *Siebten Brief* widerspricht derjenigen, zu der – mit guten Gründen – Thomas Alexander Szlezák im Licht weiterer Quellen kommt. Vgl. Szlezák. *Platon*, S. 60 und S. 85–88. Diese Abweichung ist eine Nebenfolge meines (sich in der fortlaufenden Differenzierung des *jungen*, des *älteren* und *alten* Platon niederschlagenden und im Folgenden systematisch aufzubereitenden) Versuchs, exegetisch abzubilden, dass Platon seine Leser*innen wissen lässt, dass den unterschiedlichen Sequenzen seiner Biographie unterschiedliche Wissensstände korrespondieren, wobei der Maßstab – auch für die Beurteilung der philosophischen Kapazität Dions – der Wissensstand des (betagten) Briefschreibers ist.

1.1 Die Person Platon

und besonders „scharf und aufmerksam zu[hören]".[26] Diesen außergewöhnlichen intellektuellen und sinnlichen Qualitäten korrespondiert ein Hang zu einem bestimmten „Tugend"-Regime, der junge Leute wie Dion, wenn sie älter werden, ihrer „Lebensführung" nach leicht in Widerspruch zu den Anhängern der (erfahrungsgemäß vergleichsweise tugendvergessenen) herrschenden Ordnung bringt und in politisch-*pädagogischem* Aktivismus mündet. Die Initiative des *alternden* Dion, den *älteren* Platon zu einer zweiten Reise nach Syrakus einzuladen, um einer „göttliche[n] Fügung" folgend den neu amtierenden *stratēgós autokrátōr* Dionysios II. das Glück der Tugend zu lehren und auf diese Weise eine Verbreitung von „Glück und Wahrheit im ganzen Lande" vorzubereiten, ist der praktische Ausdruck solchen Reformeifers.[27]

Was Dion verkennt und dem *älteren* nach dem Bericht des *alten* Platon anlässlich seines weiteren Aufenthalts in Syrakus zum Problem wird, ist, dass in einer Tyrannis auch der Tyrann selbst dem vorherrschenden (hedonistischen) Regime unterliegt, also auf seine Weise „[a]ngst"getrieben oder „lob"süchtig agiert, „Ehrgeiz" und „Freund[schaft]" nicht auseinanderhalten kann usw.[28] Syrakus ist nicht durch Befehl und Gehorsam reformierbar, sondern wäre es vom „tägliche[n] Leben" her: durch Kultivierung von „Teilhabe[]",[29] „Freund[schaft]",[30] „Gesetz und Verfassung",[31] die an die Stelle des geltenden Kultus der „Sieger" treten müssten.[32]

Im Unterschied zum *jüngeren* Platon, der, als er nach Syrakus reist, das politische Potential eines Philosophen-Kreises taxiert, aber noch keinen solchen Kreis gebildet hat, unterhält der *ältere* Platon im Zuge der Gründung der Akademie die „Lehrtätigkeit, die [ihm] anst[eht]", d. h. blickt auf Jahre zurück, in denen er als „Philosoph" zu agieren gelernt hat.[33] Zu den Ergebnissen dieser akademischen Arbeit zählt ein nicht näher spezifiziertes, jedenfalls in dialogischer Form praktiziertes „Verfahren" *(peira)*, das es ermöglicht „zu erproben", ob jemand dem Kreis der Philosophen zugehören könnte.[34] Der *ältere* Platon kann also am

---

[26] Platon. Siebter Brief, S. 50–51 (327b).
[27] Platon. Siebter Brief, S. 52–55 (327b-e).
[28] Platon. Siebter Brief, S. 58–59 (329d-330a).
[29] Platon. Siebter Brief, S. 62–65 (331d-332a).
[30] Platon. Siebter Brief, S. 64–65 (332d).
[31] Platon. Siebter Brief, S. 66–67 (332e).
[32] Platon. Siebter Brief, S. 76–79 (336e-337e).
[33] Platon. Siebter Brief, S. 56–57 (329a-b).
[34] Platon. Siebter Brief, S. 84–87 (340b-341a).

Fall von Dionysios II. durch Prüfung feststellen, was der *jüngere* im Fall Dions lediglich den ungünstigen Umständen in Syrakus hätte ablesen können. Über die Verhältnisse, die die Mitglieder der Athener Akademie zur Politik der Stadt pflegen, teilt der *alte* Platon den Adressaten des Briefs nichts Genaueres mit. Die Herausforderungen *politischen* Philosophierens unter dem Regime Athens scheinen mit den Herausforderungen in Syrakus, die sich ihm an der „Seltsamkeit und Unbegreiflichkeit der Vorgänge" anlässlich des Aufenthalts bei Dionysios II. gezeigt haben,[35] ohnehin nicht vergleichbar zu sein. Im autobiographischen Bericht ist jedenfalls Syrakus, nicht Athen, der exemplarische Fall praktizierter politischer Philosophie.

Die Grundkonstellation politischen Philosophierens, mit der der *ältere* Platon es in Syrakus zu tun bekommt, während bereits feststeht, dass Dionysios II. für die Philosophie nicht geeignet ist, ergibt sich aus einem Problem der *politischen Ökonomie*. Dion (von dem Platon zu diesem Zeitpunkt noch nicht weiß, dass er seine Lehren als Hinweis auf die künftige Beseitigung der Tyrannis verstanden hat) befindet sich auf Weisung des jungen *stratēgós autokrátōr* in Athen im Exil; inzwischen hat Dionysios II. Dions Syrakuser Vermögen („Besitz" nebst „Zinsen") ‚eingefroren'. Platon verpflichtet er auf die Rolle eines „Bürgen" in dieser politisch-ökonomischen Affäre: Dionysios II. bietet an, Dions „Habe" freizugeben, damit sie „in der Peloponnes und in Athen angelegt werden" kann; Dions Zugriff auf sein „Geld" soll allerdings unter dem Vorbehalt Platons und „[s]einer Freunde" stehen, deren Zustimmung zudem, so wie die Zustimmung von Dionysios II. selbst, die Voraussetzung für eine künftige „[R]ück[]kehr" Dions nach Syrakus sein soll.[36] Nachdem Platon (unter Vorbehalt der Zustimmung Dions zu diesem Deal) *seine* Zustimmung bei Dionysios II. hinterlegt hat, demonstriert dieser ihm allerdings, dass in der Tyrannis Absprachen mit dem Tyrannen nur so lange gelten, wie sie ihm nützlich sind.[37]

Der nächste der seltsamen und unbegreiflichen Vorgänge in Sizilien, deren politisch-philosophische Bedeutung der *alte* Platon den Verwandten und Freunden Dions erklären will, spielt im „Garten" des *stratēgós autokrátōr*. Der *ältere* Platon wird hier Zeuge einer Unterredung zwischen Dionysios II. und Theodotes, einem aus dem Kreis der Freunde und Verwandten eines Herakleides, der (wie der *alte* Platon und seine Adressaten wissen) in der Folge in strategischer Partnerschaft mit Dion die Revolution gegen die Tyrannis führen wird.[38]

---

[35] Platon. Siebter Brief, S. 114–115 (352a).
[36] Platon. Siebter Brief, S. 98–101 (345c-346d).
[37] Vgl. Platon. Siebter Brief, S. 102–105 (347b-e).
[38] Vgl. Nails. *The People of Plato*, S. 160 und S. 283.

1.1 Die Person Platon

Den Hintergrund der Unterredung bildet ein inzwischen durch finanzielle Zugeständnisse halbwegs befriedeter Aufstand eines Teils der Syrakuser Streitkräfte wegen einer Kürzung ihres Solds; ihr Gegenstand ist eben Herakleides, der für den Konflikt verantwortlich gemacht wird. Im Ablauf der Unterredung einigen Theodotes und Dionysios II. sich auf einen Deal, der auf eine Variation des Angebots hinausläuft, das kurz zuvor der *stratēgós autokrátōr* Platon im Fall Dion vorgeschlagen und an dessen Beispiel er ihm anschließend eine Lektion über Absprachen mit Tyrannen erteilt hatte: Herakleides wird die Verantwortung für die jüngsten Kalamitäten übernehmen, mit seiner Familie ein Exil auf der Peloponnes beziehen und dort über „Zinsen und Vermögen" verfügen können.[39]

In dieser Situation, so der autobiographische Bericht, unterzieht Platon Dionysios II., dessen Unfähigkeit zur Philosophie bereits geprüft ist, einer letzten, für Platon selbst nicht ungefährlichen Prüfung, indem er ihn vor Zeugen, im Beisein des sehr unterwürfigen Theodotes, an die Zusagen wegen Dions Vermögen, die er *nicht* erfüllt hat, erinnert.[40] Das unmittelbare Ergebnis der Prüfung ist, dass der *stratēgós autokrátōr* Platon, da er ihn nun für den „Freund" seiner Feinde (Dion, Theodotes, Herakleides) hält, ebenfalls für seinen „Feind" hält.[41] Der *alte* Platon vermerkt als Ergebnis des Vorgangs überdies, dass Dionysios ihn in der Folge immerhin „aus Achtung geschont" habe – obwohl es im Syrakuser Militär Kreise gab, die auf Platons Beseitigung drängten, und Dionysios selbst „glaubte", Platon unterhalte ein Bündnis gegen seine Herrschaft.[42]

Der nächste Vorgang, den der *alte* Platon berichtet, spielt nicht mehr in Syrakus, sondern jenseits des ionischen Meeres, in Olympia, wo Platon Dion anlässlich der zyklisch wiederkehrenden panhellenischen Spiele zu Ehren des Gottes Zeus wiederbegegnet. Er hat auf eine diplomatische Initiative des Pythagoreers Archytas hin, eines der führenden Politiker der seit Längerem mit Syrakus verbundenen italischen Kolonialstadt Tarent,[43] den Herrschaftsbereich von Dionysios II. verlassen können. Der *stratēgós autokrátōr* hat indes entgegen der früheren Absprache das Vermögen Dions nicht freigegeben; dessen Verbannung besteht fort. Die Zeus-Spiele sind die Gelegenheit, bei der Platon Dion diese Umstände mitteilt; und „Zeus" ruft Dion nach der Mitteilung im Brief „zum Zeugen an", um Platon auf „Rache" an Dionysios II. einzuschwören.[44]

---

[39] Platon. Siebter Brief, S. 106–107 (348a-e).
[40] Platon. Siebter Brief, S. 106–109 (348c-349b).
[41] Platon. Siebter Brief, S. 108–111 (349c-e).
[42] Platon. Siebter Brief, S. 110–111 (350a und 350c-d).
[43] Vgl. Nails. *The People of Plato*, S. 44–45.
[44] Platon. Siebter Brief, S. 110–111 (350b-c).

Die Gründe, gegen Dionysios vorzugehen, die Dion Platon nennt, sind *Rechts-* bzw. *Gerechtigkeits*gründe: im Fall des Akademielehrers ein verletztes „Gastrecht", im eigenen Fall „ungerechte Vertreibung und Verbannung". Platon verweigert sich dem Rachebund, weil angesichts der Schonung aus Achtung, die Dionysios II. ihm nebst der temporären „Tisch"- und „Opfer"gemeinschaft zuteilwerden ließ, die Frage des verletzten Gastrechts keineswegs klar ist.[45]

Seinen „Freunden", die bekanntlich der *stratēgós autokrátōr* in den (falschen) Dion-Deal einbezogen hatte, stellt Platon frei, sich Dion bei dessen revolutionärem Unternehmen anzuschließen, lässt aber selbst keinen Zweifel – „voller Bitterkeit" wegen der sizilischen Vorgänge, wie der *alte* Platon festhält –, dass er selbst schon altersbedingt nicht für einen „Krieg", sondern nur um der „Freundschaft" willen in die Kreise der Politik zurückkehren würde.[46] Als Dion einige Jahre später in Zusammenarbeit mit Herakleides das revolutionäre Unternehmen beginnt, hat er (was der *alte* Platon nicht berichtet) z. B. die Unterstützung des Akademikers Speusippos, der Platons Neffe ist und nach dessen Tod zehn Jahre später die Leitung der Akademie übernehmen wird.[47] Der autobiographische Bericht hebt unter den athenischen Unterstützern Dions ausdrücklich „zwei Brüder" hervor, die er nicht namentlich nennt, für die er aber ausdrücklich festhält, dass sie Dions „Freunde nicht auf Grund philosophischer Studien geworden waren", sondern im Sinne der „gängige[n] Kameradschaft", die man in den Kreisen der Freien und Begüterten in Form von „gegenseitigen Einladungen", gemeinsamen „Mysterienfeiern" und „Weihen" pflege.[48]

Bei den beiden athenischen Brüdern, die Platon namentlich nicht erwähnt, handelt es sich um Philostratos und um Kallippos, der für Dion in Athen die Rolle ausübte, auch nach deren Ausübung anlässlich des eigenen Aufenthalts in Syrakus Platon Dionysios II. beurteilen wollte: die seines Gastherrn.[49] Indem der frühere Marineoffizier Kallipos sich Dions Zug gegen Syrakus als Söldner angeschlossen hat, hat er sich einer öffentlichen Anklage wegen Verrats entzogen, die in Athen ein Apollodoros gegen ihn führt; den Hintergrund bildet Kallipos' Unterstützung von Kallistratos, einem früheren Spitzenpolitiker, den die Stadt wegen seiner Aktivitäten gegen ein Bündnis mit der neuen Hegemonialmacht

---

[45] Platon. Siebter Brief, S. 110–111 (350c-d).
[46] Platon. Siebter Brief, S. 110–113 (350c-d).
[47] Vgl. Nails. *The People of Plato*, S. 132 und 271–272.
[48] Platon. Siebter Brief, S. 68–69 (333d-e).
[49] Vgl. Nails. *The People of Plato*, S. 78.

1.1 Die Person Platon

Theben[50] zum Tod verurteilt hat.[51] Als der *alte* Platon seinen Bericht verfasst, hat Athen das sieben Jahre alte Urteil gegen Kallistratos gerade vollstreckt. Kallipos und sein Bruder Philostratos haben ihren Kameraden Dion, dessen *Coup d'État* zwei Jahre zuvor erfolgreich verlaufen war, inzwischen getötet;[52] den Hintergrund bildet die Ermordung des Mitrevolutionärs Herakleides durch Anhänger Dions, die ihn selbst in Verdacht gebracht hat, eine Tyrannis anzustreben.[53]

Platon nennt nicht nur die Namen von Kallipos und Philostratos nicht, sondern bestreitet, dass die Ungenannten das Gemeinwesen Athen in irgendeiner Form repräsentieren können; sie seien, schreibt er, „nicht wert, als Schande für die Stadt zu gelten".[54] Keineswegs eine Schande seiner Stadt, sondern repräsentativ für sie soll hingegen sein, wer „maßvollen Sinnes" agiert und den Erwerb von „Macht" oder einer „Ehrenstellung" mit dem Anspruch „wohltätige[n] Wirken[s]" verbindet; und wer, schon um in guter Erinnerung zu bleiben, ein Regime der „Hinrichtungen und Verbannungen" vermeidet und „gottesfürchtig" verfährt. All dies gilt Platon zufolge z. B. für Dion; wir können also sagen, dass dies als Elemente der *dionischen Gesinnung,* wegen der Platon seinen autobiographischen Bericht unternommen hat, die Voraussetzungen sind, um (anders als Kallipos und Philostratos, die nicht einmal als Negativbeispiele taugen) unter den Bewohnern einer Stadt als einer derjenigen „von Rang und Namen" gelten zu können.[55]

Wo *anderes* der Fall ist – wie sicher bei Kallipos und Philostratos, aber auf eigene Weisen auch bei Dionysios II. oder Herakleides – spricht Platon im *Siebten Brief* vom Typus des „arme[n] Mensch[en]". Diesen kennzeichnet allgemein, dass er „über sich selbst nicht Gewalt hat" und „seinen Leidenschaften unterworfen ist". Spezielle Kennzeichen solcher armer Menschen sind auf der Ebene bürgerschaftlicher Vorgänge, dass sie Tendenzen zu persönlicher Bereicherung und zur Verschwörung zeigen und eine Praxis der Denunziation oder der Aufwiegelung pflegen. Wenn sie ein politisches Amt ausüben, kennzeichnet sie ein Regime des Fingierens von „Volksbeschl[ü]ß[en]" (im Inneren) und eine Orientierung am Prinzip der Hegemonie der Sieger (im Äußeren). Kennzeichnend ist weiterhin ihr Mangel an Transzendenzorientierung („Gottlos[igkeit]").[56]

---

[50] Vgl. Schmidt-Hofner. *Das klassische Griechenland*, S. 257–263.
[51] Vgl. Nails. *The People of Plato*, S. 78–79.
[52] Vgl. Nails. *The People of Plato*, S. 78.
[53] Vgl. Nails. *The People of Plato*, S. 132.
[54] Platon. Siebter Brief, S. 70–71 (334b-c).
[55] Platon. Siebter Brief, S. 112–115 (351a-d) und S. 70–71 (334c).
[56] Platon. Siebter Brief, S. 112–115 (351a-d).

Den *alten* Platon unterscheidet von dem *älteren,* der in Olympia Dions Aufruf zum Rachebund gegen Dionysios II. ablehnt, sein sicheres Wissen, dass Dion seine Gesinnung nicht davor bewahrt hat, an der Revolution zu scheitern. Es mangelte Dion, teilt er dessen Verwandten und Freunden mit, am Vermögen der „Beurteilung" der Wirkung und Bedeutung des eigenen politischen Handelns auf bzw. für die Wechselwirkungen zwischen der politischen ‚Großwetterlage' („Heftigkeit" und „Gewalt" beizeiten „aufziehender [...] St[ü]rm[e]") und den „Seelen" der anderen politischen Akteure. Jemand wie Dion ist wegen dieser *analytischen* Defizite zwar alles andere als die Schande seiner Stadt, verdient vielmehr aufgrund seiner Gesinnung Lob und Würdigung; aber er trägt doch wider Willen Verantwortung für „tausendfaches" Leid in Stadt und Land.[57]

Indem der *alte* Platon den Freunden und Verwandten Dions mitteilt, dass es Gründe für das politische Scheitern Dions gibt, die nicht bei den Göttern oder beim Schicksal liegen, sondern mit persönlichen Schwächen zu tun haben, stellt er, ohne dies ausdrücklich hervorzuheben, die Möglichkeit einer politischen Praxis in den Raum, die *nicht* von denselben Schwächen beeinträchtigt ist. Wenn wir uns daran erinnern, dass schon dem *jüngeren* Platon, als er Dion kennenlernt, klar gewesen sein könnte, dass dies – bei all dessen intellektuellen und sinnlichen Qualitäten und trotz dessen Tugendliebe – *kein* Kandidat für die Philosophie ist, so können wir sagen, dass die Möglichkeit einer politischen Praxis jenseits der analytischen Defizite Dions davon abhängt, *dass* diese Praxis eine philosophische Grundlage hat.

Von der Praxis des Philosophierens selbst teilt Platon im *Siebten Brief* abgesehen davon, dass ihr Ideal der „sich selbst [...] leiten[de]" Mensch ist und sie eine gewisse „Zucht" im täglichen Leben voraussetzt,[58] vor allem mit, dass in Form der Niederschrift sich *nichts* über sie mitteilen lasse[59] – der Brief ist also *kein* philosophisches Dokument im engeren Sinn. Was er aber offensichtlich dokumentiert, ist das Ergebnis einer politischen Analyse, die jemand (Platon) vorgenommen hat, der seit drei Jahrzehnten einen Kreis Philosophierender (die Akademie) angeleitet hat: eine Handlungssequenz, die *zwischen* dieser philosophischen und einer politischen Praxis verläuft. Diese politische Analyse Platons liegt uns vor als das Gesamtbild einer ‚politischen Großwetterlage', bestimmter politisch-ökonomischer und politisch-psychologischer Verbindungen unter verschiedenen Verfassungen, ausgeprägt in unterschiedlichen Regimes, getragen von

---

[57] Platon. Siebter Brief, S. 114–115 (351d-e).
[58] Platon. Siebter Brief, S. 86–87 (340c-d).
[59] Platon. Siebter Brief, S. 88–97 (341c-344d).

einem Korpus interagierender sozialer Figuren, das Platon en passant seiner Darstellung entwirft. Fassen wir dieses Bild systematisch zusammen.

1.2 Platons ‚Welt'

Den Rahmen des Bilds, das Platon im *Siebten Brief* entfaltet, können wir für den Moment, mangels klarer begrifflicher Alternativen, als eine „Kultur" verstehen, d. h. mittels eines Begriffs, der seinerzeit noch nicht in Gebrauch ist und nach den seinerzeit gebräuchlichen Begriffen eine „Gesamtheit von *technai* und *nomoi*" umfasst: als ein Zusammenwirken von bestimmten „Künste[n]'" („von [...] handwerklichen und künstlerischen Tätigkeiten bis zu [...] reifsten Formen der Philosophie und der Wissenschaft"), eingebettet in einen „komplementären" Korpus von „Sitten, Bräuche[n], Gesetze[n], Normen, Institutionen des gesellschaftlich-politischen Lebens".[60]

Entsprechend eines überlieferten *historischen* Schemas verstehen wir diese ‚Kultur' gewöhnlich als ‚antik' oder ‚klassisch'; entsprechend eines überlieferten *geographischen* Schemas als ‚griechisch' oder ‚hellenisch'. Allerdings sollten wir davon ausgehen, dass Platon seinerseits, so wie er sich nicht als Kulturtheoretiker verstand, seine Tätigkeit nicht als ‚antike' Tätigkeit oder Tätigkeit im Sinne einer ‚Klassik' verstand; und was und ob es für Platon etwas bedeutete, ‚griechisch' oder ‚hellenisch' zu verfahren, wäre zu prüfen.

Gouldner hat vorgeschlagen, die ‚griechische Kultur' als ein umfassendes System des *Wettbewerbs* zu verstehen, das alle freien Bürger ermächtigte, sich am „quest for fame through competitive achievement" zu beteiligen und auf diese Weise „prestige or public status" zu erlangen.[61] Dem Wettbewerbsprinzip korrespondiert, so Gouldners Beobachtung, auf der sozialpsychologischen Ebene eine Kultur von *Neid und Eifersucht* sowie ein Hang, sich von *Pessimismus* und *Fatalismus* leiten zu lassen;[62] die allgemeine Handlungsorientierung, in der die Kultur des Wettbewerbs sich niederschlage, sei *rationalistisch*.[63] Christian Meier hat betont, dass die „Bedingung" dieser „Wettbewerbskultur der Griechen" (ihres „[a]gonalen" Sozialprinzips) war, dass beizeiten der soziale „Rang" wichtiger

---

[60] Müller, Reimar. 2003. *Die Entdeckung der Kultur. Antike Theorien über Ursprung und Entwicklung der Kultur von Homer bis Seneca.* Düsseldorf, Zürich: Artemis & Winkler, S. 18 und S. 17.
[61] Gouldner. *Enter Plato*, S. 45–46.
[62] Vgl. Gouldner. *Enter Plato*, S. 55–60.
[63] Vgl. Gouldner. *Enter Plato*, S. 64–66.

wurde als politische „Macht";[64] für die „Schicht" Platons in seiner Epoche vermerkt er, dass sie neben dem Wettbewerb ein „Ideal der Muße" kultiviert und einen „sich verfeinernden Sinn für das kunstvoll Schöne" ausgebildet habe.[65]

Wie dem auch sei: Platon schreibt *sich* in diese ‚Kultur' ein, indem er sich zu einer bestimmten Kunst (*Philosophie*) bekennt, die zwar nicht in Fragen der *nomoi* aufgeht, aber anscheinend klare und weitgespannte Urteile in diesen Fragen ermöglicht. Diese Kunst ist (in der *Akademie*) institutionalisiert, setzt die Orientierung an bestimmten Normen (eine gewisse ‚Zucht') voraus und basiert auf bestimmten erprobten Methoden (*peira* usw.). Die Teilhabe am Kreis der Philosophen unterliegt (wie der Fall von Dionysios II. zeigt) klaren Restriktionen – was nicht bedeutet, dass Akteure ohne philosophische Kapazität sich nicht in den Kreisen der Philosophie bewegen dürfen.

Wenn wir davon sprechen, dass im *Siebten Brief* Platon *sich* in die ‚griechische Kultur' einschreibt, so bedeutet dies, wie unsere Rekonstruktion der autobiographischen Passagen gezeigt hat, genauer, dass der Brief uns Platon *in vier Sequenzen* vorführt: einen *jungen,* einen *jüngeren,* einen *älteren* und einen *alten* Platon. Mit jedem dieser *Platonen* tritt ein bestimmtes Set komplementärer Künste und *nomoi* ins Bild, wobei der *alte* Platon, der Verfasser des Briefs, unter den vier Platonen derjenige ist, der über das *vollständige* Set verfügt und auf dessen Grundlage das platonische *Gesamtbild* ‚griechischer Kultur' organisiert.

Platon ist zu jedem Zeitpunkt eine Größe der Polis Athen; angesichts der Reihe *Verbannter* und *Flüchtlinge,* die der *Siebte Brief* vorführt, ist dieser fortwährende Bürgerstatus[66] gewiss keine Nebensächlichkeit. Hermann Bengtson nennt jene Gruppe ein „in ganz Hellas fluktuierendes Proletariat", das sich, da es von der Wohlfahrtsorganisation der Poleis ausgeschlossen war, nicht selten dem „Söldnertum" verschrieb, das das Kriegswesen der Epoche prägte, die *der Siebte Brief* reflektiert.[67] Platon dagegen ist ein aufgrund seiner Geburt mit politischen Rechten und Pflichten ausgestatteter, in bestimmte (familiale) Loyalitätsverhältnisse eingebundener Akteur eines wohlfahrtlich organisierten Militärverbands,[68]

---

[64] Meier, Christian. 1993. *Athen. Ein Neubeginn der Weltgeschichte.* Berlin: Siedler, S. 135.

[65] Meier. *Athen,* S. 145 und S. 150.

[66] Vgl. Schmitz, Winfried. 2014. *Die griechische Gesellschaft. Eine Sozialgeschichte der archaischen und klassischen Zeit.* Heidelberg: VerlagAntike, S. 111–141.

[67] Bengtson, Hermann. 2009. *Griechische Geschichte. Von den Anfängen bis in die Römische Kaiserzeit.* 10., unveränderte Auflage. München: C.H. Beck, S. 270.

[68] Vgl. Gouldner. *Enter Plato,* S. 79–80 und S. 137–139.

1.2 Platons ‚Welt'

der sich durch eine überwiegend von Kriegsgefangenen getragene Sklavenwirtschaft unterhält.[69] Wegen dieser Organisationsform ist für Gouldner der akkurateste Vergleichsfall in der modernen Welt der Verbund von Anteilseignern eines Privatunternehmens.[70]

Als Größe der Polis Athen im Speziellen ist Platon Akteur eines Verbands, der in den Jahrzehnten vor seiner Geburt sich zur Hegemonialmacht auf der Halbinsel Attika und um sie herum entwickelt[71] und im Inneren eine demokratische Verfassungstradition ausgebildet hat.[72] Deren Entstehen könnte, wenn wir Bengtsons Schilderung folgen,[73] eine Fernwirkung einer auf das siebte vorchristliche Jahrhundert zurückgehenden Veränderung der „Wehrverfassung" sein, in deren Zuge „Masse[n] [...] gepanzerte[r] Fußkämpfer" *(Hopliten)*, die als „geschlossene Verbände" *(Phalanxen)* agierten, gegenüber „adligen Einzelkämpfer[n]" oder „Streitwagengeschwader[n]" entscheidend an Bedeutung gewannen.[74] Auf Grundlage einer Reform der politischen Einheiten Athens, die gut 80 Jahre vor Platons Geburt von Kleisthenes initiiert wurde, gehört Platon zu Kollytos, einer von etwa 140 sich in einem begrenzten Rahmen selbst verwaltenden, z. B. für die geordnete Verleihung des Bürgerrechts zuständigen Gemeinden *(Demen)* Athens, die Teil eines von 10 innerstädtischen Bezirken *(Trittyen)* ist. Dieser Bezirk ist durch Losentscheid mit einem der 10 ländlichen Bezirke und einem der 10 Küsten-Bezirke Athens zu einer der 10 politischen Körperschaften *(Phylen)* zusammengeschlossen, die paritätisch insgesamt 500 (jährlich wechselnde) Abgeordnete in den Rat der Stadt *(Boule)* entsenden und für die Aufstellung des Bürgerheers verantwortlich sind.[75]

Wenige Jahre vor der Geburt Platons ist Athen in einen Krieg mit Sparta eingetreten, der Hegemonialmacht auf der Halbinsel Peloponnes;[76] dieser *(Peloponnesische)* Krieg endet, als Platon etwas älter als 20 Jahre ist, mit einem Sieg Spartas; dazu beigetragen hat ein zwischenzeitlicher Eroberungszug Athens

---

[69] Vgl. Gouldner. *Enter Plato*, S. 24–34.
[70] Gouldner. *Enter Plato*, S. 138.
[71] Vgl. Schmidt-Hofner. *Das klassische Griechenland*, S. 90–116.
[72] Vgl. Meier. *Athen*, S. 285–501.
[73] Gute Gründe, Bengtsons Schilderungen nicht immer zu folgen, finden sich in: Rebenich, Stefan. 2021. *Die Deutschen und ihre Antike. Eine wechselvolle Beziehung.* Stuttgart: Klett-Cotta, S. 338–356.
[74] Bengtson. *Griechische Geschichte*, S. 82–83.
[75] Vgl. Schmidt-Hofner. *Das klassische Griechenland*, S. 121–124.
[76] Vgl. Schmidt-Hofner. *Das klassische Griechenland*, S. 154–162; Schmitz. *Die griechische Gesellschaft*, S. 180–224.

gegen Syrakus *(Sizilische Expedition),* Platons späteres Reiseziel, der katastrophal gescheitert ist. Wenige Jahre nach der Sokrates-Affäre ist der Bürger Platon in der Reiterei Athens an einem Koalitionskrieg beteiligt, den die Stadt gemeinsam mit den Poleis Argos, Korinth und Theben gegen Sparta führt *(Korinthischer Krieg);*[77] mit dessen Ende knapp zehn Jahre später, kurz bevor Platon erstmals nach Sizilien reist, wird das persische Reich der Achämeniden, das als Garantiemacht für den Verhandlungsfrieden bürgt, wieder zu einem aktiven Element der ‚griechischen Welt'.[78]

Den *jungen* Platon kennzeichnet, dass er als eine gewissermaßen ‚natürliche' Größe der Polis Athen agiert: Er ist von *Herkunft* Teil eines Patronageverbands (‚Verwandte und Bekannte'), der ihm Zugang ins politische Geschäft verschaffen kann. Er verfügt über keine dezidierte *außen*politische Perspektive, sondern ist vor allem daran interessiert, dass es bei dem, was vor seinen Augen passiert, mit rechten Dingen zugeht.

Außerhalb von Platons Patronageverband, den wir wegen der verbrecherischen Herrschaft (derjenigen der *Dreißig*), an der er teilnimmt, einfachheitshalber *die platonischen Oligarchen* nennen wollen, ist in Athen Platons wichtigste Referenzgröße *Sokrates,* eine Figur, die man unter anderen Umständen vielleicht einen *maverick* nennen würde: ein fast siebzigjähriger Bürger aus der innerstädtischen *Deme* Alopeke mit auffälliger Physiognomie, der sich im Krieg (als *Hoplit*) einen guten Namen gemacht, politische Ämter bekleidet und eine gewisse Berühmtheit als nonkonformistischer öffentlicher Disputant erlangt hat; die Öffentlichkeit kennt ihn zudem als Spottfigur der zu den zyklischen Dionysos-Festen aufgeführten Komödien.[79]

Diese Dionysos-Feste sind, wenn man einer von Friedrich Nietzsche vertretenen Lesart der theologischen Politik ‚Griechenlands' folgt, kultischer Ausdruck einer *demokratischen* Religion, während der bevorzugte „god of the *aristocracy*", die einen „Olympianism" pflegt, Apollon ist.[80] Bengtson nennt den „Dionysoskult" eine „echte Bauernreligion" und hebt für den Fall Athens hervor, dass

---

[77] Vgl. Szlezák. *Platon,* S. 55.
[78] Vgl. Schmidt-Hofner. *Das klassische Griechenland,* S. 229–233.
[79] Vgl. Nails. *The People of Plato,* S. 263–269.
[80] Gouldner. *Enter Plato,* S. 116–117; Hervorhebung von mir/PG. Vgl. Nietzsche, Friedrich. 1997. Die Geburt der Tragödie oder Griechentum und Pessimismus. In *Werke in drei Bänden. Erster Band.* Herausgegeben von Karl Schlechta. Darmstadt: Wissenschaftliche Buchgesellschaft, S. 7–134. Vgl. überdies Snell, Bruno. 1955. *Die Entdeckung des Geistes. Studien zur Entstehung des europäischen Denkens bei den Griechen.* Hamburg: Claassen, S. 43–64.

1.2 Platons ‚Welt'

seine Etablierung hier sich den „Tyrannen" verdanke,[81] die für knapp 40 Jahre die Stadt regierten – in einer Epoche, die ungefähr 40 Jahre vor der Geburt von Sokrates endete.[82] Seit der hohen Zeit seiner Hegemonie (d. h. seit der Großväter-Generation Platons) unterhält das demokratische Athen für solche Veranstaltungen auf dem Burgberg, um den Athen entstanden ist *(Akropolis)* und wo man auch den materiellen Besitz des attisch-delischen Seebunds verwahrt, ein herrschaftliches Zentrum. Dessen Errichtung hatte zugleich eine „Quelle der Arbeit und des Einkommens" für die Bevölkerung bedeutet, so dass anscheinend in den Jahrzehnten vor Platons Geburt „selbst der Arbeitssklave [...] ein besseres Auskommen als der freie untere ‚Beamte'" oder „der qualifizierte freie Arbeiter" zu einem beliebigen Zeitpunkt der folgenden Jahrhunderte hatte.[83]

Das Verhältnis des jungen Platon und des alten Sokrates ist das einer *Freundschaft*. Da der junge Platon noch keine *philosophische* Praxis pflegt, kann es sich dabei nicht um eine Freundschaft im Sinne der *Weisheit* handeln; nach allem, was wir dem autobiographischen Bericht im *Siebten Brief* entnehmen können, sollten wir vielmehr von einer Freundschaft im Sinne einer *Tugend* sprechen: einer bestimmten Vorstellung des Rechten und des Unrechten, die den Imperativ beinhaltet, wenn die Umstände es gebieten sich einer Gefahr auszusetzen, um das Richtige zu tun.

Von diesem jungen *Platon der Tugend* unterscheidet derjenige der folgenden Sequenz sich, weil er (als Mittzwanziger) Zeuge des fragwürdigen Gerichtsprozesses geworden ist, in dem die athenische Demokratie den Tugendfreund Sokrates zum Tod verurteilt hat. Er ist, da er in fundamentalen Fragen ebenso in Widerspruch zu den *Oligarchen* wie zu den *Demokraten* sich befindet, statt ‚natürlich' nurmehr aus politischen Gründen (weil er *hier* bürgerliche Rechte und Pflichten hat) eine Größe Athens. Er praktiziert nicht länger politisch, sondern *theoretisch* (u. a. in der Form des Lehrgesprächs); aber einer der Gegenstände seiner theoretischen Arbeit ist die Politik. Nicht ausschließlich mehr dem, was vor seinen Augen passiert, gilt sein Interesse: In dessen Mittelpunkt steht das *trans*politische Problem einer Ordnung, in der es mit rechten Dingen zugeht. Er eignet sich im Zuge der Arbeit an diesem Problem eine gewisse *Professionalität* an (die sich z. B. in klaren Einschätzungen der Qualität von *Regimes* und *Verfassungen* niederschlägt).

---

[81] Bengtson. *Griechische Geschichte*, S. 45. Zum Procedere der Dionysien vgl. Schmidt-Hofner. *Das klassische Griechenland*, S. 147–148; vgl. überdies Bremmer, Jan N. 1996. *Götter, Mythen und Heiligtümer im antiken Griechenland*. Darmstadt: Wissenschaftliche Buchgesellschaft, S. 24–27.
[82] Schmitz. *Die griechische Gesellschaft*, S. 71–75.
[83] Bengtson. *Griechische Geschichte*, S. 176.

Bei der maßgeblichen sozialen Referenzgröße des Platon der zweiten Sequenz, den wir den *Platon des Räsonnements* nennen wollen, handelt es sich nicht um einen *realen* Kreis von Menschen, sondern um eine Art *imagined community*[84] mit politischen Potenzialen jenseits von Oligarchie, Demokratie oder Tyrannis. Das Verhältnis dieses Kreises von *Philosophen* soll untereinander eines der *Freundschaft* oder *Genossenschaft* sein; ihm korrespondiert ein bestimmtes *(sokratisches)* Tugendregime.

Die Referenzgrößen des *Platon des Räsonnements* neben der *imagined community* der Philosophen sind (anders als alle Referenzgrößen des *Platon der Tugend*) nicht Größen der Polis Athen, sondern des Hofs von Syrakus; aufgrund seines athenischen Bürgerstatus ist der Platon *des Räsonnements* also eine *außen*politische Größe. Anders als der *Platon der Tugend* macht er eigene Erfahrungen mit der Tyrannis. Der tyrannischen Verfassung von Syrakus, die sich prägnanterweise demokratische Institutionen anverwandelt hat, korrespondiert ein bestimmtes *(hedonistisches) Regime*, d. h. eine bestimmte ‚ideologisch' gestützte politische Verkehrsform. Regimes wie dieser *sizilische Hedonismus* sind nicht an eine bestimmte Form der Verfassung (wie Tyrannis, Oligarchie, Demokratie) gebunden.

Unter den Größen des Hofs von Syrakus ist neben dem *Tyrannen* selbst (Dionysios I.) die zweite maßgebliche soziale Referenzgröße *die junge Herrschaft* (Dion). Diese junge Herrschaft der sizilischen Tyrannis ist eine Wiedergängerin des jungen Herrn Platon im älteren, zwischen Oligarchie und Demokratie changierenden Athen: an einem Regime der Tugend interessiert und gegebenenfalls fähig zu erkennen, dass es bei dem, was vor den eigenen Augen passiert, nicht mit rechten Dingen zugeht. Die junge Herrschaft, die Dion exemplifiziert, steht zugleich für die *Möglichkeit* einer politischen Praxis, die zwar (vorerst) nicht Praxis *von* Philosophen ist, aber von Aktivisten getragen wird, die philosophisch unterrichtet worden sind. Wir wollen von den politischen *Genossen* der Weisheitsfreunde sprechen.

Eine weitere Referenzgröße des *Platon des Räsonnements,* die wir nicht übersehen dürfen, auch wenn sie nur einen minimalen Auftritt im *Siebten Brief* hat, ist ein diffuses *Man,* das kennzeichnet, dass es (anders als ein philosophisch unterrichteter Akteur es halten wird) eine Stadt wegen des hedonistischen Regimes, das sie pflegt, ‚glückselig' nennt. D. h. wir haben es mit einer Gruppe von Leuten zu tun, die bei der Beurteilung von Fragen der politischen Ökonomie fundamental andere Maßstäbe als Philosophen (oder deren Genossen) anlegen bzw.

---

[84] Vgl. Müller. *Die Entdeckung der Kultur,* S. 227–241.

mit fundamental anderen politischen Urteilen in der Öffentlichkeit vertreten sind. Wir wollen diese Gruppe einstweilen die Gruppe der *Opportunisten* nennen.

Es liegt nahe, diejenigen aus der Gruppe der Opportunisten, die sich nicht nur bestimmten politischen Urteilen *anschließen,* die denen von Philosophen fundamental widersprechen, sondern die die Maßstäbe *formulieren,* nach denen diese Urteile begründet sind, mit den *Sophisten* zu identifizieren, d. h. Vertretern einer Profession, die in Folge der demokratischen Reformen unter dem Militärführer *(stratēgós)* Perikles (ungefähr drei Jahrzehnte vor Platons Geburt) entstanden ist, um den gesteigerten Bedarf an „Schlüsselqualifikationen wie Redekunst, Kenntnissen in politischen Verfahrensfragen oder in praktischen Verhaltensnormen" in der Bürgerschaft Athens zu bedienen.[85] Sophisten agieren als „von Stadt zu Stadt ziehende" Lehrer, die diejenigen in den Poleis, die sich ihren Unterricht leisten können, die „Techniken" lehren, deren es bedarf, um im „öffentlichen Leben" einer Stadt „Erfolg" zu haben.[86] Wegen ihrer Orientierung am *„common sense"* sind Sophisten „angesehene Persönlichkeiten des kulturellen Lebens Athens", werden allerdings in Teilen der Öffentlichkeit (in sogenannten „konservativen Kreisen") aus demselben Grund als Agenten der „[G]erissen[heit]" denunziert.[87] Schon aufgrund der großen Bedeutung der Rhetorik innerhalb sophistischer Lehrprogramme gelten die „herausragenden Exponenten" der Profession manchen als „Erbe[n] der alten Dichter".[88]

Vom *Platon des Räsonnements* unterscheidet derjenige der folgenden Sequenz sich, weil für ihn der Kreis der Weisheitsfreunde keine *imagined community* mit politischen Potentialen jenseits von Oligarchie, Demokratie oder Tyrannis darstellt, sondern er (mit der *Akademie*) einen realen, institutionalisierten Kreis von Weisheitsfreunden unter der Verfassung Athens vertritt. Nicht nur als Träger eines mit bestimmten Rechten und Pflichten verbundenen Bürgerstatus, sondern überdies als Repräsentant institutionalisierter Philosophie ist der *Platon der Akademie,* als er ein zweites Mal nach Syrakus reist, eine außenpolitische Größe.

Der *Platon der Akademie* ist (wie der *Platon der Tugend*) Teil eines politischen Geschäfts, dessen Horizont allerdings (anders als im Fall des *Platon der Tugend*) Verfassung und politische Ökonomie der ‚griechischen Welt' bilden. Er

---

[85] Erler, Michael. 2017. Kontexte der Philosophie Platons. In *Platon Handbuch. Leben – Werk – Wirkung.* 2. Auflage, hrsg. Christoph Horn, Jörn Müller und Klaus Döring. Stuttgart: Metzler, S. 63–104, hier S. 87.

[86] Erler. Kontexte der Philosophie Platons, S. 88 und S. 87.

[87] Erler. Kontexte der Philosophie Platons, S. 89 und S. 88.

[88] Vgl. Buchheim, Thomas. 1995. Sophistik; sophistisch; Sophist. I. In *Historisches Wörterbuch der Philosophie. Band 9,* hrsg. Joachim Ritter und Karlfried Gründer Darmstadt: Wissenschaftliche Buchgesellschaft, S. 1075–1082, hier S. 1077 und S. 1076.

verfügt über eine durch die akademische Tätigkeit *gefestigte* Professionalität in der politischen Analyse und praktiziert eine Methode des politischen Gesprächs, die es ihm ermöglicht, die spezifischen Potenziale seiner Gesprächspartner*innen auszuloten und anzusprechen. Er agiert an einem sokratischen Tugendregime orientiert, was bedeutet: Er ist gegebenenfalls bereit, den Repräsentanten (Dionysios II.) oder Prätendenten (Dion) der Herrschaft vor Zeugen anzuzeigen, dass er sich in Widerspruch zu ihnen befindet, und wird gegebenenfalls sich (um das Richtige zu tun) einer Gefahr auszusetzen und die Konsequenzen tragen. Nicht übersehen sollten wir, dass der *Platon der Akademie* wenigstens fallweise (in der Olympia-Szene) sich in seinem Handeln nach einem bestimmten politischen *Geschmack* (einer *sizilischen Bitterkeit*) richtet und deswegen seine Haltung neben plausiblen (*Gastrecht*) auch auf dürftige Gründe (*Alter*) zurückführt.

Unter den sozialen Referenzgrößen des *Platon der Akademie* sind naturgemäß die *Akademiker* die maßgeblichen. Wie er selbst sind die Akademiker Größen mit *außen*politischem Horizont – wenn wir sie als einen Teil des diffusen Kreises der *Freunde* verstehen wollen, die im Verbund mit ihm die Bürgschaft für den Pakt zwischen Dionysios II. und Dion übernehmen. Der Kreis der *Freunde Platons des Akademikers* im Feld der ‚hellenischen' Diplomatie umfasst überdies *politisch-philosophische Verbündete* außerhalb Athens (wie den *Phytagoreer* Archytas). Als (außen)politische Größen agieren die einzelnen Akademiker (wie die Frage der Teilnahme an Dions *Coup d'État* zeigt) *autonom*. Die Akademie selbst ist also zwar eine Institution in der Polis Athen, aber keine *politische* Institution.

Die ‚griechische Welt' ist der Referenz*rahmen*, in dem der *Platon der Akademie* agiert; sie verfügt, schon weil sie kleine klaren Grenzen hat, über (noch) *keine* Verfassung. *Athen,* in dem Platon Bürgerrechte hat und die Akademie institutionalisiert ist, ist eine der Größen dieser Welt. *Sparta* ist der ‚klassische' Gegner Athens in Fragen der griechischen Hegemonie; beiden gemeinsam ist, dass es sich um Poleis handelt, die eigene ‚Götter der Stadt' und ein eigenes Gesetz unterhalten.[89] Diese Gemeinsamkeit teilen Sparta und Athen mit einem komplexen Gefüge griechischer Poleis, mit denen eine (oder auch beide) der alten Hegemonialmächte über die Jahre Kriegs- oder Friedens-Bündnisse geschlossen, in deren innere Angelegenheiten sie beizeiten interveniert, mit denen sie sich gelegentlich entzweit und bei anderer Gelegenheit wiederzusammengetan oder gegen die sie in exemplarischen Fällen Strafen exekutiert hat (bzw. haben).

---

[89] Vgl. Bremmer. *Götter, Mythen und Heiligtümer*, S. 29; Rubel, Alexander. 2000. *Stadt in Angst. Religion und Politik in Athen während des Peloponnesischen Krieges*. Darmstadt: Wissenschaftliche Buchgesellschaft, S. 25–29.

1.2 Platons ‚Welt'

Unter den Beteiligten des ‚klassischen' peloponnesischen Hegemonialkonflikts sind von besonderer Bedeutung für die ‚griechische Welt' des *Platon der Akademie* diejenigen Größen, die als ‚neue' hegemoniale Aspiranten über ein *eigenes (böotisches* bzw. *sizilisches*) politisches Regime gebieten, der eine tyrannische *(Syrakus),* eine aristokratische oder eine demokratische *(Theben) Verfassung* korrespondiert. Diese ‚Welt' umfasst überdies politische Größen in *außer*griechischen Gebieten, die Bündnisse mit einzelnen ‚griechischen' Mächten unterhalten (wie die italische Polis *Tarent* oder das *Achämenidenreich*) und fallweise die Möglichkeit einer *Fremdherrschaft* über ‚Griechenland' versinnbildlichen, gegen die es sich zu vereinen gilt *(Persien).*

Die politische Verkehrsform der ‚griechischen Welt' en gros ist (vorerst) ein *Regime der Sieger,* die ihre Siege durch Vergabe oder Versprechen von Machtanteilen (wie Bürgschaften für fragliche Besitzstände) absichern. Besonders prägnant verdeutlicht dieses *Winner takes all*-Prinzip die Praxis, den siegreichen Poleis Kriegsgefangene als Sklaven zuzuführen. Gouldner argumentiert, dass erst die Beschäftigung von Sklaven die wohlfahrtliche Organisation der Bürgerverbände ermöglicht; deswegen führen Friedenszeiten, je länger sie währen, unweigerlich zur Steigerung der Nachfrage gegenüber dem Angebot an Sklaven – was weitere Kriegsunternehmungen zum Zweck neuer Sklavenakquise nach sich zieht, d. h. zur Bekräftigung des *Winner takes all*-Prinzips führt.[90] Ein *Tyrann* (wie Dionysios II.) bewegt sich im Rahmen dieser politischen Verkehrsform gleichsam wie ein Fisch im Wasser, während sie dem (sokratischen) Regime, das *Akademiker* pflegen, widerstrebt. Das spricht aber nicht gegen einen Tyrannen, der eines Akademikers (Platon) wegen das Repertoire seiner Herrschaft um eine Praxis des (temperierten) Respekts erweitert.

Prätendenten der Macht (wie Dion, Herakleides oder Kallipos) agieren im Rahmen eines solchen Regimes der Sieger, dem *keine* Verfassung korrespondiert, in Form heterogener *Interessen*verbände (und sind deswegen immer nur auf Widerruf Teil derselben *Partei*). In solchen Interessenverbänden mischen sich Verbannte, Flüchtlinge, Beklagte und sonstige Besiegte. Sie umfassen z. B. den Typus des *‚olympischen'* (den panhellenischen Göttern verpflichteten) *Revolutionärs* (Dion), Figuren der *depravierten Elite* (Herakleides) oder den Typus des *politischen Abenteurers* (Kallipos und Philostratos).

Eine weitere soziale Referenzgröße des *Platon der Akademie,* die wir nicht vergessen wollen, ist der buchstäbliche *Klein*bürger: Eine Figur, die (anders als ein Akademiker es hält, aber in Übereinstimmung mit den Führern von Interessenverbänden) das Regime der Sieger als eine Tatsache hinnimmt, d. h. den

---

[90] Vgl. Gouldner. *Enter Plato,* S. 145–146.

jeweils *letzten* Siegern sich (anders als die Machtprätendenten) aus freien Stücken unterwirft. Abgesehen von der großen, anonymen *Masse der Profiteure* der herrschenden Umstände ist in der Gruppe der Kleinbürger ein interessanter Fall der Typus des *Bürokraten des Sieges* (Theodotes), der mit ‚lauteren' Absichten gegebenenfalls auch einem Tyrannen einen Deal nach dessen Art andient.

Nicht übersehen wollen wir überdies, dass der *Platon der Akademie* (als er Dion von seinem Aufenthalt bei Dionysios II. berichtet) in einem der Zentren des *panhellenischen Kultus* agiert: In Olympia, dem Bezirk um das auf dem nordwestlichen Peloponnes gelegene Heiligtum des höchsten der Götter (Zeus), finden unter Leitung der Stadt Elis im vierjährigen Turnus Festspiele statt, in deren Ablauf die Eliten der Poleis den Göttern und Helden ‚Griechenlands' gemeinsam Opfer bringen und außerdem ausgewählte (freie) Bürger nach vorgeschriebenen Regeln in sportlichen und ästhetischen Wettkämpfen nach neuen Siegern suchen. In einem Zeitraum mehrerer Monate um die Festspiele herum interagieren die Poleis traditionell in Form olympischen ‚Händehaltens' *(ekecheiria)*, d. h. unterhalten einen heiligen Waffenstillstand.[91] Ungefähr 50 Jahre, bevor Dion hier Platon auf einen Rachebund gegen Dionysios II. einzuschwören versucht, hat an gleicher Stätte der Sophist Gorgias die Idee des Panhellenismus entwickelt;[92] bei den unmittelbar vorangegangenen Spielen ist es allerdings „mitten im Heiligen Bezirk" wegen der „Tempelschätze" zu einer kriegerischen Auseinandersetzung zwischen den Leuten von Elis und den mit ihnen verfeindeten Arkadiern gekommen.[93] Panhellenische Festspiele geringerer Provenienz finden in der Nähe der Städte Argos und Korinth sowie beim Apollon-Heiligtum in Delphi statt. Der heilige Bezirk von Delphi, den eine von zwölf ‚historischen' Gemeinwesen (der *Amphiktyonie*) paritätisch besetzte Versammlung verwaltet, ist überdies der Sitz des wichtigsten, in Form einer „inspirierte[n] Mantik" verfahrenden Orakels Griechenlands,[94] an das sich Poleis und Bürger turnusmäßig mit Ersuchen um Weissagung wenden.

Den *letzten* der vier Platonen (den *alten*) unterscheidet, wie wir bereits festgestellt haben, vom *Platon der Tugend,* vom *Platon des Räsonnements* und vom *Platon der Akademie,* dass ihm das *Gesamt*-Set komplementärer *technai* und *nomoi,* die deren ‚Welten' beinhalten, zur Verfügung steht. Speziell vom Platon der vorangegangenen Sequenz (dem der *Akademie*) unterscheidet ihn, dass er das

---

[91] Vgl. Bengtson. *Griechische Geschichte,* S. 64.
[92] Gouldner. *Enter Plato,* S. 46 und S. 155–156.
[93] Schmidt-Hofner. *Das klassische Griechenland,* S. 284–285.
[94] Friese, Wiebke. 2012. *Die Kunst vom Wahn- und Wahrsagen. Orakelheiligtümer in der antiken Welt.* Darmstadt, Mainz: Philipp von Zabern, S. 20–34, hier insbesondere S. 30.

1.2 Platons ‚Welt'

Scheitern von Dions *Coup d'État*, d. h. den politischen Fehlgang einer tugendorientierten, philosophisch unterrichteten Gesinnung von ‚olympischen' Maßstäben (der *dionischen*) registriert hat. Er registriert überdies, wo das Agieren des *Platon der Akademie* eine *Geschmacks*frage gewesen ist (und deswegen die Gründe, die er seiner politischen Haltung unterlegte, mitunter dürftig ausfielen), d. h. ist gegenüber diesem eine Größe der *Nüchternheit*.

Die maßgebliche soziale Referenzgröße des *letzten* Platon ist der Kreis seiner Adressaten: Dions ‚Freunde und Verwandte', d. h. (wenn wir an die Freunde ‚im Geiste' denken) der Kreis all derjenigen, die mit ihm eine Tugendorientierung, philosophische Ambitionen und womöglich ein ‚olympisches' Politikverständnis teilen und gerade deswegen an Erläuterungen der Gründe seines Scheiterns interessiert sein sollten. Wir wollen diesen Kreis einstweilen die *dionische Öffentlichkeit* nennen. Er umfasst potenziell *alle* späteren Leser*innen des *Siebten Briefs*; ausgeschlossen von diesem Kreis bleibt nach dem Verdikt des *letzten* Platon jedenfalls die gesamte Gruppe derjenigen *(armen Menschen)*, die nicht *selbstbestimmt* agieren (nicht *über sich Gewalt haben*) und über kein *Maß* verfügen (*Leidenschaften unterworfen* sind).

In dem Szenario, das der *Platon der Öffentlichkeit* entwirft, ist die Größe, die zwischen (dionischer) Öffentlichkeit und dem Wissen über die politischen Dinge (Dions Scheitern) vermittelt, eine Bildungseinrichtung: Das Wissen, das er anzubieten hat, ist nach *akademischen* Verfahren gewonnenes Wissen; die Organisation des Gefüges von *technai* und *nomoi*, dessen Elemente und Zusammenhänge wir Schritt für Schritt rekonstruiert haben, ist durch die in der Akademie geübte *philosophische* Praxis entstanden. Das Gesamtszenario enthält allerdings nach allem, was wir wissen, selbst *keine* philosophische Lehre: Zum Wissen, das dem *Platon der Öffentlichkeit* vorliegt, zählt die (am Fall Dions gewonnene) Erfahrung, dass selbst eine tugendorientierte und philosophisch ambitionierte Jugend, wenn sie *unvermittelt*, ohne Vorbereitung, mit philosophischen Lehren konfrontiert wird, aus ihnen verheerende politische Schlussfolgerungen ableiten kann; diese Gruppe bildet aber, wie wir gesehen haben, einen gewichtigen Teil der (dionischen) *Öffentlichkeit, die der Siebte Brief* adressiert.

Wir müssen also davon ausgehen, dass der Verfasser des *Siebten Briefs*, da er nicht wie *Platon der Akademiker* im Fall von Dionysios II. in einem Einzelgespräch prüfen kann, ob die Leser des Briefs für das Philosophieren geeignet sind, ihnen etwas ‚Ungefährlicheres' als philosophisches Wissen mitteilt. Nun stellt andererseits das Gesamtszenario der *technai* und *nomoi*, das Platon der Öffentlichkeit vorstellt – die ‚Kultur', deren Bild er entwirft und in die er *sich* als *Akademiker* einschreibt – unserer Rekonstruktion zufolge ohne Frage eine *soziale Welt* dar. Wir können also das vergleichsweise ‚ungefährliche' Wissen, das sich im *Siebten Brief* materialisiert, mit einer gewissen Berechtigung ein Element von Platons *Soziologie* nennen. Wenn wir Platons Soziologie untersuchen, sollten wir allerdings zu keinem Zeitpunkt vergessen, dass ihr ein ‚gefährlicheres' (*philosophisch* grundiertes) Wissen zugrunde liegt.

Wenn wir die Elemente der Soziologie Platons, die und deren Verbindungen wir im Zuge unserer Rekonstruktion identifiziert haben, systematisch zusammenfassen, so ergibt sich ein Bild mit *drei* Ebenen; eine *politische* Praxis, die (anders als z. B. die politische Praxis des gescheiterten Dion) auf *soziologischem* Wissen basieren soll, wird sämtliche drei Ebenen sowie die Grenzen und Übergänge zwischen ihnen im Blick haben müssen.

Die *erste* Ebene der sozialen Welt, deren Bild Platon zeichnet, können wir die *transpolitische* Ebene nennen. Es ist die Ebene, auf der es um *Gesamt*fragen geht. Auf ihr interagiert eine Gesamtheit heterogener, nach unterschiedlichen *Verfassungen* regierter, eigene *Regimes* und eigene *Götter* unterhaltender politischer Einheiten (Poleis, Kolonialreiche usw.). Ein Teil der Akteure, die auf dieser Ebene tätig sind, pflegt einen gemeinsamen (panhellenischen) *Kultus,* was sich z. B. darin niederschlägt, dass sie temporär (zu den olympischen Spielen) oder in definierten Sonderräumen (Delphi, Asylstätten) sich einem göttlichen Rechtsregime unterwerfen. Abgesehen davon sind die Akteure der *transpolitischen* Ebene an *keine* Verfassung gebunden, gleich auf welche Weise sie in der eigenen Polis regieren oder regiert werden mögen. So wie auf der Ebene der einzelnen Poleis korrespondiert auch auf der *trans*politischen Ebene der (fehlenden) Verfassung ein bestimmtes *Regime: winner takes all.* Die Akteure der *transpolitischen* Ebene können willkürlich (‚auf eigenes Risiko') von diesem Regime abweichen (z. B. mehr Achtung gewähren, als ihnen nützlich ist).

Die *zweite* Ebene ist die *politische* Ebene, d. h. die Ebene, auf der es um Fragen des politischen Gemeinwesens (Polis, Reich usw.) geht. Auf ihr interagiert eine Gesamtheit heterogener, unterschiedliche *technai* praktizierender politischer Akteure und Akteurskonstellationen (Akademiker, Dichter, Politiker usw.). Die Akteure, die auf dieser Ebene tätig sind, praktizieren nach dem *Recht,* das von den Göttern und Helden der Stadt, deren *Kultus* sie pflegen (Dionysos-Fest usw.), überliefert ist. Sie unterliegen einer bestimmten *Verfassung* im Rahmen von Monarchie, Tyrannis, Aristokratie, Oligarchie bzw. Demokratie. Dieser Verfassung korrespondiert ein bestimmtes *Regime,* die vorherrschende *politische Verkehrsform* und *‚Ideologie';* die Grundlage für deren Beschreibung bildet die Dichotomie *tugendorientierter* und *hedonistischer* Regimes. Die Akteure können im Rahmen der politischen Verfassung von diesem Regime abweichen (z. B. unter Hedonisten für die Tugend werben).

1.2 Platons ‚Welt'

Die *dritte* Ebene der sozialen Welt, die unser Bild der Soziologie Platons vervollständigt, ist die Ebene der *Akteure und Akteurskonstellationen.* Jeder Akteur verfügt über ein Set von *technai,* die er ausübt, um anstehende Probleme zu bearbeiten. Wenn ein Akteur Probleme nach bestimmten, institutionalisierten *Regeln* bearbeitet (d. h. eine gewisse ‚Professionalität' erlangt hat), können wir geradezu von einer *Kunst* sprechen, die er praktiziert. Das Feld der Künste, die Platon anzeigt, umfasst neben der *philosophischen,* die er für sich und die *Akademiker* in Anspruch nimmt, u. a. die Künste der *Sophisten* und der *Dichter,* der *Politiker* (Regierende, Oppositionelle, Interessenparteien), der *Bürokraten* (Marktaufseher und Verwalter) und der *Militärs.* Jeden einzelnen Akteur kennzeichnet, gleich ob er der Meister einer Kunst ist oder jemand aus der anonymen Masse, eine bestimmte *politische Psychologie;* die Grundlage für deren Beschreibung bildet die Dichotomie der *Freien* (Selbstbestimmten und Maßvollen) und der *Unfreien* (Fremdbestimmten und Maßlosen). Dieser politischen Psychologie der Akteure korrespondiert eine bestimmte Position, die sie in einem *Familien-* bzw. *Patronageverband* einnehmen; eine *Generationslage*; die Ausprägung der Rechte und Pflichten, über die sie (als Bürger oder Gast einer bestimmten Polis) verfügen oder (als Geflüchtete oder Verbannte) nicht mehr verfügen.

Corpus Platonicum: Überblick des Werks 2

2.1 Das Prinzip der sokratischen Genealogie

Wenn wir uns einen Überblick der Schriften Platons verschaffen wollen, haben wir es en gros mit demselben prinzipiellen Problem zu tun, das uns en detail bereits mit Blick auf den *Siebten Brief* beschäftigt hat: Der lange Zeitraum, der zwischen unserer und der Lebenszeit Platon liegt, die kaum präzise rekonstruierbaren Wechselfälle der Überlieferung seiner Schriften über die Zeit hinweg und der nicht rekonstruierbare Entstehungszusammenhang bringen mit sich, dass die *Authentizität* allgemein vergleichsweise unklar ist und deren fallweise Bestätigung (oder Ablehnung) nicht auf (relativ) sicherem Wissen basiert, sondern darauf, ob eine Schrift gewisse Kriterien erfüllt, die nach der Konvention einer Forscher*innengemeinde hinreichen, um sie authentische Schriften Platons zu nennen. Ein weiteres, aus dem Problem der Authentizität folgendes Problem mit eigenen Tücken ist die *Genese* der Schriften, d. h. die Beschreibung dessen, was man landläufig das ‚Werk' des Autors Platon nennt, als einer tatsächlichen Entwicklungsreihe.

Die Überlegung, der zufolge eine triftige Deutung der Schriften eines Autors die Klärung voraussetzt, dass es sich überhaupt um Schriften *dieses* Autors handelt, hat einiges für sich, so wie auch der Gedanke, dass eine solche Deutungsleistung im Ungefähren bleibt, solange unklar ist, in welcher Reihenfolge die Schriften verfasst wurden und welches das Lebensalter des Autors zum Zeitpunkt ihrer Abfassung war. Es liegt also nahe, dass die „Echtheitsfrage" und „Fragen der Periodisierung" der als ‚echt' klassifizierten Schriften zentrale Anliegen der professionellen Platon-Forschung sind.[1]

---

[1] Söder. Zu Platons Werken, S. 20 und S. 23.

Wenn wir die Erträge der Platon-Forschung zu den Problemen der Authentizität und Genese des *Corpus Platonicum* aus der Perspektive von philologischen Laien mit wissenssoziologischen Interessen studieren, stoßen wir auf die Paradoxie, dass ihre Vertreter*innen mit einigen Konzepten arbeiten (müssen), deren Gültigkeit durch den Forschungsstand strenggenommen nicht gedeckt ist. Eine solche Konvention ohne hinterlegte Beglaubigung ist die „Tetralogienordnung", an der als „Standard-Corpus"[2] die Forscher*innengemeinde sich orientiert: Das Ordnungsprinzip der (neun) Tetralogien lässt sich zwar immerhin bis zu einer Platon-Ausgabe zurückverfolgen, die Anfang des ersten nachchristlichen Jahrhunderts Thrasyllos, Astrologe in Dienst von Tiberius, dem zweiten Kaiser des römischen Reichs, herausgab; aber die älteste Quelle, die dafür spricht, dass bereits Platon selbst oder in den ersten Jahrhunderten nach seinem Tod Mitglieder der Akademie die Schriften in der überlieferten Form publizierten, ist ca. 200 Jahre jünger als Thrasyllos' tetralogische Edition.[3] Wenn also die Platon-Forschung sich heute an einem Schema von neun Tetralogien orientiert,[4] so vor allem aus pragmatischen Gründen: Man weiß, wovon man redet, wenn man vom *Corpus Platonicum* spricht.

Vor dem Hintergrund dieser wissenssoziologischen Auffälligkeit ist der altphilologische Laie sicher gut beraten, wenn er dem Urteil der Fachleute folgt. Wir halten also fest, dass aus dem Set von „47 Werktiteln", für die über die Zeit schon einmal eine Autorschaft Platons behauptet worden ist, „gut zwei Dutzend Dialoge als echt anerkannt" sind, während „die meisten" der Briefe Platons „als eher unecht eingestuft" werden, allerdings eher nicht der *Siebte Brief*,[5] der uns bereits beschäftigt hat.

Eines der bevorzugten Mittel, um die Authentizität der Elemente des *Corpus Platonicum* zu taxieren, ist heute die sogenannte „quantitative Stilistik", ein Set von Methoden, mit deren Hilfe Forscher*innen anhand messbarer Merkmale von Texten – Wortfrequenzen, Wort- und Satzlängen, Wortklassen, aktivem Wortschatz, Verhältnissen von ‚aktionalen' und ‚qualitativen' Aussagen („Aktionsquotient") usw. – Ähnlichkeiten und Unterschiede der Elemente eines

---

[2] Söder. Zu Platons Werken, S. 21.

[3] Vgl. Diogenes Laertios. 2008. *Leben und Meinungen berühmter Philosophen. Erster Band. Bücher I-VI*. In der Übersetzung von Otto Apelt unter Mitarbeit von Hans Günther Zekl herausgegeben sowie mit Einleitung und Anmerkungen versehen von Klaus Reich. Hamburg: Felix Meiner, S. 166 (III 66).

[4] Söder. Zu Platons Werken, S. 20–21. Vgl. Wilson, Nigel G. 1962. A List of Plato Manuscripts. In *Scriptorium* 16, S. 386–395.

[5] Söder. Zu Platons Werken, S. 20–22.

2.1 Das Prinzip der sokratischen Genealogie

Textkorpus (und gegenüber anderen Textkorpora) bestimmen.[6] Den größeren Rahmen solcher statistischen Forschungen am *Corpus Platonicum* bildet die *Stilometrie*. Zur Klärung herangezogen werden überdies überlieferte biographische Daten; so hat man z. B. eine Koinzidenz zwischen Platons erster Sizilienreise und der Verwendung von „[d]orische[n] Ausdrücken" („in Syrakus kennengelernt") festgestellt und unterscheidet auf dieser Grundlage zwischen Schriften *vor* und *nach* Syrakus I.[7] Hinzu kommen ausgewählte historische Quellen, denen man einen gewissen Vertrauensvorschuss zubilligt; so Aristoteles mit Blick auf das historische Verhältnis der beiden politischen Großschriften Platons, der (früheren) *Politeia* und den (späteren) *Nomoi*.[8] Zu Zwecken der Hypothesenbildung spielen überdies die überlieferten sozialen Konstellationen Platons eine Rolle; so kann man eine Textgruppe als „Spätwerk" identifizieren, weil Platon (erst) hier eine linguistische Ungenauigkeit („Hiatus") meidet, die zwischenzeitlich Gegenstand der Sprachkritik von Isokrates, einem anderen Athener Schuloberhaupt, war.[9]

Als philologische Laien mit wissenssoziologischem Interesse, die sich bereits ein Bild von den sozialen Konstellationen Platons (bzw. der ‚Platonen') gemacht haben, können wir die stilometrischen Expansionsmöglichkeiten, die die fortgeschrittene Computertechnik bietet, absehen. Deren intellektuelle Grenzen zeigen die *Undenkbarkeiten* an, die die quantitative Statistik fallweise zu Tage fördert. So gibt es Untersuchungen, die eine nicht geringe Wahrscheinlichkeit ausweisen, dass statt Platons eher ein anderer Schüler von Sokrates, Xenophon, Verfasser von Teilen der *Politeia* gewesen sein müsste; oder es zeigt sich, dass nach dem konventionellen statistischen Modell im Fall des für die philosophische Platon-Forschung wichtigen Dialogs *Parmenides* nicht besonders viel für eine Autorschaft Platons spricht.[10]

Wenn wir uns angesichts dieser Ausgangslage auf ein minimalistisches Bild des *Corpus Platonicum* begrenzen wollen, können wir relativ sicher von der Authentizität einer Textreihe ausgehen, deren Elemente relativ zu den übrigen Texten als *Spätwerk* gelten: den Dialogen *Kritias, Nomoi, Philebos, Politikos, Sophistes* und *Timaios;* auch der *Siebte Brief* ist Teil dieser Reihe. Dasselbe gilt

---

[6] Vgl. Spillner, Bernd. Hrsg. 1984. *Methoden der Stilanalyse.* Tübingen: Narr.

[7] Söder. Zu Platons Werken, S. 25.

[8] Aristoteles. 1973. *Politik.* Übersetzt und herausgegeben von Olof Gigon. München: dtv, S. 78 (1264b).

[9] Söder. Zu Platons Werken, S. 25. Vgl. Blass, Friedrich. 1874. *Die attische Beredsamkeit. Abtheilung 2: Isokrates und Isaios.* Leipzig: Teubner, S. 424–441, hier insbesondere S. 426.

[10] Söder. Zu Platons Werken, S. 25. Vgl. Ledger, Gerald R. 1989. *Re-Counting Plato. A Computer-Analysis of Plato's Style.* Oxford, New York: Oxford University Press.

für vier Dialoge, die als das „mittlere Werk" gelten: *Parmenides, Phaidros, Politeia, Theaitetos*. Ebenfalls als authentisch gilt eine größere Reihe von Dialogen, für die die Forschung davon ausgeht, dass Platon sie vor dieser Tetrade verfasst hat („Frühwerk"): *Apologie, Charmides, Euthydemos, Euthyphron, Gorgias, Hippias minor, Ion, Kratylos, Kriton, Laches, Lysis, Menexenos, Menon, Phaidon, Protagoras, Symposion*.[11]

Wenn wir die Authentizität der genannten Schriften voraussetzen und deren grobe Sequenzierung nach späten, mittleren und frühen Schriften im beschriebenen Sinn festhalten, sollten wir darüber unseren wissenssoziologischen Vorbehalt nicht vergessen. Denn die professionellen Standards, die die stilometrische Platon-Forschung ausgebildet hat, ändern nichts an den grundlegenden Mängeln unseres Wissens zur Überlieferungsgeschichte; es fragt sich, ob nicht jede Arbeit am *Corpus Platonicum*, die mit dem genealogischen Status einer bestimmten Schrift argumentiert, strenggenommen zu viel voraussetzt – wenigstens dann, wenn darüber andere Deutungswege in Vergessenheit geraten. Unabhängig von der Frage, ob der Textkorpus auf eine „autoritative Akademie-Ausgabe" zurückgeht, die Thrasyllos neu ediert, oder er „mehrere Überlieferungsstränge" zusammengefasst hat,[12] wissen wir nicht, ob, in welchem Umfang und auf welche Weise Editor*innen (in der Akademie oder anderwärts) in Texte eingegriffen haben, d. h. ob nicht bestimmte Auffälligkeiten, die wir Platons Lebensalter zuschreiben mögen, Ergebnisse späterer Editionstätigkeiten sind. Und selbst wenn wir Editor*innen voraussetzen wollten, die streng dem Gebot authentischer Überlieferung folgen, wüssten wir nicht, ob, in welchem Umfang, auf welche Weise, mit wessen Unterstützung und unter welchen Umständen der überlieferte Platon selbst gelegentlich seine älteren Schriften redigiert hat.

Vor dem Hintergrund des skizzierten wissenssoziologischen Vorbehalts empfiehlt sich wiederum ein *minimalistisches* Verständnis von Autorschaft und Genese des *Corpus Platonicum*, das wir stillschweigend bereits bei unserer Untersuchung des *Siebten Briefs* im vorangegangenen Kapitel angewandt haben: (1) Wir setzen einen Platon *wohlgesonnenen* Editor, der *weiß, was er tut*, voraus; unter dieser Voraussetzung können wir überdies davon ausgehen, dass (2) keines der Elemente des Korpus, so wie es vorliegt, der Lehre Platons einen Schaden

---

[11] Söder. Zu Platons Werken, S. 26. Vgl. Brandwood, Leonard. 1990. *The Chronology of Plato's Dialogues*. Cambridge: Cambridge University Press; Ledger, Gerald R. 1989. *Re-Counting Plato*; Young, Charles N. 1994. Plato and Computer Dating. In *Oxford Studies in Ancient Philosophy* 12, S. 227–250. Einen Überblick der zentralen Argumente der Authentizitäts-Diskussion gibt Szlezák. *Platon*, S. 97–116, der – nicht gar so minimalistisch wie wir – neben den 26 genannten Dialogen auch *Hippias maior* als authentisch einstuft.

[12] Söder. Zu Platons Werken, S. 20.

2.1 Das Prinzip der sokratischen Genealogie

zufügt oder ihr widerspricht, unabhängig von ihrem genealogischen Status, d. h. dass jede Schrift für sich ein gültiges Bild der Lehre Platons darstellt; dass aber (3) das Verständnis der einzelnen Schriften mit fortschreitender Kenntnis und Deutung weiterer Elemente des Korpus wächst.

Die Voraussetzung des Platon wohlgesonnenen Editors, der weiß, was er tut, erfüllt z. B. die Größe, die wir im vorangegangenen Kapitel als *Platon der Akademie* beschrieben haben: ein älterer (und weiter alternder) Schulvorstand, der unter der Verfassung Athens nach bestem Wissen ältere Arbeiten redigiert, neuere und neue aufschreibt, vorträgt, diktiert und überarbeitet.[13] Diese Voraussetzung erfüllt aber auch die Figur des einzelnen „gut akademisch[en]" Editors, als den die ältere Forschung z. B. Arkesilaos nennt, Vorstand der Akademie in der ersten Hälfte des dritten vorchristlichen Jahrhunderts, oder Xenokrates, ein Mitglied von Platons Philosophenkreis, der, als Nachfolger von Speusippos, in den letzten Jahrzehnten des vierten Jahrhunderts die Akademie leitete.[14] Und ebenso entspricht dem Axiom der wohlwollenden und wohlwissenden Editorin eine größere akademische Arbeitsgruppe, die, womöglich in Form Generationen übergreifender Textkritik, einen „Normtext" produziert hat.[15]

Für die beschriebene minimalistische Annäherung an das Material spricht neben der semantischen Unterstützung aus der wissenssoziologischen Forschung, mit deren Hilfe wir uns *Platon und die Akademie* zu Prüfzwecken z. B. als eine Art „Denkkollektiv",[16] „Paradigmengruppe",[17] „epistemic community"[18] oder „invisible college"[19] vorstellen können, vor allem ein maßgebliches Element der intellektuellen Praxis der Akademiker, das wir bei der Untersuchung des *Siebten Briefs* bemerkt haben: eine Methode, zwischen ‚gefährlichen' Formen

---

[13] Vgl. Thesleff, Holger. 2009. Studies in Platonic Chronology. In *Platonic Patterns. A Collection of Studies*. Las Vegas, Zürich, Athen: Parmenides Publishing, S. 143–382.

[14] Söder. Zu Platons Werken, S. 20. Vgl. Alline, Henri. 1984. *Histoire du texte de Platon*. Paris: Champion; Bickel, Ernst. 1944. Das platonische Schriftenkorpus der 9 Tetralogien und die Interpolation im Platontext. In *Rheinisches Museum* 92, S. 94–96.

[15] Söder. Zu Platons Werken, S. 20.

[16] Fleck, Ludwik. 1980. *Entstehung und Entwicklung einer wissenschaftlichen Tatsache. Einführung in die Lehre vom Denkstil und Denkkollektiv*. Frankfurt am Main: Suhrkamp.

[17] Kuhn, Thomas S. 1976. *Die Struktur wissenschaftlicher Revolutionen*. Frankfurt am Main: Suhrkamp.

[18] Haas, Peter M. 1992. Introduction. Epistemic Communities and International Policy Coordination. In *International Organization* 46, S. 1–35.

[19] Merton, Robert K. 1988. Reference group, Invisible Colleges, and Deviant behavior in Science. In *Surveying Social Life. Papers in Honor of Herbert H. Hyman*, hrsg. Hubert J. O´Gorman. Middletown: Wesleyan University Press, S. 174–189.

der Kommunikation (Philosophieren im eigentlichen Sinn), die *inner*akademisch praktiziert werden, und ‚ungefährlicheren', die die Akademiker im Verkehr mit der *außer*akademischen Öffentlichkeit pflegen, zu unterscheiden.[20] Die avanciertere Platon-Forschung beschäftigt sich vor dem Hintergrund des Verdikts gegen die Möglichkeit, in schriftlicher Form zu Philosophieren, das weitere Passagen des *Corpus Platonicum* bestätigen,[21] und anknüpfend an eine Formulierung von Platons Schüler Aristoteles[22] mit der Frage einer „ungeschriebenen Lehre" Platons.[23] Das Material bilden Berichte von Autoren (wie z. B. Aristoteles[24]), die „Ansichten" überliefern, die Platon nur in mündlicher Form dargelegt hat; dem Forschungsstand zufolge stehen diese Ansichten „den Dialogen nicht unverbunden gegenüber, sondern erweisen die Dialoge als „in konsistenter Weise über sich hinausweisen[d]", auf eine „Theorie der Prinzipien".[25]

Es wäre vermessen, wenn wir als philologische Laien etwas über den Niederschlag der ungeschriebenen philosophischen Prinzipien Platons im *Corpus Platonicum* beitragen wollten;[26] interessant aber ist für uns das wissenssoziologische Argument, das der kommunikative Dualismus der Akademiker birgt: (1) Wir können davon ausgehen, dass weder der gesamte *Corpus Platonicum* noch einzelne Texte für sich *Philosophie im eigentlichen Sinn* dokumentieren; dass aber (2), so wie Philosophie im eigentlichen Sinn der Anlass *inner*akademischer Praxis ist, jedes Element des *Corpus Platonicum außer*akademische Praxis im Sinne der

---

[20] Platon. Siebter Brief. S. 86–97 (341c-344d).

[21] Vgl. nur Platon. 1981. Phaidros. In *Werke in acht Bänden. Griechisch und Deutsch. Fünfter Band*. Herausgegeben von Gunther Eigler. Bearbeitet von Dietrich Kurz. Griechischer Text von Léon Robin, Auguste Diès und Joseph Souilhé. Deutsche Übersetzung von Friedrich Schleiermacher und Dietrich Kurz. Darmstadt: Wissenschaftliche Buchgesellschaft, S. 1–193, hier S. 172–191 (274b-278e).

[22] Vgl. Aristoteles. 1987. *Physik. Vorlesung über Natur. Erster Halbband: Bücher I(A)-IV(Δ)*. Griechisch-Deutsch. Übersetzt, mit einer Einleitung und Anmerkungen herausgegeben von Hans Günter Zekl. Hamburg: Felix Meiner, S. 154–155 ((209b). Vgl. Szlezák. *Platon*, S. 116–117.

[23] Vgl. Gaiser, Konrad. 1998. *Platons ungeschriebene Lehre. Studien zur systematischen und geschichtlichen Begründung der Wissenschaften in der platonischen Schule*. Stuttgart: Klett-Cotta; Krämer, Hans. 1996. Platons ungeschriebene Lehre. In *Platon. Seine Dialoge in der Sicht neuer Forschung*, hrsg. Theo Kobusch und Burkhard Mojsisch. Darmstadt: Wissenschaftliche Buchgesellschaft, S. 249–275; Sayre, Kenneth M. 1983. *Plato's Late Ontology. A Riddle Resolved*. Princeton: Princeton University Press.

[24] Aristoteles. 2003. *Metaphysik*. Übersetzt, mit einer Einleitung und Anmerkungen versehen von Hans Günther Zekl. Würzburg: Königshausen & Neumann, S. 156–157 (987a-b).

[25] Szlezák. *Platon*, S. 118 und S. 487–554.

[26] Söder. Zu Platons Werken, S. 31.

2.1 Das Prinzip der sokratischen Genealogie

philosophischen Prinzipien Platons (und also zum Besten von Philosoph*innen) darstellt; insofern können wir (3) den *Corpus Platonicum* als ein *mehrdimensionales* (auf mehrere Schriften verteiltes) Dokument eines Grenzverkehrs zwischen der Akademie und einer politischen (und *trans*politischen) Umwelt verstehen. Was uns interessiert, ist deswegen nicht die entwicklungsgeschichtliche Lagerung der Elemente des Korpus, sondern das Gefüge politischer (und transpolitischer) Szenarien, das sie ergeben: das ‚Welt'-Bild der Akademie in einer Version für *(Noch-)Nicht*-Akademiker*innen.

Im Feld der etablierten Platon-Forschung entspricht unserem Ansatz am Ehesten das sogenannte „systemperspektivisch-kontextuelle Interpretationsmodell", mit dessen Vertreter*innen wir den Anspruch teilen, „die Dialogform", in der ein Großteil des *Corpus Platonicum* verfasst ist, „als solche ernst" zu nehmen und deswegen das „gesprochenes Wort" in seinem „Kontext" zu behandeln (und *nicht* so, als spräche Platon „in jedem Werk alles aus[…], was er […] weiß bzw. annimmt").[27] Allerdings interessieren uns nicht in erster Linie Fragen der *Publikumswirkung,* an der Platon arbeiten mag („salutary shock[s]" o.ä.), und Fragen der *Techniken,* die er anwendet („Gleichnisse", „Mythen" usw.),[28] interessieren uns nur als Hilfsmittel für die Klärung eines anderen Problems: der sozialen Kontexte, die *im* gesprochenen Wort selbst präsent sind, d. h. von Platon in seinen Schriften klar und nachprüfbar angezeigt (wenn auch selten ausführlich erläutert) werden.

In diesem Sinn haben wir im vorangegangenen Kapitel z. B. Platons Angabe zum Adressatenkreis des *Siebten Briefs* („Dions Verwandte und Freunde"[29]) zum Anlass genommen, die vorliegenden Daten zu Dions Familienverhältnissen (Dionysios I., Dionysios II., Hof von Syrakus) zu rekonstruieren, haben wegen der prominenten Rolle, die in Platons biographischer Schilderung Syrakus spielt, dessen Bedeutung im transpolitischen Setting der Epoche unter besonderer Berücksichtigung seiner Beziehungen zu Platons Geburtsstadt Athen nachvollzogen, oder haben wegen des Worts vom „Umsturz", dessen Zeuge der *junge* dem Bericht des *alten* Platon zufolge wurde,[30] einige Informationen zu den

---

[27] Söder. Zu Platons Werken, S. 29–30. Vgl. Frede, Michael. 1992. Plato's Arguments and the Dialogue Form. In *Methods of Interpreting Plato and his Dialogues. Oxford Studies in Ancient Philosophy. Supplementary Volume,* hrsg. James Klagge und Nicholas Smith. Oxford: Clarendon Press, S. 201–219.

[28] Söder. Zu Platons Werken, S. 29. Vgl. Kahn, Charles. 1996. *Plato and the Socratic Dialogue. The Philosophical Use of a Literary Form.* Cambridge: Cambridge University Press, S. 66–70.

[29] Platon. Siebter Brief, S. 44–45 (324a); Hervorhebung von mir/PG.

[30] Platon. Siebter Brief, S. 44–45 (324c).

Umständen der *Herrschaft der Dreißig* im Besonderen und im Allgemeinen zur Verfassungslage Athens in der Epoche des Peloponnesischen Kriegs gesammelt.

Um tatsächlich anhand des *Corpus Platonicum* den Grenzverkehr zwischen der Akademie und ihrer politischen (und transpolitischen) Umwelt zu rekonstruieren (und nicht stattdessen versehentlich bloß dieser oder jener Konvention der Platon-Forschung späterer Jahrhunderte nachzukommen), folgen wir dem (wiederum minimalistischen) Prinzip, dass bei der Deutungsarbeit der Text den Vorrang vor dem im Text angezeigten sozialen Kontext haben soll. In diesem Sinn haben wir im vorangegangenen Kapitel z. B. Sokrates *nicht* mit der Kennzeichnung ‚Philosoph' versehen oder hat er uns *nicht* als der sophistische Erfinder neuer Götter beschäftigt, als den Aristophanes ihn anlässlich der Dionysos-Festspiele des Jahres 423 vorstellt; sondern als der Tugendfreund, als den Platon selbst ihn präsentiert – während uns selbstverständlich interessieren musste, *dass* der Leserschaft des *Siebten Briefs* Sokrates als Spottfigur der zeitgenössischen Komödie *(komoidoumenos)* bekannt sein konnte.[31]

Auch mit Blick auf die Dialoge folgt aus diesem Prinzip die Regel, dass wir Kontextwissen hinsichtlich der Protagonisten, die Platon (miteinander) ins Gespräch bringt, zur Deutung der Position hinzuziehen, mit der Platon sie dem Dialog einschreibt – aber nicht durch unsere Untersuchung dieser Position etwas über die ‚reale' Person herausfinden wollen, die der Dialogfigur zu Grunde liegt. (Wollten wir dies, würden wir nicht nur einen Platon wohlgesonnenen und wohlwissenden Editor voraussetzen, sondern zudem, dass dieser Editor Vertreter einer exakten Historistik ist.)

Platon bzw. der Platon wohlgesonnene und wohlwissende Editor wird, während er das ‚Welt'-Bild der Akademie in einer Version zur Darstellung bringt, die auch für *Nicht*-Akademiker*innen geeignet ist, zu berücksichtigen wissen, was ‚man' über die Akteur*innen, deren Verkehr der *Corpus Platonicum* demonstriert, wissen und meinen kann. Anders gesagt, er wird eine *aufmerksame* Leserin voraussetzen (wohlwissend, dass nicht *jeder,* der diesen oder jenen Text lesen ihn auch mit rechter Aufmerksamkeit lesen wird), die im Zweifelsfall prüft, *wen* er da *was* zu *wem* auf *diese* Weise sagen lässt. Ein solcher aufmerksamer Leser kann ebenso ein *Noch*-Nicht-Akademiker sein, der im Grenzverkehr mit der Akademie Gründe der Teilhabe erwerben können soll, wie der *Zensor,* der

---

[31] Nails. *The People of Plato*, S. 266 und S. 268. Vgl. nur Aristophanes. 2019. Die Wolken. In *Die Komödien.* Übertragen von Ludwig Seeger, neu herausgegeben und eingeleitet von Bernhard Zimmermann. Stuttgart: Kröner, S. 121–183.

2.1 Das Prinzip der sokratischen Genealogie

im Dienst eines politischen (und fallweise transpolitischen) Interesses Ansprüche der Loyalitätsprüfung vertritt.[32]

Die sicherste Quelle, die die Platon-Forschung uns zur Verfügung stellt, um das Wissen einer solchen aufmerksamen Leserin nachzuvollziehen, das der Platon wohlgesonnene und wohlwissende Editor, den wir voraussetzen, seinerseits voraussetzen wird, ist die *prosopographische* Literatur. In diesem Sinne haben wir bereits im vorangegangenen Kapitel den in dieser Hinsicht maßgeblichen „guide to the persons represented in the Platonic dialogues" und ihrem Umfeld *(People of Plato),* den Debra Nails vorgelegt hat,[33] herangezogen.

Das *genealogische* Interesse einer aufmerksamen Leserin im beschriebenen Sinn geht nicht auf die Entwicklung des *Corpus Platonicum,* sondern auf die Genealogie der Ereignisse, die *in* den Dialogen geschildert werden, d. h. auf deren „dramatic date[s]", sofern sie rekonstruierbar sind.[34] Wenn wir Nails folgen, können wir für zwei Dialoge (*Nomoi* und *Philebos*) konstatieren, dass sie *keine* dramatische Einordnung erlauben[35] – was nicht bedeutet, dass wir sie ‚außerhalb der Zeit' ansetzen können.[36] In zwei Fällen (*Timaios* und *Kritias,* die zwei aufeinander folgende Handlungssequenzen darstellen) gibt es zwar eine in sich schlüssige Hypothese zum genealogischen Status, aber die Einwände dagegen sind so gewichtig, dass sie als umstritten gilt.[37] Überdies gibt es zwei Dialoge (*Gorgias* und *Politeia*), die mehrere, in sich widersprüchliche Hinweise zum Zeitpunkt der Handlung enthalten; Nails qualifiziert ihren genealogischen Status wegen der Spannweite der widersprüchlichen Zeitpunkte „throughout the Peloponnesian war".[38]

Für die übrigen 20 Dialoge lässt der Zeitpunkt der Handlung sich so weit bestimmen, dass wir sie in ihrer historischen Abfolge erfassen können. Die Dialogfigur, an der wir ablesen können, dass diese historische Abfolge einen genealogischen Zusammenhang hat, ist *Sokrates,* dessen Rolle in Platons Autobiographie wir bereits vermerkt haben: Er ist in jedem einzelnen dieser Dialoge

---

[32] Vgl. Strauss, Leo. 1988. *Persecution and the Art of Writing.* Chicago: The University of Chicago Press, S. 25–26 und S. 34–37.
[33] Nails. *The People of* Plato, S. XXXVII; vgl. S. 1.
[34] Nails. *The People of Plato,* S. 307–308.
[35] Nails. *The People of Plato,* S. 327–329.
[36] So nennt z. B. Slobodan Dušanić Gründe dafür, dass Teile der *Nomoi* um das Jahr 408, also in der Spätphase des Peloponnesischen Kriegs, spielen. Vgl. Nails. *The People of Plato,* S. 328; Dušanić, Slobodan. 1990. English Summary. In *History and Politics in Plato's 'Laws'.* Belgrad: The Serbian Academy of Sciences and Arts, S. 359–398, hier S. 364–365.
[37] Nails. *The People of Plato,* S. 326.
[38] Nails. *The People of Plato,* S. 324 und S. 326.

anwesend (so wie auch in denjenigen mit undeutlichem genealogischen Status, abgesehen von den *Nomoi*). Wenn wir diese sokratische Genealogie mit den Daten der ‚politischen Großwetterlage' abgleichen, können wir Dialoge unterscheiden, die in Zeiten spielen, in denen Athen – in der Folge des Siegs gegen das persische Expansionsheers bei Salamis und bis zum Scheitern der sizilischen Expansion – einen intakten Hegemonialverband unterhält; Dialoge, die die historische Sequenz abbilden, während der Athen sich – in Form der schrittweisen Auflösung des Attischen Seebunds bis zum Sieg der Koalition Spartas ausgangs des Peloponnesischen Kriegs und darüber hinaus – von der Hegemonie verabschiedet, um Provinz zu werden; und schließlich Dialoge, die die politischen Folgen dieses Provinzialisierungsprozesses mit Fokus auf das Gerichtsverfahren gegen Sokrates dokumentieren.

Während jeder Leserin dieses Buchs der Name Sokrates bekannt sein wird, werden die Namen von vielen der übrigen Dialogfiguren, sofern diese Leserin keine eingehenderen altphilologischen oder althistorischen Interessen pflegt, ihr nicht besonders geläufig sein. Da der Kreis der Dialogfiguren, die der *Corpus Platonicum* versammelt, ein beachtliches Volumen hat, begegnen uns also im Folgenden auf vergleichsweise wenigen Textseiten vergleichsweise viele unbekannte Namen. Wenn wir das ‚Welt'-Bild der Akademie (in einer Version für *Nicht*-Akademiker*innen) rekonstruieren wollen, ist diese Lektüre-Schwierigkeit allerdings unvermeidlich: Die Namensträger sind zugleich die sozialen Figuren, an deren Konstellationen wir schrittweise, von Dialog zu Dialog, Vielfalt und Zusammenhang der ‚Welt' der Akademie nachvollziehen können; erst nach Abschluss dieser Schrittfolge werden wir in der Lage sein, die soziale Ordnung des *Corpus Platonicum* systematisch abzubilden.[39] Allerdings werden wir glücklicherweise Schritt für Schritt neben unbekannten Namen in deren Trägern zugleich auf eine Reihe von Figuren und Konstellationen treffen, die uns bereits aus unserer Analyse des *Siebten Briefs* im vorangegangenen Kapitel bekannt sind: Größen, die im *trans*politischen Rahmen eine Rolle spielen (Imperien, Hegemonialverbände, Poleis und deren diplomatischen Träger); *politische* Größen (Verfassungen, Amtsträger, Parteiungen); Repräsentanten verschiedener (mehr oder weniger politischer) Künste (Akademiker, Sophisten, Dichter, Politiker), bestimmter Familien- bzw. Patronageverbände und bestimmter Generationslagen; ‚Olympier' und ‚Götter der Stadt'.

---

[39] Als Orientierungshilfe werden im Folgenden Personennamen sowie Namen wichtiger Städte oder Landschaften bei der ersten Nennung (oder auch im Zusammenhang von Textpassagen, die weitere Erläuterungen enthalten) in **Fett**druck wiedergegeben.

2.2 Zeiten der Hegemonie (450–415)

Parmenides. Das erste Gespräch *(Parmenides)* datiert auf das Jahr 450,[40] als Sokrates ca. 20 Jahre alt ist. In Athen, wo es stattfindet, hat gerade der Militärführer **Perikles** seine demokratischen Reformen auf den Weg gebracht; ein erster Krieg der Hegemonialmächte Athen und Sparta steht bevor. Sokrates' Hauptgesprächspartner sind der Mittsechziger **Parmenides,** ein prominenter Lehrer aus der italischen Kolonie **Elea,** und dessen Schüler **Zenon,** der ungefähr 20 Jahre älter als Sokrates ist.[41] Der Anlass des Gesprächs ist eine „Vorlesung" Zenons; die beiden Eleaten sind im Zusammenhang der Festspiele zu Ehren **Athenes,** der höchsten unter den ‚Göttern der Stadt', vor Ort. Zenon liest auf einem Friedhof, außerhalb der Stadtmauern.

Eine Besonderheit des *Parmenides* ist, dass nicht Platon das Gespräch berichtet, sondern er einen Bericht seines jüngeren Halbbruders **Antiphon** wiedergibt, eines Pferdezüchters. Antiphon seinerseits beruft sich auf einen Jahre zurückliegenden Bericht seines zeitweiligen Mentors **Pytodoros,** der als Gastgeber der beiden Eleaten selbst bei deren Gespräch mit Sokrates dabei gewesen war (allerdings Zenons Vorlesung, die dem Gespräch vorausgegangen ist, ebenso wie Zenons Lehrer und ein **Aristoteles,**[42] der fast 50 Jahre später an der *Herrschaft der Dreißig* beteiligt sein wird, zu größeren Teilen verpasst hat).[43] Auch Antiphons Wiedergabe des alten Berichts von Pytodoros, eines glücklosen Flottengenerals in den ersten Jahres des Peloponnesischen Kriegs[44] (mehr als 20 Jahre nach dem Friedhofs-Gespräch), überliefert uns nicht Platon selbst. Er überliefert eine Wiedergabe dieser Wiedergabe durch **Kephalos,** einen Bürger der kleinasiatischen Küstenstadt **Klazomenai,**[45] die im Zuge des Kriegs wiederholt die Seiten gewechselt hat, zum Zeitpunkt von Kephalos' Bericht, während des *Korintischen Kriegs,* zunächst an die Seite Athens zurückgekehrt und im anschließenden

---

[40] Nails. *The People of Plato,* S. 308–309.

[41] Nails. *The People of Plato,* S. 217–218 und S. 304–305.

[42] Vgl. Nails. *The People of Plato,* S. 57–58. Dieser Aristoteles ist *nicht* identisch mit dem später Akademie-Schüler gleichen Namens.

[43] Platon. Parmenides. 1981. In *Werke in acht Bänden. Griechisch und Deutsch. Fünfter Band.* Herausgegeben von Gunther Eigler. Bearbeitet von Dietrich Kurz. Griechischer Text von Léon Robin, Auguste Diès und Joseph Souilhé. Deutsche Übersetzung von Friedrich Schleiermacher und Dietrich Kurz. Darmstadt: Wissenschaftliche Buchgesellschaft, S. 195–319, hier S. 198–201 (126c-127d).

[44] Nails. *The People of Plato,* S. 259.

[45] Vgl. Nails. *The People of Plato,* S. 83. Dieser Kephalos ist *nicht* identisch mit dem Protagonisten der *Politeia* (s. u.).

Königsfrieden unter die Hegemonie der persischen Achämeniden gekommen ist.[46] Kephalos hat Antiphon anlässlich eines Besuchs in Athen, im Beisein von Platons (älteren) Brüdern **Adeimantos** und **Glaukon,** wegen Pytodoros' Bericht über das Gespräch im Anschluss an Zenons Vorlesung befragt.[47] Wir können also festhalten, dass dem Dialog in den Kreisen um Platons Familie und in den Kreisen der Eleaten eine beträchtliche Bedeutung beigemessen wird, Platon aber zugleich das Problem der Authentizität des überlieferten Dialogs anzeigt; zudem ist keiner der Berichterstatter ein *Akademiker.*

Der Ausgangspunkt des Gesprächs ist ein Einwand von Sokrates gegen Zenons Bestimmung des Verhältnisses von Einheit und Vielfalt wegen der Voraussetzung, von der er (um das Ergebnis der Unmöglichkeit von Vielfalt, zu dem bereits sein Lehrer Parmenides gekommen ist, zu bestätigen) ausgegangen ist.[48]

Protagoras. Zwischen dem ersten und dem zweiten (433/432 datierten) der von Sokrates' überlieferten Gespräche liegen mehr als 15 Jahre.[49] Derweil ist der erste Hegemonialkrieg Athens gegen Sparta mit einem auf 30 Jahre datierten Friedensschluss zu Ende gegangen und hat die Stadt ihren Burgberg *(Akropolis)* zum herrschaftlichen Kultzentrum ausgebaut; der *Peloponnesische Krieg* steht bevor. Bald nach dem Gespräch wird Sokrates sich als Teil einer Masse gepanzerter Fußkämpfer (als *Hoplit*) in der hegemonialen *Phalanx* Athens (beim Feldzug 432 gegen die abtrünnige Polis Poteidaia)[50] bewähren.

Auch im Fall des *Protagoras* handelt es sich nicht um Platons eigenen Bericht. Diesmal ist Sokrates selbst (der inzwischen auf die 40 zugeht) der Erzähler, ohne dass wir genauer erführen, wer seine Zuhörer*innen sind; immerhin wissen wir, dass ein „Freund" *(philos)* ihn zur Erzählung auffordert und das Gespräch, das er berichtet, unmittelbar zuvor stattgefunden haben soll.[51]

Sokrates' Hauptgesprächspartner ist der titelgebende, etwa 20 Jahre ältere Lehrer aus der Athen verbundenen, in der Landschaft Thrakien gelegenen Polis

---

[46] Bengtson. *Griechische Geschichte*, S. 242–244.
[47] Platon. Parmenides, S. 196–199 (126a-c).
[48] Platon. Parmenides S. 200–203 (127e-128b).
[49] Nails. *The People of Plato*, S. 309–310.
[50] Nails. *The People of Plato*, S. 264–265. Vgl. Schmidt-Hofner. *Das klassische Griechenland*, S. 170–171.
[51] Platon. 1977. Protagoras. In *Werke in acht Bänden. Griechisch und Deutsch. Erster Band.* Herausgegeben von Gunther Eigler. Bearbeitet von Heinz Hofmann. Griechischer Text von Louis Bodin, Alfred Croiset, Maurice Croiset und Louis Méridier. Deutsche Übersetzung von Friedrich Schleiermacher. Darmstadt: Wissenschaftliche Buchgesellschaft, S. 83–217, hier S. 84–85 (309a).

2.2 Zeiten der Hegemonie (450–415)

Abdera,[52] den er in einem 30 Jahre späteren Gespräch *(Menon)* als Fall eines finanziell besonders erfolgreichen „Sophisten" erinnern wird.[53] Mit seinem Gespräch mit diesem **Protagoras,** das in einem der Häuser der Familie des jungen **Kallias**[54] stattfindet und an dessen Ende Sokrates konstatiert, dass sich beider vormalige Ansichten (über die Lehrbarkeit der Tugend *[arete]*) verkehrt hätten, ohne dass sie die eigentliche Frage („was [Tugend] wohl ist") berührt haben,[55] verfolgt er den Zweck, **Hippokrates,** einem weiteren jungen Athener aus wohlhabender Familie,[56] zu demonstrieren, „was aber ein *Sophist* eigentlich ist".[57] Passenderweise sind mit **Hippias** und **Prodikos** zwei weitere Aspiranten auf diese Bezeichnung (nebst Anhängern) bei Kallias zu Besuch; beide agieren, als einmal das Zwiegespräch vor dem Abbruch steht, da Protagoras und Sokrates konstatieren, sich nicht einmal auf die Regeln der Gesprächsführung einigen zu können, vermittelnd.[58] Später, gegenüber dem ihn befragenden (unbekannten) Freund, bezeichnet Sokrates Protagoras als „Weisesten" unter den Anwesenden, lässt allerdings offen, wie weit es allgemein mit dessen Weisheit her ist.[59]

Von den weiteren 18 Dialogen unserer genealogischen Reihe spielen neun während des Peloponnesischen Kriegs und neun danach. Drei von den neun Kriegs-Dialogen spielen vor dem Nikias-Frieden. Sechs der neun Nachkriegs-Dialoge spielen unmittelbar vor dem Gerichtsverfahren, durch das Sokrates zum Tod verurteilt wird.

[Timaios]; [Kritias]. Der genealogische Status der beiden aufeinander aufbauenden Dialoge *Timaios* und *Kritias* ist, wie wir oben vermerkt haben, umstritten, weswegen wir ihn nicht ohne Weiteres in eine Reihe mit besagten 18 Dialogen stellen. Um aber dem gut begründeten Vorschlag von Nails[60] Rechnung zu tragen, demzufolge beide etwa in der Zeit des folgenden *Charmides* stattfinden,

---

[52] Vgl. Nails. *The People of Plato*, S. 256.
[53] Platon. 1973. Menon. In *Werke in acht Bänden. Griechisch und Deutsch. Zweiter Band.* Herausgegeben von Gunther Eigler. Bearbeitet von Heinz Hofmann. Griechischer Text von Alfred Croiset, Louis Bodin, Maurice Croiset und Louis Méridier. Deutsche Übersetzung von Friedrich Schleiermacher. Darmstadt: Wissenschaftliche Buchgesellschaft, S. 505–599, hier S. 570–573 (91a-d).
[54] Vgl. Nails. *The People of Plato*, S. 68–74.
[55] Platon. Protagoras, S. 214–217 (361a-c).
[56] Vgl. Nails. *The People of Plato*, S. 169–170.
[57] Platon. Protagoras, S. 92–93 (312c); Hervorhebung von mir/PG.
[58] Platon. Protagoras, S. 148–157 (334c-338b).
[59] Platon. Protagoras, S. 86–87 (309c-d).
[60] Nails. *The People of Plato*, S. 326 und S. 106–108.

kommen wir an dieser Stelle kurz auf sie zu sprechen. Das Gespräch findet jedenfalls (wie in einer früheren Zeit dasjenige mit Parmenides und Zenon) anlässlich der Athene-Festspiele statt; Sokrates' Gesprächspartner sind jeweils die beiden Akteure, nach denen die Dialoge benannt sind, und der junge **Hermokrates**, ein General aus **Syrakus**, dessen Gastgeber in Athen der hochbetagte Bürger **Kritias** ist,[61] während **Timaios** auf Besuch von **Lokroi Epizephyrioi** her ist, einer mit Syrakus verbündeten italischen Stadt.[62] Hermokrates, der beizeiten die Parole „Sizilien den Sikelioten" vertrat, wird später der führende Stratege bei der Verteidigung von Syrakus gegen Athens sizilische Expedition sein;[63] seine Tochter ist die erste Frau des uns bereits bekannten **Dionysios I.**[64] Bei dem Dialog handelt es sich um die Fortsetzung eines Gesprächs vom Vortag, bei dem Sokrates seine Gesprächspartner um „Auskunft" wegen seiner Überlegungen zur Frage des besten Regimes befragt hat; allerdings fehlt diesmal einer der am Vortag Anwesenden (dessen Namen wir nicht erfahren).[65]

Charmides. Zum Zeitpunkt (Mai 429) des als *Charmides* überlieferten Dialogs[66] ist Sokrates eben von der Belagerung Poteidaias zurück: Im Jahr nach dem Sophisten-Gespräch bei Kallias hat der Krieg begonnen; außerdem sind in der Zwischenzeit größere Teile der Bevölkerung Athens einer Epidemie zum Opfer gefallen.[67] Das Belagerungsheer mit dem Hopliten Sokrates ist auf dem Rückweg nach Athen nahe Spartolos von böotischen und chalkidischen Verbänden attackiert und besiegt worden;[68] Sokrates hat in der Niederlage **Alkibiades** gerettet (wenn dessen eigenes Zeugnis[69] anlässlich eines 13 Jahre späteren *Symposion*, das Platon ebenfalls überliefert, zutrifft): einen jungen Mann aus einer der ersten

---

[61] Nails. *The People of Plato*, S. 161–162. Dieser Kritias ist *nicht* identisch mit dem (jüngeren) Kritias zuvor im *Protagoras* und gleich darauf im *Charmides*.

[62] Nails. *The People of Plato*, S. 293.

[63] Bengtson. *Griechische Geschichte*, S. 206 und S. 213–216. Vgl. Schmidt-Hofner. *Das klassische Griechenland*, S. 208.

[64] Nails. *The People of Plato*, S. 133.

[65] Platon. 1972. Timaios. In *Werke in acht Bänden. Griechisch und Deutsch. Siebter Band*. Herausgegeben von Gunther Eigler. Bearbeitet von Klaus Widdra. Griechischer Text von Albert Rivaud und Auguste Diès. Deutsche Übersetzung von Hieronymus Müller und Friedrich Schleiermacher. Darmstadt: Wissenschaftliche Buchgesellschaft, S. 1–210, hier S. 2–5 (17a–c).

[66] Nails. *The People of Plato*, S. 311–312.

[67] Schmidt-Hofner. Das klassische Griechenland, S. 169–172.

[68] Will. *Athen oder Sparta*, S. 45–49.

[69] Platon. 1974. Das Gastmahl. In *Werke in acht Bänden. Griechisch und Deutsch. Dritter Band*. Herausgegeben von Gunther Eigler. Bearbeitet von Dietrich Kurz. Griechischer Text

Familien Athens,[70] der bereits im *Protagoras* einen Auftritt hatte und beginnend mit der sizilischen Expedition (kurz nach seiner Teilhabe am *Symposion*) bis in die letzten Kriegsjahre einer der wichtigsten (militär-)politischen Akteure Griechenlands sein wird – erst auf Seiten seiner Geburtsstadt, dann auf Seiten Spartas und nach zwischenzeitlichem Exil in der persischen Provinz *(Satrapie)* Lydia wieder auf Seiten Athens, bevor er schließlich im Exil in der persischen Provinz Phrygia ermordet werden wird.[71]

Im *Charmides,* der in einer Ringkampf-Schule spielt, ist Sokrates' prominentester Gesprächspartner der etwa zehn Jahre jüngere **Kritias,** Alkibiades' Begleiter im *Protagoras*. Wie dieser kommt er aus einer der führenden Familien der Polis; er ist ein älterer Verwandter Platons und wird später, in der Zeit der sizilischen Expedition, eines Vergehens gegen die ‚Götter der Stadt' („Hermenfrevel"[72]) angeklagt. Während der kurzlebigen *Herrschaft der Dreißig* wird Kritias zu deren führenden Köpfen zählen; zum Zeitpunkt des Dialogs ist er ein aufstrebender Schriftsteller.[73]

Wie im Fall des *Protagoras* handelt es sich beim *Charmides* nicht um Platons eigenen Bericht; er gibt eine Erzählung von Sokrates wieder, deren Zuhörer*innen wir nicht kennen. Seiner eigenen Darstellung zufolge führt Sokrates dieses Gespräch um zu erfahren, „wie es jetzt hier stände mit der Weisheitsliebe" (dem „Philosophieren").[74] Er lernt, dass der junge **Charmides** – Bruder der Mutter Platons (und Kritias' Cousin), vor dem Krieg Anhänger des **Protagoras** – die Weisheit nur vom Hörensagen kennt, namentlich vom Schriftsteller Kritias (seinem Vormund), aber dafür auf Befehl und Gewalt hält;[75] und dass Kritias statt an einem am Wissen orientierten Leben nur an einem bestimmten Wissen interessiert ist: über „Gut und Böse".[76]

---

von Léon Robin und Louis Méridier. Deutsche Übersetzung von Friedrich Schleiermacher. Darmstadt: Wissenschaftliche Buchgesellschaft, S. 209–393, hier S. 378–385 (220a–221b).

[70] Nails. *The People of Plato*, S. 10–12.

[71] Nails. *The People of Plato*, S. 13–15. Vgl. Will, *Athen oder Sparta*, S. 252–257.

[72] Vgl. Nails. *The People of Plato*, S. 17–20; Rubel. *Stadt in Angst*, S. 192–220.

[73] Nails. *The People of Plato*, S. 108–111.

[74] Platon. 1977. Charmides. In *Werke in acht Bänden. Griechisch und Deutsch. Erster Band.* Herausgegeben von Gunther Eigler. Bearbeitet von Heinz Hofmann. Griechischer Text von Louis Bodin, Alfred Croiset, Maurice Croiset und Louis Méridier. Deutsche Übersetzung von Friedrich Schleiermacher. Darmstadt: Wissenschaftliche Buchgesellschaft, S. 287–349, hier S. 290–291 (153d).

[75] Platon. Charmides, S. 308–309 (161b-c), S. 310–311 (162a-c) und S. 346–349 (176a-d).

[76] Platon. Charmides, S. 342–343 (174b-d).

Laches. Der *Laches* spielt ungefähr 5 Jahre später (Winter 424),[77] d. h. Sokrates ist nun ein Mittvierziger. Zuletzt war er an der Niederlage der athenischen *Phalanx* gegen ein böotisches Heer bei Delion beteiligt, hat sich aber, wie sein General **Laches** hier berichtet (und Alkibiades acht Jahre später im *Symposion* bestätigen wird[78]), wieder tapfer geschlagen. Dieser Laches wird bald darauf vom Dichter **Aristophanes** in einem Beitrag zu den Dionysos-Festspielen (*Die Wespen*, 422) als Beklagter einer Gerichtsverhandlung, die in einer Stadt der Hunde spielt, karikiert werden: Der *Hund* Laches hat sich beim Diebstahl sizilischen Käses (zu einem ehrenwerten Zweck) erwischen lassen[79] – während der *General* Laches wegen Unterschlagungen anlässlich der sizilischen Expedition angeklagt (und anscheinend freigesprochen) worden ist.[80] Sokrates wird von Aristophanes bereits ein Jahr früher zum nämlichen Anlass (*Die Wolken*, 423) als ein *Sophist* auf die Bühne gebracht, der neue Götter einführt;[81] ein Vierteljahrhundert später wird er (Platons *Apologie* zufolge), als er (unter anderem) dieses Verstoßes angeklagt ist, entschieden (aber erfolglos) widersprechen.[82]

Eine weitere Berühmtheit, mit der Sokrates im *Laches* im Gespräch ist, ist einer der Generäle, die neben Laches im Jahr 421 für den (zwischenzeitlichen) Frieden mit Sparta zeichnen werden: **Nikias,** nach dem dieser Friedensschluss konventionell bezeichnet wird. Der Sohn eines durch Sklavenarbeit reich gewordenen Geschäftsmanns – ein Typus, der im *Corpus Platonicum* auch durch **Anytos** (*Apologie* und *Menon*),[83] **Kallias** (*Protagoras* und *Apologie*)[84] und den Syrakuser **Kephalos** (*Politeia*)[85] repräsentiert ist –, macht sich in diesen Jahren durch eine Reihe militärischer Siege einen Namen. Seine einzige Niederlage, ein gutes Jahrzehnt später als Leiter der sizilischen Expedition, gegen die er zuvor

---

[77] Vgl. Nails. *The People of Plato*, S. 312.

[78] Platon. Das Gastmahl, S. 382–385 (221a-b).

[79] Aristophanes. 2019. Die Wespen. In *Die Komödien*. Übertragen von Ludwig Seeger, neu herausgegeben und eingeleitet von Bernhard Zimmermann. Stuttgart: Kröner, S. 191–252, hier S. 225–226 (835–839).

[80] Nails. *The People of Plato*, S. 180–181.

[81] Aristophanes. Die Wolken. S. 130 (247–248, S. 133 (316–318) und S. 139 (423–424).

[82] Platon. 1973. Des Sokrates Verteidigung. In *Werke in acht Bänden. Griechisch und Deutsch. Zweiter Band*. Herausgegeben von Gunther Eigler. Bearbeitet von Heinz Hofmann. Griechischer Text von Alfred Croiset, Louis Bodin, Maurice Croiset und Louis Méridier. Deutsche Übersetzung von Friedrich Schleiermacher. Darmstadt: Wissenschaftliche Buchgesellschaft, S. 1–69, hier S. 8–15 (19c-22a).

[83] Nails. *The People of Plato*, S. 37–38.

[84] Nails. *The People of Plato*, S. 68.

[85] Nails. *The People of Plato*, S. 84.

2.2 Zeiten der Hegemonie (450–415)

öffentlich agitiert hatte, wird weitreichende Folgen für den sukzessiven Verlust des Hegemonialstatus Athens haben.[86]

Sokrates führt dieses Gespräch nicht aus eigener Initiative, sondern wird in es einbezogen: Beide Generäle, die sich bei einem ‚klassischen' Generals-Thema uneins sind, dem Für und Wider eines bestimmten Elements der militärischen Ausbildung *(Hoplomachie)*, wollen wegen des redlichen Interesses des bewährten Hopliten Sokrates an der Jugend dessen Einschätzung in dieser Frage hören.[87] Statt sich zu positionieren, überredet Sokrates die Generäle zu einem Professionalisierungsschritt: Man wolle doch besser zuerst klären, „ob einer von uns [sachverständig] ist in dem, worüber wir Rat pflegen", was heißen soll: befähigt, die „Tugend" *(arete)* der „Tapferkeit" *(andreia)* zu lehren.[88] Nachdem die Gesprächspartner übereinkommen, um Tapferkeit zu bestimmen recht eigentlich zugleich eine „gesamte Tugend" erfassen zu müssen („das Wissen alles Guten und Schlechten", vergleichbar dem Wissen, einzig das dem *Charmides* zufolge den späteren Oligarchen Kritias interessiert), appelliert der Hoplit, statt auf die Frage der Hoplomachie zurückzukommen, „gemeinschaftlich" nicht allein „für die jungen Männer", sondern „zuerst für uns selbst den besten Lehrer [zu] suchen".[89]

Kratylos. Das nächste überlieferte Gespräch *(Kratylos)* datiert wenige Jahre nach dem *Laches* (422 oder etwas später).[90] In dieser Zeit ist Sokrates zum dritten Mal als Hoplit an einer militärischen Niederlage Athens beteiligt: in der Schlacht nahe Amphipolis, einem von Sparta eroberten athenischen Stützpunkt in Thrakien, bei der der kommandierende General **Kleon,** der bellizistische Gegenspieler von Laches und Nikias in den öffentlichen Debatten der Polis, umgekommen ist.[91]

Platon zeigt uns Sokrates im Gespräch mit zwei jüngeren Männern mit philosophischen Ambitionen. **Hermogenes** ist ein Halbbruder des uns bereits aus dem *Protagoras* bekannten Sklavenhaltersohns Kallias; er entstammt allerdings einer

---

[86] Nails. *The People of Plato*, S. 212–215.
[87] Platon. 1977. Laches. In *Werke in acht Bänden. Griechisch und Deutsch. Erster Band.* Herausgegeben von Gunther Eigler. Bearbeitet von Heinz Hofmann. Griechischer Text von Louis Bodin, Alfred Croiset, Maurice Croiset und Louis Méridier. Deutsche Übersetzung von Friedrich Schleiermacher. Darmstadt: Wissenschaftliche Buchgesellschaft, S. 219–285, hier S. 224–227 (180b-d).
[88] Platon. Laches, S. 236–237 (184e-185a) und S. 252–255 (190b-e).
[89] Platon. Laches, S. 278–281 (199c-e) und S. 284–285 (201a).
[90] Nails. *The People of Plato*, S. 312–313.
[91] Nails. *The People of Plato*, S. 265; vgl. S. 181 und S. 214.

rechtlich nicht anerkannten Verbindung, sein Status ist der eines *nothos*.[92] Mehr als 20 Jahre später, bei Sokrates' letztem (vom Akademiker *Phaidon* berichteten) Gespräch (Sommer 399)[93] wird Hermogenes ebenfalls unter den Anwesenden sein. Den etwa gleichaltrigen **Kratylos** wird Platons Schüler Aristoteles als Anhänger **Heraklits** beschreiben,[94] eines etwa 40 Jahre vor dem *Kratylos* verstorbenen Weisheitslehrers aus **Ephesos,** einer Stadt in Kleinasien, die zu Heraklits Lebzeiten, im Zuge des von Athen initiierten Siegs gegen das Achämenidenreich, nach Jahrzehnten als persische Satrapie Teil des athenischen Bündnissystems geworden ist, aber nach Wiederbeginn des Peloponnesischen Kriegs (knapp zehn Jahre nach dem Dialog) auf die Seite Spartas wechselt.[95]

Wie im Fall des früheren Gesprächs mit den beiden Generälen spricht Sokrates mit den beiden jungen Athenern nicht aus eigener Initiative, sondern wird in es einbezogen.[96] In diesem Fall geht es um seine Einschätzung zum Problem Natur oder Konvention, auf das er sich im Geist des Appells ausgangs des *Laches* („gemeinschaftlich aber müssen wir es vornehmen") einlässt.[97]

Hippias minor. Wie der *Kratylos* spielen die folgenden drei Dialoge während des Nikias-Friedens – eigentlich einer Phase des „[k]alte[n] Krieg[s]"[98] – und vor der sizilischen Expedition, d. h. zu einem Zeitpunkt, als der Hegemonialstatus Athens noch (relativ) intakt ist. Sokrates ist inzwischen um 50 Jahre alt. *Hippias minor* (421–416) zeigt ihn im Gespräch mit dem uns bereits vom *Protagoras* her bekannten, etwa gleichaltrigen Sophisten aus der peloponnesischen Stadt **Elis,** die die Festspiele am Zeus-Heiligtum in Olympia verwaltet. In der Zeit, als der Dialog spielt, wechselt Elis auf Betreiben des uns bereits

---

[92] Nails. *The People of Plato*, S. 162–163.
[93] Platon. 1974. Phaidon. In *Werke in acht Bänden. Griechisch und Deutsch. Dritter Band*. Herausgegeben von Gunther Eigler. Bearbeitet von Dietrich Kurz. Griechischer Text von Léon Robin und Louis Méridier. Deutsche Übersetzung von Friedrich Schleiermacher. Darmstadt: Wissenschaftliche Buchgesellschaft, S. 1–207.
[94] Aristoteles. *Metaphysik*, S. 156 (987a-b). Vgl. Nails. *The People of Plato*, S. 105.
[95] Vgl. Schmidt-Hofner. *Das klassische Griechenland*, S. 67 und S. 215–216.
[96] Platon. 1974. Kratylos. In *Werke in acht Bänden. Griechisch und Deutsch. Dritter Band*. Herausgegeben von Gunther Eigler. Bearbeitet von Dietrich Kurz. Griechischer Text von Léon Robin und Louis Méridier. Deutsche Übersetzung von Friedrich Schleiermacher. Darmstadt: Wissenschaftliche Buchgesellschaft, S. 395–575, hier S. 396–399 (383a-384c).
[97] Platon. Kratylos, S. 400–401 (384e) und S. 398–399 (384c).
[98] Schmidt-Hofner. Das klassische Griechenland, S. 202–214.

2.2 Zeiten der Hegemonie (450–415)

bekannten Alkibiades kurzzeitig auf die Seite Athens, um nach der Niederlage bei einer Schlacht nahe der Stadt Mantineia (418) wieder ins spartanische Hegemonialsystem zurückgeführt zu werden.[99]

Hippias, der abgesehen von seiner Lehrtätigkeit seiner Stadt als Diplomat diente[100] und, wie wir gesehen haben, eineinhalb Jahrzehnte zuvor als Vermittler zwischen Protagoras und Sokrates agiert hat, tritt Sokrates hier im Hochgefühl eigener „[V]ortrefflich[keit]" entgegen. Anlass beider Begegnung ist ein Vortrag von Hippias über Homer, im Anschluss an den Sokrates das Gespräch sucht, um aus berufenem Mund Aufklärung über die unterschiedlichen Vortrefflichkeiten der beiden homerischen Helden Achilleus und Odysseus („Welchen hältst du und worin für besser?") zu erhalten;[101] am Ende konstatiert er, dass bei „Weisen" von der Art des Hippias die „Ungelehrten" (für die Sokrates spricht) „nicht [...] zur Ruhe kommen können von [ihrem] Schwanken" (zwischen Achilleus und Odysseus und darüber hinaus).[102]

Phaidros. Während Sokrates Hippias als einem Anhänger des Heldendichters Homer begegnet – er nennt dessen Vortrag eine „Prunkrede"[103] –, lernt er den Protagonisten, dem der Titel des *Phaidros* sich verdankt, als Anhänger des Redners Lysias kennen, wie Phaidros selbst zu diesem Zeitpunkt (418–416)[104] ungefähr 30 Jahre alt.

Lysias, Sohn eines wohlhabenden, mehr als 30 Jahre zuvor aus Syrakus eingewanderten Fabrikanten (Kephalos),[105] d. h. der bürgerlichen Ordnung nach ein *Metöke,*[106] versucht sich in diesen Jahren als athenischer Kolonialist (im italischen **Thurioi**[107]). Ungefähr 15 Jahre später (404), nachdem das Regime der *Dreißig* die Fabrik der Familie, mittlerweile eine der reichsten Griechenlands,

---

[99] Vgl. Schmidt-Hofner. *Das klassische Griechenland,* S. 204–205.
[100] Nails. *The People of Plato,* S. 168–169.
[101] Platon. 1977. Hippias II. In *Werke in acht Bänden. Griechisch und Deutsch. Erster Band.* Herausgegeben von Gunther Eigler. Bearbeitet von Heinz Hofmann. Griechischer Text von Louis Bodin, Alfred Croiset, Maurice Croiset und Louis Méridier. Deutsche Übersetzung von Friedrich Schleiermacher. Darmstadt: Wissenschaftliche Buchgesellschaft, S. 41–81, hier S. 42–43 (363a) und S. 44–45 (364a-c).
[102] Platon. Hippias II, S. 80–81 (376c).
[103] Platon. Hippias II, S. 44–45 (364b).
[104] Nails. *The People of Plato,* S. 314.
[105] Nails. *The People of Plato,* S. 190–191 und S. 84. Lysias' Vater ist nicht mit dem Kephalos des *Protagoras* identisch.
[106] Vgl. Schmitz. *Die griechische Gesellschaft,* S. 141–154.
[107] Vgl. Schmidt-Hofner. *Das klassische Griechenland,* S. 167–168.

konfisziert und Lysias aus Athen vertrieben hat, ist er ein wichtiger Finanzier der Exil-Partei.[108] Der schwierig datierbare Dialog *Politeia*, der uns im folgenden Kapitel ausführlich beschäftigen wird, spielt zum großen Teil im Haus der Fabrikanten-Familie.[109] **Phaidros** hatte Sokrates' Darstellung (im *Protagoras*) zufolge gut 15 Jahre früher, als sehr junger Mann, zum Kreis um den Homer-Verehrer Hippias gehört – während z. B. der gleichaltrige, uns ebenfalls bereit bekannte **Charmides** zum Gefolge von Protagoras gehört hatte.[110] Kurze Zeit nach der Dialoghandlung werden beide der Profanierung der Mysterien von **Eleusis** angeklagt, d. h. eines Verstoßes gegen die Regeln eines exklusiven Diensts an den ‚Göttern der Stadt'.[111] Während Charmides zu den 21 gehört, die (wie wir aus dem *Siebten Brief* wissen) die *Herrschaft der Dreißig* als deren erste Sachwalter unterstützen,[112] ist von Phaidros nichts Vergleichbares bekannt.

In der Zeit des Nikias-Friedens versteht Phaidros sich Platons Bericht zufolge als „[L]ustwand[ler] hinaus vor die Stadt", wo er nach mythologischen Orten fahndet; der größere Teil des Zwiegesprächs findet denn auch unter einer „Platane" („prächtig belaubt und hoch", „in voller Blüte", „Wohlgeruch") statt, die womöglich ein „[H]eiligtum" bergen könnte.[113] Im Zuge dessen weist Sokrates Phaidros (gegen dessen Helden Lysias[114]) nach, dass dieser doch lieber der „Liebe" (möglichst in Form „philosophischer Reden") „sein Leben widme[n]", als nach „Schaden" und „Vorteil" über ihren Einsatz entscheiden möchte.[115]

Dieser Beweis ist Folge einer fundamentalen Korrektur des eigenen Redegangs, dessen Problematik Sokrates dem bald darauf des Götterfrevels beschuldigten Phaidros in Begriffen des „Götter[]frevel[s]" (der zugunsten „eitlen Ruhm[s]" von den Menschen" geschähe) anzeigt. Dem Götterfrevel, den Sokrates nach eigener Darstellung begangen hätte, hätte er nicht sich korrigiert, d. h. Phaidros nicht die Vorzüge eines Lebens für die Liebe (idealerweise in Form

---

[108] Nails. *The People of Plato*, S. 190–192.

[109] Platon. 1972. Der Staat. In *Werke in acht Bänden. Griechisch und Deutsch. Vierter Band.* Herausgegeben von Gunther Eigler. Bearbeitet von Dietrich Kurz. Griechischer Text von Émile Chambry. Deutsche Übersetzung von Friedrich Schleiermacher. Darmstadt: Wissenschaftliche Buchgesellschaft, S. 1–875, hier S. 4–5 (328b).

[110] Nails. *The People of Plato*, S. 309–310.

[111] Nails. *The People of Plato*, S. 91–92 und S. 232–233. Vgl. Rubel. *Stadt in Angst*, S. 220–229.

[112] Nails. *The People of Plato*, S. 92.

[113] Platon. Phaidros, S. 2–3 (227a), S. 10–11 (229b) und S. 12–15 (230b-c).

[114] Vgl. Platon. Phaidros, S. 16–27 (230e-234c).

[115] Platon. Phaidros, S. 110–113 (257a-c) und S. 26–27 (234b-c).

2.2 Zeiten der Hegemonie (450–415)

weisen Redens) geschildert, korrespondiert der Verstoß gegen eine fundamentale rhetorische Regel, der zufolge „[w]er also die Wahrheit nicht weiß und nur Meinungen nach[...]jagt" tatsächlich eine „unkünstliche Redekunst zusammenbring[t]".[116] Den Vorgang der Selbstkorrektur erklärt Sokrates Phaidros, indem er ihn auf den Spruch einer eigentümlichen Größe, seines *daimonion*, zurückführt,[117] von dem er mehr als 15 Jahre später, als Athen ihm den Prozess macht, berichtet, dass es ihn immerzu abgehalten habe, in politischen Fragen Ratschläge zu erteilen.[118] Am Ende des Gesprächs steht ein gemeinsames Gebet an **Pan**[119] (dem bekanntlich ein Platz unter den Olympiern verwehrt worden sein soll[120]).

Symposion. Der dritte der Dialoge, die während des Nikias-Friedens spielen, ist der erste in unserer genealogischen Reihe, der nicht nach dem Namen eines Protagonisten benannt ist: Das *Symposion* rekurriert auf eine *soziale Form* (die, wie wir wissen, auch in Platons *Akademie* praktiziert wird). Daran beteiligt sind im geschilderten Fall neben Sokrates sieben weitere Personen; anwesend sind überdies einige Sklav*innen und Musikerinnen.

Die Handlung spielt im Frühjahr 416, gerade als der etwa 30-jährige Tragöde **Agathon** als Sieger bei den Dionysos-Festspielen deklariert worden ist; Agathon ist auch der Gastgeber des Symposiums.[121] Wie seine Altersgenossen Charmides und Phaidros war er – mehr als 15 Jahre vor diesem ersten Erfolg als Tragöde – als sehr junger Mann bei den im *Protagoras* beschriebenen Gesprächen anwesend, seinerseits im Gefolge des von den Kykladen stammenden Rhetoriklehrers Prodikos.[122] **Phaidros** (aber nicht Charmides) zählt auch zu den Gästen von Agathons Symposium. Aus dem Kreis der jungen Leute, die dem *Protagoras*-Dialog beiwohnten, ist überdies **Eryximachos,** der inzwischen als Arzt praktiziert,[123] unter den Gästen, wie Phaidros seinerzeit ein Anhänger von Hippias.[124] Beide werden im Folgejahr zu den Beklagten der Götterschändungsprozesse im Zuge des ‚Hermenfrevels' zählen. Gleiches gilt für **Alkibiades,**

---

[116] Platon. Phaidros, S. 56–57 (242c) und S. 132–133 (262c); vgl. S. 124–125 (260d).
[117] Platon. Phaidros, S. 56–57 (242b-c).
[118] Platon. Des Sokrates Verteidigung, S. 40–43 (31c-32a).
[119] Platon. Phaidros, S. 192–193 (279b-c).
[120] Vgl. von Ranke-Graves, Robert. 1984. *Griechische Mythologie. Quellen und Deutung.* Reinbek bei Hamburg: Rowohlt, S. 88.
[121] Nails. *The People of Plato*, S. 314–315; vgl. S. 8–9.
[122] Nails. *The People of Plato*, S. 310; vgl. S. 254–255.
[123] Nails. *The People of Plato*, S. 143.
[124] Nails. *The People of Plato*, S. 309–310.

der allerdings (wie bereits als junger Mann beim *Protagoras*-Dialog, seinerzeit im Gefolge von Kritias) erst spät (in Begleitung von Zechgenossen und weiteren Musikerinnen) bei Agathon eintrifft. Ebenfalls bei beiden Anlässen anwesend ist Agathons Liebhaber **Pausanias,** der seinerzeit ebenfalls zu Prodikos gehörte, allerdings im Folgejahr nicht zu den Beklagten zählen wird.[125] Von den uns bereits bekannten Athenern ist überdies der Komödiendichter **Aristophanes** anwesend, inzwischen ein Mittdreißiger, der einige Jahre zuvor Sokrates als Sophisten vorgestellt hatte, der neue Götter einführt. Der Gastgeber Agathon wird bei den Dionysos-Festspielen fünf Jahre später Gegenstand von Aristophanes' Spott sein, verweigert in dessen Stück *(Die Frauen am Thesmophorenfest)* aber immerhin einen Götterfrevel, zu dem er überredet werden soll.[126]

Eine Besonderheit des *Symposion* ist, dass nicht Platon das Gespräch berichtet, sondern aus einem Abstand von ungefähr 15 Jahren **Apollodoros,** ein Anhänger des (nun bereits weit über 60-jährigen) Sokrates, der sich seinerseits auf den ebenfalls am Symposium beteiligten **Aristodemos** beruft.[127] Mit anderen Worten, es handelt sich um einen Bericht, dessen Erzähler nicht nur von den Götterschändungsprozessen weiß, sondern überdies vom Scheitern der sizilischen Expedition, dem Ende des Nikias-Friedens, Athens Niederlage im Peloponnesischen Krieg und den beiden erfolglosen Versuchen, eine Herrschaft der Wenigen in der Stadt einzurichten – aber noch nicht vom Prozess gegen Sokrates. Gegenstand des Symposiums ist der Gott, gegen den Sokrates nach eigenem Bekunden kurze Zeit vorher beim Zwiegespräch mit Phaidros fast gefrevelt hätte: Die Anwesenden (abgesehen von Apollodoros' Berichterstatter Aristodemos und dem verspäteten Alkibiades, der eine Rede auf Sokrates hält) würdigen den „Eros" nacheinander in Form einer Rede: zuerst Phaidros, dem die Initiative für diesen Redegegenstand zugeschrieben wird,[128] dann Pausanias, Eryximachos, Aristophanes, Agathon und Sokrates.

---

[125] Vgl. Nails. *The People of Plato,* S. 222.
[126] Vgl. Aristophanes. 2019. Die Frauen am Thesmophorenfest. In *Die Komödien.* Übertragen von Ludwig Seeger, neu herausgegeben und eingeleitet von Bernhard Zimmermann. Stuttgart: Kröner, S. 441–484, hier S. 447 (181–208).
[127] Nails. *The People of Plato,* S. 39–40; vgl. S. 52–53. Dieser Apollodoros ist *nicht* identisch mit dem Ankläger von Kallipos, der im *Siebten Brief* eine Rolle spielt.
[128] Platon. Das Gastmahl, S. 226–229 (177a-e).

2.3 Wege in die Provinz (413–400)

Ion; Lysis; Euthydemos. Die folgenden drei Dialoge spielen in den Jahren nach der verheerenden Niederlage Athens im Zuge der sizilischen Expedition und vor der Episode der *Herrschaft der Dreißig,* während der Platon dem *Siebtem Brief* zufolge wichtige Erfahrungen mit der Politik Athens sammelt. Während Sokrates dem (wie der Weisheitslehrer Heraklit) aus Ephesos stammenden Wandersänger *(rhapsodós)* Ion kurz nach besagter Niederlage begegnet (413),[129] datiert das Gespräch des inzwischen 60-jährigen mit der nächsten Generation von Jünglingen, neben dem titelgebenden *Lysis* unter anderem Menexenos,[130] dem er knapp zehn Jahre später in einem Zwiegespräch noch einmal begegnen wird, auf die Zeit nach Beginn der Hegemonialkrise Athens, die auf die sizilische Niederlage folgt, und nach dem anschließenden ersten Versuch, in der Stadt ein Regime der Wenigen *(Rat der 400)* einzurichten (Frühjahr 409).[131] Das Gleiche gilt für Sokrates' Begegnung mit Euthydemos (ca. 407),[132] einem Sophisten mit Sonderkenntnissen in den „martial arts" von der Insel **Chios** vor der Küste Kleinasiens.[133] Der „Abfall" Chios' vom athenischen Hegemonialverband wenige Jahre vor Sokrates' Gespräch mit dem Martial Arts-Sophisten (412) war eine Konsequenz der „offen[en]" Parteinahme des Achämeniden-Regimes im Peloponnesischen Krieg zugunsten Spartas. Betroffen von der neuen, antiathenischen Politik der Achämeniden gegenüber den „kleinasiatischen Griechen" ist ebenso die Herkunftsstadt des Rhapsoden, dem Sokrates sechs Jahre vor Euthydemos begegnet ist.[134]

Ion hat, während Athen vor Sizilien seine Flotte verlor, erfolgreich an einem Rhapsoden-Wettbewerb beim Asklepios-Heiligtum in **Epidauros,** einer mit Sparta verbündeten Stadt, teilgenommen; er hält sich im Besonderen zugute, „dass [er] am besten unter allen Menschen über den Homeros rede";[135] d. h. er unterhält eine Wahlverwandtschaft mit dem Sophisten Hippias. Ion lässt sich

---

[129] Nails. *The People of Plato*, S. 316; vgl. S. 175.
[130] Vgl. Nails. *The People of Plato*, S. 195–197 und S. 202–203.
[131] Nails. *The People of Plato*, S. 316–317.
[132] Nails. *The People of Plato*, S. 317–318.
[133] Nails. *The People of Plato*, S. 152.
[134] Schmidt-Hofner. *Das klassische Griechenland*, S. 215–217.
[135] Platon. 1977. Ion. In *Werke in acht Bänden. Griechisch und Deutsch. Erster Band.* Herausgegeben von Gunther Eigler. Bearbeitet von Heinz Hofmann. Griechischer Text von Louis Bodin, Alfred Croiset, Maurice Croiset und Louis Méridier. Deutsche Übersetzung von Friedrich Schleiermacher. Darmstadt: Wissenschaftliche Buchgesellschaft, S. 1–39, hier S. 2–3 (530a-b) und S. 4–5 (530c-d).

von Sokrates überzeugen, dass seiner Meisterschaft keine herkömmliche „Kunst" *(téchne)*, sondern „göttliche Kraft" zugrunde liegt: ein *enthousiasmos*, mittels dessen die Muse (wie ein „Magnet") Homer und im Mittel Homers Ion (als „Sprecher de[s] Sprecher[s] [der Götter") in ihrem Sinn in Bewegung zu versetzen vermag.[136] Sokrates' fortgesetzter Versuch, von Ion zu erfahren, ob dieser göttlichen Kraft eine eigentliche Kunst korrespondiert, führt diesen zu der Einschätzung, sie gleiche der eines Heerführers, d. h. derjenigen Kunst, die wegen des Scheiterns der sizilischen Expedition gerade die Polis Athen beschäftigt; Sokrates überzeugt Ion indes, dass dieser doch lieber für einen „[G]öttlichen" bar aller Kunst gehalten werden möchte als für einen Gaukler.[137]

Sokrates' Gespräch mit einigen aus der Generation, die in den Jahren nach dem Scheitern der sizilischen Expedition und der Phase des *Rats der 400* junge Männer sind, ergibt sich, während er vom Hain des Heros Akademos außerhalb der Stadtmauer (wo fast 30 Jahre später Platon die Akademie eröffnen wird) zum Hain des Gottes Apollon (wegen dessen Geburt die Akademie Feste begehen wird) unterwegs ist, wozu er die Stadt durchqueren müsste.[138] Ort des Gesprächs (nahe der Stadtmauer) ist (wie im Fall des Charmides-Kritias-Gesprächs nach der Rückkehr von der Belagerung Poteidaias 20 Jahre zuvor) eine Ringkampf-Schule; dort wird gerade ein Fest zu Ehren von **Hermes** gefeiert,[139] der neben den Ringkampfschulen u. a. auch als Schutzgott der Hegemonie Athens und der Demokratie in Athen verstanden werden konnte[140] (und wegen Frevels gegen den einige Jahre zuvor u. a. Kritias und Teilnehmer des Agathon-*Symposion* angeklagt waren).

Am Ende des Gesprächs, dessen Gegenstand die Freundschaft ist, versichert Sokrates **Lysis** und **Menexenos** *seiner* Freundschaft, weist sie aber daraufhin, dass die Zeugen ihres Gesprächs den Eindruck haben dürften: „was aber ein

---

[136] Platon. Ion, S. 14–15 (533d-e) und S. 16–19 (534e-535a).

[137] Platon. Ion, S. 34–37 (540d-541b) und S. 38–39 (541e-542b).

[138] Platon. 1977. Lysis. In *Werke in acht Bänden. Griechisch und Deutsch. Erster Band.* Herausgegeben von Gunther Eigler. Bearbeitet von Heinz Hofmann. Griechischer Text von Louis Bodin, Alfred Croiset, Maurice Croiset und Louis Méridier. Deutsche Übersetzung von Friedrich Schleiermacher. Darmstadt: Wissenschaftliche Buchgesellschaft, S. 399–451, hier S. 400–401 (203a-b).

[139] Platon. Lysis, S. 408–409 (206d-e).

[140] Vgl. Rubel. *Stadt in Angst*, S. 192–197; Radulović, Ifigenija, Vukadinović, Snežana, und Smirnov-Brkić, Aleksandra. 2015. Hermes the Transformer. In *Ágora* 17, S. 45–62, hier S. 52–55.

Freund sei, hätten wir noch nicht vermocht herauszufinden".[141] Beim als *Lysis* überlieferten Gespräch handelt es sich um eine Erzählung von Sokrates. Auch das Gespräch im Hain des Gottes Apollon[142] (wohin Sokrates unterwegs ist, als die Jugend Athens ihn am Rande der Hermes-Feier in ihr Freundschafts-Gespräch einbezieht), das Sokrates zwei Jahre später hauptsächlich mit dem Sophisten **Euthydemos** und dessen Bruder **Dionysodoros** führt, ist, so wie das Sophisten-Gespräch ein Vierteljahrhundert zuvor, bei dem vor allem Protagoras zu Wort gekommen war, nicht als Platons eigener Bericht, sondern als Sokrates' Nacherzählung eines Gesprächs aus dem Abstand eines Tages überliefert. Während im Fall des *Protagoras* Sokrates einer unbestimmten Zuhörer*innenschaft erzählt, bespricht er im *Euthydemos* das Gespräch des Vortags mit einem von dessen Beobachtern, **Kriton**, einem etwa gleichaltrigen, wohlhabenden Landwirt, der aus derselben Deme (Alopeke) wie er stammt.[143] Kriton wird sieben Jahre später (400) dem Prozess gegen Sokrates beiwohnen und auch in den beiden darauf folgenden Gesprächen eine Rolle spielen; beim ersten, das mit seinem Namen im Titel überliefert ist und ihn als bereitwilligen Fluchthelfer zeigt,[144] handelt es sich um ein Zwiegespräch beider.

Sokrates erzählt Kriton sein Gespräch mit Euthydemos und Dionysodoros, um ihm (der sich nach einem Lehrer für seinen Sohn umsieht) zu demonstrieren, was von „den neue[n] Sophisten" zu halten ist[145] – so wie er seinerzeit das Gespräch mit Protagoras führte, um dem jungen Hippokrates (der offensichtlich *seinen* Lehrer suchte) zu demonstrieren, dass Sophisten eigentlich Leute sind, die ihre Ansichten über die Lehrbarkeit der Tugend *[arete]*) gesprächsweise in deren Gegenteil verkehren können, ohne die Frage, was Tugend wohl ist, überhaupt zu berühren. Euthydemos und Dionysodoros ihrerseits behaupten, wie Sokrates Kriton berichtet, die Kunst zu beherrschen, „[d]ie Tugend [...] einem jeden aufs

---

[141] Platon. Lysis, S. 450–451 (223b).
[142] Platon. 1973. Euthydemos. In *Werke in acht Bänden. Griechisch und Deutsch. Zweiter Band*. Herausgegeben von Gunther Eigler. Bearbeitet von Heinz Hofmann. Griechischer Text von Alfred Croiset, Louis Bodin, Maurice Croiset und Louis Méridier. Deutsche Übersetzung von Friedrich Schleiermacher. Darmstadt: Wissenschaftliche Buchgesellschaft, S. 109–219, hier S. 110–111 (271a).
[143] Nails. *The People of Plato*, S. 114–115.
[144] Platon. 1973. Kriton. In *Werke in acht Bänden. Griechisch und Deutsch. Zweiter Band*. Herausgegeben von Gunther Eigler. Bearbeitet von Heinz Hofmann. Griechischer Text von Alfred Croiset, Louis Bodin, Maurice Croiset und Louis Méridier. Deutsche Übersetzung von Friedrich Schleiermacher. Darmstadt: Wissenschaftliche Buchgesellschaft, S. 71–107, hier S. 76–81 (44c-46a). Vgl. Nails. *The People of Plato*, S. 322–323.
[145] Platon. Euthydemos, S. 112–113 (271c).

beste und schnellste mitteilen zu können" (so wie sie selbst in nur ein zwei Jahren ihr Metier der Kampfkunst um das Gebiet der „Weisheit" erweitert hätten).[146] Kriton kann lernen, dass die Kunst, in der die Tugend der beiden Martial Arts-Sophisten sich materialisiert, eine Kunst der Unterwerfung ist („daß ihr Liebling untergehe"); womöglich wäre also der junge Charmides 20 Jahre zuvor ein verständiger Schüler für sie gewesen. Weder die alten noch diese neuen Sophisten, lässt Sokrates Kriton wissen, hätten sich allerdings ernsthaft auf die Philosophie eingelassen; eine höhere als die martialische Tugend ist also lernbar.[147]

Dass es zu Sokrates' Gespräch mit den beiden Brüdern gekommen ist, verdankt sich, wie er Kriton berichtet, dem *daimonion*[148] (das schon ein Jahrzehnt zuvor, beim Gespräch mit Phaidros, Sokrates' Selbstkorrektur Pate stand, in deren Ergebnis er seinem Gesprächspartner nachgewiesen hatte, dass dieser doch einem Leben für die Liebe einem Leben gemäß utilitaristischer Regeln den Vorzug gibt).

Zwischen Sokrates' Gespräch mit Kriton über beider Begegnung mit Euthydemos und den folgenden neun Dialogen liegen zwischen fünf und acht Jahren. Während die letzten sieben dieser neun in der Zeit um den Prozess gegen Sokrates spielen (Frühjahr und Sommer 399), der selbst Gegenstand des fünften von ihnen ist, findet der Dialog, der im *Menon* berichtet wird, etwa drei Jahre früher statt (402) und das Zwiegespräch mit *Menexenos* etwa eineinhalb Jahre früher (Winter 401/400).

Abgesehen von der Kapitulation Athens (404), dem Ende des Attischen Seebunds und dem Beginn der Hegemonie Spartas in Griechenland, der kurzfristigen *Herrschaft der Dreißig* und der Restituierung der Demokratie (403), die *Menon/Menexenos* von *Ion/Lysis/Euthydemos* trennen, liegen inzwischen Sokrates' hoplitische Heldentaten nicht mehr bloß 10 bis 15, sondern 20 und mehr Jahre zurück. Die Spottfigur *(komoidoumenos)*, als die Aristophanes den Endvierziger Sokrates in die Szenerie Athens eingeschrieben hatte, hat sich über die Jahre bewährt. In Aristophanes' hochpatriotischem Beitrag zu den Dionysos-Festspielen des Jahres vor Sokrates' Gespräch mit dem Epheser Rhapsoden Ion (*Die Vögel*, 414) heißt eine für Leute, die wie „Lakonomane[n]" agieren (d. h. Sparta nachahmen), typische Praxis: „Sokratisier[en]", während Sokrates' eigene Praxis als obskure Psychagogie vorgeführt wird.[149] Und drei Jahre vor dem

---

[146] Platon. Euthydemos, S. 118–119 (273d) und S. 112–115 (271d-272b).

[147] Platon. Euthydemos, S. 144–147 (283b-d) und S. 212–217 (305b-306c).

[148] Platon. Euthydemos, S. 114–115 (272d-e).

[149] Nails. *The People of Plato*, S. 268. Vgl. Aristophanes. 2019. Die Vögel. In *Die Komödien*. Übertragen von Ludwig Seeger, neu herausgegeben und eingeleitet von Bernhard Zimmermann. Stuttgart: Kröner, S. 313–379, hier S. 363 (1280–1283) und S. 372 (1553–1564).

2.3 Wege in die Provinz (413–400)

Menon, kurz vor der Kapitulation Athens (*Die Frösche,* 405), hat ein Chor den Sokrates-Sympathisanten als „Schande" attestiert, dass sie mit der Hinwendung zu seinen Lehren „vom Größten ab sich wende[n]", das der Stadt die Vertreter der „tragischen Mus'" (wie insbesondere **Aischylos**) gezeigt hätten; Sokrates' „Phrasen, Tifteleien, Quäkeleien" („für hohle Köpfe nur") bildeten dagegen Aristophanes' Kontrastfall zum Tun eines „Weise[n]", das typischerweise „[s]einer Vaterstadt zum Frommen" (und zugleich „zum Frommen seinen eignen Freunden und Verwandten") ausfallen möchte.[150]

Im Jahr vor der Aufführung von Aristophanes' *Fröschen* hatte Sokrates, wie er einige Jahre später im Rahmen seines Prozesses zum Beleg seiner Verfassungstreue anführen wird, einmal ein öffentliches Amt ausgeübt.[151] Als durch Los bestimmter Vertreter seiner *Phyle* (Antiochis, benannt nach dem Sohn des Helden Herakles) war er Teil des über dem Rat der Stadt für einen begrenzten Zeitraum amtierenden „Exekutivkomitees" *(prytaneis)*;[152] in seine Regierungszeit fiel der Prozess gegen sechs Generäle, die in der Folge eines größeren, für Athen siegreichen Gefechts gegen Sparta in der Nähe einer Inselgruppe vor der kleinasiatischen Küste (Arginusen) von der Bürgerversammlung angeklagt wurden, „weil sie die in der Seeschlacht Gebliebenen nicht begraben hatten".[153] Sokrates hatte sich entsprechend seines Eids auf die Verfassung, die Kollektivanklagen nicht vorsah, dem Verfahren widersetzt – erfolglos: die Generäle wurden angeklagt, schuldig gesprochen und hingerichtet.[154] Zu den Anklägern hatte seinerzeit u. a. **Theramenes** gehört, Repräsentant der niederen Generalität, ein jüngerer Schüler des Rhetoriklehrers Prodikos,[155] zu dessen älteren Schülern nach Sokrates' Bericht über sein *Protagoras*-Gespräch der uns bekannte Tragöde Agathon zählte; Hauptvertreter der Verfassungspartei war seinerzeit **Euryptolemos** gewesen, ein enger, etwas älterer Verwandter des notorischen Alkibiades.[156]

Im Zeitraum zwischen der Aufführung der *Frösche* und den als *Menon* und *Menexenos* überlieferten Gesprächen, während der *Herrschaft der Dreißig,* unter ihnen eine Zeit lang besagter Theramenes, war Sokrates, wie er ebenfalls im

---

[150] Aristophanes. 2019. Die Frösche. In *Die Komödien.* Übertragen von Ludwig Seeger, neu herausgegeben und eingeleitet von Bernhard Zimmermann. Stuttgart: Kröner, S. 489–544, hier S. 543 (1491–1499).

[151] Platon. Des Sokrates Verteidigung, S. 42–43 (32b).

[152] Vgl. Gouldner. *Enter Plato,* S. 135.

[153] Platon. Des Sokrates Verteidigung, S. 42–43 (32b).

[154] Vgl. Nails. *The People of Plato,* S. 79–82; Rubel. *Stadt in Angst,* S. 307–341; Will. *Athen oder Sparta,* S. 257–267.

[155] Nails. *The People of Plato,* S. 81 und S. 284–285.

[156] Nails. *The People of Plato,* S. 81–82 und S. 150.

Prozess zum Beleg seiner Verfassungstreue anführt (und wir bereits aus Platons *Siebtem Brief* wissen), nicht durch Los, sondern durch Anordnung mit einem exekutiven Akt betraut worden, nämlich der Gefangennahme des am Nikias-Frieden beteiligten demokratischen Generals **Leon**.[157] Er hatte dieser Anordnung aber, anders als die übrigen bestallten Verfolger Leons, nicht Folge geleistet („ging meines Weges nach Hause").[158]

Menon. Im *Menon* personifiziert Sokrates' „[V]erstrick[ung]en"[159] in die Regierungsgeschäfte Athens sein zwischenzeitlicher Gesprächspartner **Anytos**, ein etwa 40-jähriger Flottengeneral. Anytos hatte während der ersten Phase der *Herrschaft der Dreißig*, als Gefolgsmann von Theramenes, das neue Regime unterstützt. Theramenes war dann wegen der Behandlung der Metöken (Leuten wie Lysias) in Konflikt mit einer der einflussreichen Fraktionen der *Dreißig* geraten und zum Tod verurteilt worden; der Wortführer dieser Fraktion war der Dichter Kritias gewesen, dem Sokrates, wie erinnerlich, 15 Jahre zuvor im Beisein des ebenfalls an der *Herrschaft der Dreißig* beteiligten, früheren Protagoras-Schülers Charmides und 20 Jahre zuvor (im *Protagoras*) als Begleiter des jungen Alkibiades begegnet war. Anytos ist im Zuge des Todesurteils gegen Theramenes aus Athen verbannt worden und hat anschließend an verantwortlicher Stelle zum Sieg der Exilpartei gegen die *Dreißig* im (entscheidenden) Kampf um die Gebirgsfestung Phyle nordwestlich der Stadt (404–403) beigetragen.[160]

Zum Zeitpunkt des Dialogs ist Kritias bereits tot; die Vertreter des restituierten demokratischen Regimes verhandeln mit den Übriggebliebenen der *Dreißig*, die sich in **Eleusis** verschanzt haben (dem Ort der Mysterienfeiern, wegen deren Profanierung gut zehn Jahre zuvor u. a. Charmides angeklagt war).[161] Anytos ist inzwischen einer der Wortführer der demokratischen Partei. Dass er berechtigt ist, Ämter in der Stadt auszuüben, ist das Ergebnis des bemerkenswerten Aufstiegs seines Vaters (**Anthemion**) von der vierten, untersten Zensusklasse der Lohnarbeiter *(Theten)* in die zweite der (amtsfähigen) Reiter *(Hippeis),* der dem Erfolg seiner Gerberei, deren Erbe Anytos ist, sich verdankt.[162] Im Prozess gegen Sokrates drei Jahre später (399) wird Anytos als einer der Ankläger agieren;[163]

---

[157] Nails. *The People of Plato*, S. 185–186.
[158] Platon. Des Sokrates Verteidigung, S. 142–145 (32c–d).
[159] Platon. Des Sokrates Verteidigung, S. 144–145 (32c).
[160] Nails. *The People of Plato*, S. 37–38.
[161] Nails. *The People of Plato*, S. 219–220.
[162] Nails. *The People of Plato*, S. 37 und S. 332. Vgl. Schmitz. *Die griechische Gesellschaft*, S. 113–115.
[163] Nails. *The People of Plato*, S. 322.

2.3 Wege in die Provinz (413–400)

im *Menon* verabschiedet er sich von Sokrates', der ihn verspottet hat, weil er vom Erfolg seines Vaters profitiert, ihm aber nicht gerecht wird, mit einer Drohung: Er möge bedenken, dass es aktuell in Athen „vorzüglich leicht" sei, „jemandem Böses anzutun".[164]

Der zweite Gesprächspartner von Sokrates, der titelgebende **Menon** (zu dem als dritter ein namenloser Sklave hinzukommt), ist in Athen Anytos' Gast. Er entstammt einer der führenden Familien **Thessaliens**, eines traditionellen, etwas unzuverlässigen Bündnispartners Athens; zum Zeitpunkt des Dialogs ist er etwa 20 Jahre alt. Er ist der Liebhaber **Aristipps,** eines der führenden thessalischen Politiker. Aristipp stellt seinerzeit ein Heer zusammen, das in den Sold des jungen Achämeniden **Kyros** treten soll, eines Unterstützers Spartas während des Peloponnesischen Kriegs, der in Persien einen *coup d'etat* gegen seinen Bruder (**Artaxerxes II.**) anstrebt. Im Jahr nach dem Gespräch mit Sokrates wird Menon dieses Söldnerheer nach Persien führen und im Zuge von Kyros' Niederlage getötet werden.[165]

Die Initiative für das Gespräch geht von Menon aus, der Sokrates' Einschätzung hören will, ob die Tugend eine Sache der Bildung oder der Natur sei, allerdings, wie sich zeigt, an der (maßgeblichen) Frage, „was wohl die Tugend ist", kein rechtes Interesse hat[166] – ähnlich wie sein Gastgeber Anytos zwar gegen die Sophisten ist („das offenbare Verderben und Unglück derer, die mit ihnen umgehen"), aber nicht daran interessiert, was Sophisten eigentlich lehren.[167]

Wie Aristipp ist Menon ein Schüler des aus Sizilien stammenden, inzwischen mehr als 80 Jahre alten **Gorgias,** eines höchst erfolgreichen Rhetoriklehrers.[168] Gorgias hat auch unter dem athenischen Adel zahlreiche Schüler; in einer frühen Phase des Kriegs war er, im Amt eines Gesandten, in Athen ein einflussreicher politischer Redner.[169] Wie bereits erwähnt, ist Sokrates mit Gorgias zu einem unbestimmten Zeitpunkt während des Peloponnesischen Kriegs (oder zu mehreren Zeitpunkten, die Platons Bericht verbindet) ins Gespräch gekommen. Wir nutzen die Gelegenheit, die Platon uns bietet, indem er Sokrates' von Gorgias sprechen lässt, um kurz auf dieses Gespräch mit Gorgias zu sprechen zu kommen.

[Gorgias]. Zu den Anwesenden bei Sokrates' Gespräch mit dem sizilischen Rhetoriker gehört **Chairephon,** der im Übrigen auch in Sokrates' Bericht seines

---

[164] Platon. Menon. S. 580–581 (94d-e).
[165] Vgl. Nails. *The People of Plato*, S. 204–205 und S. 50.
[166] Platon. Menon. S. 506–507 (70a) und S. 556–559 (86c-e).
[167] Platon. Menon. S. 570–575 (91a-c und 92b-d).
[168] Platon. Menon, S. 506–507 (70b).
[169] Nails. *The People of Plato*, S. 156–157 und S. 326–327.

Gesprächs mit **Kritias** und **Charmides** ein Vierteljahrhundert zuvor auftaucht.[170] Er hat den exzeptionellen Status eines Jugendfreunds von Sokrates und ist über die Jahre in Aristophanes' Inszenierungen des *komoidoumenos* Sokrates dessen stillerer Begleiter;[171] z. B. repräsentiert er in der hochpatriotischen Aufführung eines Vogelimperiums anlässlich der Dionysos-Festspiele 414 den typischen Fall eines ‚Lakonomanen' und exemplifiziert überdies (als Fledermaus, die aus dem Opfer eines jungen Kamels emaniert) die Folgen von Sokrates' psychagogischen Verirrungen.[172] In der Verteidigungsrede anlässlich seines Prozesses wird Sokrates den kurz zuvor verstorbenen Freund (und dessen anwesenden Bruder **Chairekrates**) als Zeugen des *delphischen* Ursprungs der Vorgänge, die zu seiner Anklage geführt haben, aufrufen:[173] Chairephon, ein ausgewiesener Demokrat, habe die **Pythia** befragt, ob jemand weiser als Sokrates sei; nachdem Sokrates erfahren habe, dass die Pythia die Frage verneint habe, habe er begonnen, Gespräche mit Politikern, allerlei Dichtern und Handwerkern, sonstigen Bürgern und auch Fremden zu führen, um sich zu überzeugen, dass das Orakel *nicht* wörtlich zu verstehen sei; erst die mangelnde Weisheit der Gesprächspartner, die auf diese Weise zu Tage getreten sei, habe einige der höheren Söhne zur Nachahmung animiert, die ihm nun in der Anklage zur Last gelegt wird.[174]

Im *Gorgias* ist neben Chairephon **Polos** anwesend, ein Schüler des sizilischen Rhetorikers aus dessen Heimat.[175] Dazu kommt **Kallikles,** Gorgias' Gastgeber in Athen, der zur Alkibiades-Generation zählt; zu seinem Freundeskreis zählt **Andron,**[176] der im *Protagoras* (433/432) zum Kreis des Sophisten Hippias aus Elis gehört und 411 am ersten Versuch, in der Stadt ein Regime der Wenigen *(Rat der 400)* einzurichten, beteiligt ist.[177] Kallikles, der (wie Kallias) zu einer der Familien gehört, die die Mysterien von **Eleusis** verwalten,[178] eine der „zentrale[n]" Institutionen „der athenischen Religion",[179] positioniert sich im *Gorgias* (wie Sokrates' späterer Ankläger Anytos im *Menon*) ausdrücklich gegen die Praxis der Sophisten (zu denen er oder Anytos eventuell auch Sokrates zählen);

---

[170] Nails. *The People of Plato,* S. 311.
[171] Nails. *The People of Plato,* S. 86–87.
[172] Aristophanes. Die Vögel, S. 363 (1297) und S. 372 (1562–1564).
[173] Nails. *The People of Plato,* S. 86 und S. 85.
[174] Vgl. Platon. Des Sokrates Verteidigung, S. 11–21 (20e-24a).
[175] Vgl. Nails. *The People of Plato,* S. 252.
[176] Nails. *The People of Plato,* S. 75–76.
[177] Nails. *The People of Plato,* S. 309–310 und S. 28–29.
[178] Nails. *The People of Plato,* S. 75.
[179] Rubel. *Stadt in Angst,* S. 221; Bremmer. *Götter, Mythen und Heiligtümer,* S. 94–97.

2.3 Wege in die Provinz (413–400)

markanterweise vertritt er diese Position auf der Grundlage einer sophistischen (möglicherweise auf Hippias zurückgehenden) Doktrin.[180] Der Anlass des Gesprächs ist (wie im Fall des *Hippias*) ein Vortrag von Sokrates' Hauptgesprächspartner. Sokrates führt es, um in Erfahrung zu bringen, welche Kunst Gorgias beherrscht,[181] und muss feststellen, dass weder Gorgias selbst noch Polos oder Kallikles zu begründen wissen, was die Kunst ist bei der Kunst (Rhetorik), die er zu beherrschen angibt; dass das, was Gorgias praktiziert und lehrt, bloß das „Schattenbild" *(eidôlon)* einer regelrechten Kunst sein könnte (der Politik), wollen seine Gesprächspartner Sokrates aber nicht zugestehen.[182]

Menexenos. Der Anlass des Gesprächs mit Menexenos, den er fast ein Jahrzehnt zuvor (ein wenig verrätselt) seiner Freundschaft versichert hatte, ist dessen Teilnahme an einer Zusammenkunft des Stadtrats, der sich mit der Frage einer öffentlichen Trauerrede auf die Gefallenen des Krieges[183] beschäftigt hat; im Anschluss teilt Menexenos Sokrates mit, im Fall von dessen Zustimmung sich selbst der Politik widmen zu wollen[184] (etwa so, wie es dem *Siebten Brief* zufolge wenige Jahre zuvor der wenig ältere Platon anstrebte). Menexenos findet dann, obschon Sokrates ihm demonstriert, dass Rhetorik, sofern der Redende die Erwartungen des Publikums kennt, „nichts Großes", sondern eine Sache des „[S]chein[s]" ist,[185] an diesem *eidôlon* einer politischen Kunst doch (bis auf Weiteres) sein Genügen.

---

[180] Platon. 1973. Gorgias. In *Werke in acht Bänden. Griechisch und Deutsch. Zweiter Band.* Herausgegeben von Gunther Eigler. Bearbeitet von Heinz Hofmann. Griechischer Text von Alfred Croiset, Louis Bodin, Maurice Croiset und Louis Méridier. Deutsche Übersetzung von Friedrich Schleiermacher. Darmstadt: Wissenschaftliche Buchgesellschaft, S. 269–503, hier S. 376–397 (482c-490a). Vgl. Dodds, Eric R. 1959. *Plato's Gorgias*. Oxford: Clarendon Press.

[181] Platon. Gorgias, S. 272–273 (447c-d).

[182] Platon. Gorgias, S. 276–277 (449a) und S. 318–319 (463d).

[183] Um welchen Krieg es sich handelt, lässt sich anscheinend nicht präzise bestimmen. Vgl. Nails. *The People of Plato*, S. 319–320.

[184] Platon. 1973. Menexenos. In *Werke in acht Bänden. Griechisch und Deutsch. Zweiter Band.* Herausgegeben von Gunther Eigler. Bearbeitet von Heinz Hofmann. Griechischer Text von Alfred Croiset, Louis Bodin, Maurice Croiset und Louis Méridier. Deutsche Übersetzung von Friedrich Schleiermacher. Darmstadt: Wissenschaftliche Buchgesellschaft, S. 221–267, hier S. 222–223 (234b).

[185] Platon. Menexenos, S. 226–227 (235d).

2.4 Ein Jahr in der Provinz (399)

Theaitetos; Euthyphron; Sophistes; Politikos. Von den sieben Gesprächen des Jahres 399 liegen vier vor dem Prozess gegen Sokrates, zwei von diesen vieren (*Theaitetos* und *Euthyphron*) an einem Tag im Frühjahr und zwei am darauffolgenden (*Sophistes* und *Politikos*).

Das als *Theaitetos* überlieferte Gespräch findet statt, bevor Sokrates sich auf den Weg zur „Königshalle" macht, wo eine Anhörung im Vorfeld des Prozesses stattfinden soll. Der Ankläger, den er gegenüber seinen Gesprächspartnern hervorhebt, ist **Melitos,** der etwa 30-jährige Sohn eines Tragöden gleichen Namens;[186] im Prozess wird Sokrates ihn als Ankläger namens der „Dichter" bezeichnen, während er Anytos, seinen Gesprächspartner im *Menon* drei Jahre zuvor, den Sprecher der Handwerker und der Politiker nennt;[187] den dritten Ankläger **Lykon,** einen demokratischen Politiker der Epoche nach dem Ende des Regimes der 400 in Sokrates' Alter, dessen Sohn unter der *Herrschaft der Dreißig* hingerichtet worden ist,[188] bringt er mit den Rhetorikern in Verbindung.[189]

Die Akteure des *Theaitetos* verkörpern eine Beziehungsform, die uns seit *Parmenides* und *Protagoras* in einer Reihe von Variationen bekannt und zuletzt anhand der ‚sizilischen' Beziehung Gorgias–Polus begegnet ist: ältere Männer eines (mehr oder weniger) ausgeprägten ‚gelehrten' Renommees (Rhetoriker, Sophisten, Dichter, Politiker) nebst jüngeren, ‚gelehrigen' Männern, die sie begleiten (oder einmal begleitet haben). Unter den Gesprächspartnern Sokrates' vor dem Gang zur Anhörung in der Königshalle befindet sich mit **Theodoros** ein Schüler des Sophisten Protagoras,[190] dem Sokrates mehr als 30 Jahre vorher, begleitet u. a. von Charmides, begegnet war; der titelgebende **Theaitetos,** ca. 15-jährig, ist seinerseits ein Schüler von Theodoros. Als Schüler in spe sind eine Gruppe der jungen Männer Athens anwesend; der einzige namentlich gekennzeichnete ist ein Namensvetter von **Sokrates,** der der Generation von Lysis, Menon und Menexenos angehört.[191]

---

[186] Platon. 1970. Theaitetos. In *Werke in acht Bänden. Griechisch und Deutsch. Sechster Band.* Herausgegeben von Gunther Eigler. Bearbeitet von Peter Staudacher. Griechischer Text von Auguste Diès. Deutsche Übersetzung von Friedrich Schleiermacher. Darmstadt: Wissenschaftliche Buchgesellschaft, S. 1–217, hier S. 217 (210d).

[187] Platon. Des Sokrates Verteidigung, S. 18–21 (23e).

[188] Nails. *The People of Plato*, S. 188–189.

[189] Platon. Des Sokrates Verteidigung, S. 18–21 (23e).

[190] Nails. *The People of Plato*, S. 281–282.

[191] Vgl. Nails. *The People of Plato*, S. 269.

2.4 Ein Jahr in der Provinz (399)

Zu den Besonderheiten des *Theaitetos* gehört, dass Platon Sokrates' Gespräch nicht direkt berichtet, sondern es als Bericht **Euklids** kennzeichnet, des zum Zeitpunkt des Berichts etwa 60-jährigen Gründers einer akademischen Einrichtung in **Megara**;[192] zwischen Sokrates' Gespräch und Euklids Bericht (391) liegen etwa acht Jahre. Die attische Hafenstadt Megara war mit dem Beginn des Peloponnesischen Kriegs (gut 40 Jahre zuvor, als Euklid etwa 20 war) auf die Seite Spartas gewechselt; im Zuge des Korinthischen Kriegs (der zum Zeitpunkt von Euklids Bericht andauert) verlässt Megara (394) den spartanischen Hegemonialverband und konstituiert sich als unabhängige demokratische Stadt.[193]

Die Situation des Berichts, den Euklid (auf Grundlage einer Niederschrift[194]) gibt, wiederholt die Beziehungsform ‚Gelehrter'–‚Gelehriger'; sein Zuhörer ist **Terpsion**.[195] Beide Megarer waren dem Bericht des Akademikers **Phaidon** zufolge – noch als Bürger einer mit Sparta verbündeten Stadt – beim letzten (Gefängnis-)Gespräch Sokrates' *(Phaidon),* also kurz nach der Handlung, die der eine dem anderen acht Jahre später wiedergibt, unter den Anwesenden.[196]

Sokrates' Gesprächspartner in der Königshalle, bevor seine Anhörung stattfinden wird *(Euthyphron),* ist der etwa 45-jährige Sohn eines Kolonialisten auf der Kykladeninsel **Naxos**, der es nach dem Ende des athenischen Hegemonialverbands auf die Bürgerliste Athens geschafft hat *(dokimasia)*[197] und nun gegen seinen Vaters ein Verfahren wegen Totschlags eines Tagelöhners anstrebt. Dieser **Euthyphron** beschreibt sich als jemanden, der „in der Gemeinde etwas rede[t] von göttlichen Dingen" und bisweilen „vorhersag[t]", ähnlich wie ja Sokrates gelegentlich dessen „göttliche Stimme" – das *daimonion* – „widerfahren" sei. Sokrates bezeichnet ihn (ausdrücklich aber nicht sich) wegen dieser Redepraxis als *Mantiker* („Wahrsager").[198] Der Ausgangspunkt beider Gesprächs, nachdem sie einander ihre gerichtlichen Angelegenheiten berichtet haben, ist die Begründung Euthyphrons für die Klage gegen seinen Vater: ein „[W]issen, wie das Göttliche sich verhält, was Frommes und Ruchloses betrifft"; sein Ende ist, dass

---

[192] Nails. *The People of Plato*, S. 144–145.

[193] Vgl. Schmidt-Hofner. *Das klassische Griechenland*, S. 170–171 und 297.

[194] Platon. Theaitetos, S. 4–7 (142b-c).

[195] Vgl. Nails. *The People of Plato*, S. 274.

[196] Nails. *The People of Plato*, S. 323.

[197] Nails. *The People of Plato*, S. 152–153.

[198] Platon. 1977. Euthyphron. In *Werke in acht Bänden. Griechisch und Deutsch. Erster Band.* Herausgegeben von Gunther Eigler. Bearbeitet von Heinz Hofmann. Griechischer Text von Louis Bodin, Alfred Croiset, Maurice Croiset und Louis Méridier. Deutsche Übersetzung von Friedrich Schleiermacher. Darmstadt: Wissenschaftliche Buchgesellschaft, S. 351–397, hier S. 354–361 (3a-4e).

Euthyphron dieses Wissen nicht erklären kann, aber „eil[t]", seine Anklage auf dieser unerklärlichen Grundlage zu führen.[199]

Bei den beiden Gesprächen des folgenden Tags (*Sophistes* und *Politikos*) handelt es sich um die beiden Etappen der Fortsetzung des Gesprächs vom Vortag *(Theaitetos)*, die man an dessen Ende, bevor Sokrates sich auf den Weg zur Königshalle machte, vereinbart hatte.

Hier war es Sokrates darum gegangen, junge Leute zu identifizieren, die beizeiten „Ehre einlegen werden"[200] (ähnlich wie er 30 Jahre zuvor mit Charmides und Kritias ins Gespräch gekommen war, um in Erfahrung zu bringen, wie es mit der Weisheitsliebe der jungen Leute bestellt war). Sein Austausch mit Theaitetos hatte mit der Frage der Möglichkeit begonnen, ihrer beider Ähnlichkeit festzustellen, und sich am Problem des Verhältnisses von Weisheit *(sophia)* und Erkenntnis *(epistéme)* entfaltet;[201] am Ende dürfte Theaitetos nach Sokrates' Eindruck nicht mehr „glauben zu wissen, was [er] nicht weiß", weswegen er zukünftig entweder „schwanger" mit Problemen dieser Art oder aber seinen Mitbürgern ein „sanftmütiger" Umgang sein müsste.[202]

Neben dem Protagoras-Schüler Theodoros, dem Theodoros-Schüler Theaitetos und dem jüngeren Sokrates (der erst im *Politikos* zu Wort kommen wird) ist am Folgetag eine weitere Person dabei, deren Name nicht genannt, sondern die über einen Herkunftsort identifiziert wird: ein **Fremder** aus der italischen Kolonie **Elea,** der Stadt von Parmenides und Zenon, denen Sokrates 50 Jahre zuvor begegnet ist. Der einzige vergleichbare Fall im *Corpus Platonicum* ist ein Fremder aus Athen, einer der Wortführer des undatierbaren *Nomoi*-Gesprächs (auf das wir noch kommen werden).[203] Anders als im Fall *Theaitetos* handelt es sich bei den im *Sophistes* bzw. *Politikos* berichteten Gesprächen nicht um spätere, in Megara oder anderswo weitergegebene Berichte.

---

[199] Platon. Euthyphron, S. 358–363 (4d-5a und 5c-d) und S. 394–395 (15c-e).
[200] Platon. Theaitetos, S. 6–7 (143c-d).
[201] Platon. Theaitetos, S. 10–11 (144d-e) und S. 12–15 (145e-146a).
[202] Platon. Theaitetos, S. 214–217 (210a-c).
[203] Nails. *The People of Plato*, S. 328. Allerdings sollten wir nicht übersehen, dass mehr als 30 Jahre vor den als *Sophistes* und *Politikos* überlieferten Gesprächen Sokrates seinem Gesprächspartner den Protagoras vor der Nennung dessen Namens zunächst als „Fremden" (mit dem Herkunftsort „Abdera") vorstellt – so wie Protagoras selbst (jedenfalls Sokrates' Bericht zufolge) sich als „Fremdling" vorgestellt hatte. Protagoras hatte dabei besonderen Wert auf die Praxis, die er als „Fremdling" pflegte, gelegt: dass er „die vorzüglichsten Jünglinge überredet, dem Umgang mit andern Verwandten und Mitbürgern […] entsagend, sich zu ihm zu halten". Dies trage ihm „Mißgunst", „Übelwollen" und „Nachstellungen aller Art" ein, nicht anders als den übrigen Repräsentanten der „sophistischen Kunst"; anders als die anderen Sophisten, beginnend mit Homer, bediene er sich aber trotz drohender Verfolgungen

2.4 Ein Jahr in der Provinz (399)

Sophistes und *Politikos* sind der zweite und dritte Text unserer genealogischen Reihe, die nicht nach dem Namen eines Protagonisten benannt sind; anders als der des ersten, des *Symposion,* rekurrieren die Titel in diesen beiden Fällen nicht auf eine soziale *Form,* sondern jeweils auf eine soziale *Figur.* Der Akteur, der hauptsächlich diesen beiden sozialen Figuren (im Zwiegespräch einmal mit Theaitetos, einmal mit dem jüngeren Sokrates) Kontur verleiht, ist der Fremde aus Elea: Sokrates ist hier fast ausschließlich Zuhörer.

Am Ende beider Gespräche vermerkt der Eleate als Ergebnis der Untersuchung eine bemerkenswert differenzierte, auf einer Art vergleichender Praxeologie beruhende Definition der Sozialfigur des Sophisten[204] bzw. des Politikers,[205] die er auffälligerweise als Ausdrucksformen von „Geschlecht und Blut" behandelt.[206] Sokrates hatte eingangs (in Anknüpfung an das Gespräch vom Vortag) vom Eleaten über den Sophisten und den Politiker hinaus noch dessen Einschätzung der Figur des *Philosophen* erbeten und diesen Wunsch nach der ersten Etappe in Erinnerung gerufen. In diesem Zusammenhang hatte er seine Gesprächspartner wissen lassen, dass seiner (vorläufigen) Einschätzung nach der Eleate seinerseits

---

keines „Deckmantel[s]" wie der „Poesie", der „Mysterien und Orakelsprüche" usw., sondern „sage gerade heraus, daß [er] ein Sophist" sei (Platon. Protagoras, S. 86–87 (309c) und S. 102–107 (316c-317b)).

[204] „Nachahmerei in der zum Widerspruch bringenden Kunst des verstellerischen Teiles des Dünkels, welche in der trügerischen Art von der bildnerischen Kunst her nicht als die göttliche, sondern als die menschliche, tausendkünstlerische Seite der Hervorbringung in Reden abgesondert ist." (Platon. 1970. Der Sophist. In *Werke in acht Bänden. Griechisch und Deutsch. Sechster Band.* Herausgegeben von Gunther Eigler. Bearbeitet von Peter Staudacher. Griechischer Text von Auguste Diès. Deutsche Übersetzung von Friedrich Schleiermacher. Darmstadt: Wissenschaftliche Buchgesellschaft, S. 219–401, hier S. 400–401 (268c-d)).

[205] „[D]aß ineinander eingeschossen und verflochten werde der tapferen und der besonnenen Menschen Gemütsart, wenn die königliche Kunst durch Übereinstimmung und Freundschaft beider Leben zu einem gemeinschaftlichen vereinigend, das herrlichste und trefflichste aller Gewebe bildend, alle übrigen Freien und Knechte in den Staaten umfassend, unter diesem Geflechte zusammenhält" (Platon. 1970. Der Staatsmann. In *Werke in acht Bänden. Griechisch und Deutsch. Sechster Band.* Herausgegeben von Gunther Eigler. Bearbeitet von Peter Staudacher. Griechischer Text von Auguste Diès. Deutsche Übersetzung von Friedrich Schleiermacher. Darmstadt: Wissenschaftliche Buchgesellschaft, S. 403–579, hier S. 579 (311b-c).

[206] Platon. Der Sophist, S. 400–401 (268d). Vgl. Platon. Der Staatsmann, S. 576–577 (310d).

die Sozialfigur eines „ersten Meister[s]" in Fragen des Rechnens und der Geometrie darstelle, seine soziale Geometrie allein allerdings nicht hinreiche, die Verhältnisse zwischen Sophistik, Politik und Philosophie aufzuklären.[207]

Apologie. Sokrates' Prozess, der auf Mai oder Juni 399 datiert, wird im Rahmen des *Corpus Platonicum* nicht als dialogisches Geschehen, sondern in Form von drei Redebeiträgen überliefert; die *Verteidigungs*rede *(Apologie)*, die der Titel des Texts anzeigt, bildet den *ersten* dieser Redebeiträge von Sokrates;[208] im *zweiten* äußert Sokrates sich, nachdem er schuldig gesprochen ist, zum Strafmaß;[209] der *dritte* enthält sein Schlusswort, nachdem die Todesstrafe ergangen ist.[210] Entsprechend der Verfassung findet der gesamte Prozess an einem einzigen Tag statt.

Die Form des Prozesses bringt es mit sich, dass Sokrates anders als in den Texten, die der *Apologie* in unserer genealogischen Reihe vorausgehen, keine Gesprächspartner hat, sondern eine *Öffentlichkeit* adressiert: in erster Linie ein demokratisches Gericht *(Heliaia)*, das zusammengetreten ist, weil eine Gruppe von Bürgern – federführend die uns bereits bekannten Melitos (für die Dichter der Stadt), Anytos (für Handwerker und Politiker) und Lykon (für die Rhetoriker) – gegen ihn die Klage führt, er anerkenne nicht die Götter der Stadt, versuche, neue Götter einzuführen, und verderbe die Jugend. Dieses Gericht setzt sich aus 501 vereidigten Personen zusammen, die mindestens 30 Jahre alt sind (weswegen z. B. die Generation Lysis–Menon–Menexenos nicht vertreten ist), über das athenische Bürgerrecht verfügen (weswegen z. B. Lysias nicht in Frage kommt) und keine Schulden gegenüber der Stadt haben. Ihre Zusammensetzung ist durch Los bestimmt; jeder von ihnen ist ursprünglich, ebenfalls durch Los, als einer von 600 Bürgern seiner *Phyle* (und von insgesamt 6000 Bürgern) für den Turnus eines Jahres zum Richter *(Heliast)* bestimmt worden.[211] Eine Mehrheit von ihnen spricht Sokrates zwischen seiner ersten und seiner zweiten Adresse schuldig; und eine größere Mehrheit votiert im Anschluss an die zweite Adresse für den Tod als Strafmaß.[212]

---

[207] Platon. Der Sophist, S. 220–223 (216c-217a). Vgl. Platon. Der Staatsmann, S. 404–405 (257a-b).
[208] Platon. Des Sokrates Verteidigung, S. 2–53 (17a-35d).
[209] Platon. Des Sokrates Verteidigung S. 53–59 (35e-38b).
[210] Platon. Des Sokrates Verteidigung S. 59–69 (38c-42a).
[211] Vgl. Meier. *Athen*, S. 482.
[212] Vgl. Rubel. *Stadt in Angst*, S. 342–363; Szlezák. *Platon*, S. 50–53.

2.4 Ein Jahr in der Provinz (399)

Neben den 501 Heliasten umfasst die Öffentlichkeit, die Sokrates adressiert, eine unbestimmte Gruppe von Anwesenden ohne Gerichtsgewalt, die wir mangels eines besseren Begriffs als *Publikum* bezeichnen können. Einzelne lassen sich anhand der Äußerungen von Sokrates identifizieren; von den uns bereits bekannten Protagonisten sind dies Apollodoros, der im Jahr zuvor einer Gruppe unbekannter Zuhörer das eineinhalb Jahrzehnte zurückliegende *Symposion* berichtet hat, der wohlhabende Landwirt Kriton und Chairekrates, der Bruder seines kurz zuvor verstorbenen Jugendfreunds Chairephon. Am Ende von Sokrates' zweiter Adresse kennzeichnet er beide (nebst Kritons Sohn **Kritobulos**) als seine („zuverlässigen") „Bürgen";[213] d. h. sie sind in der Gruppe der Anwesenden *ohne* Gerichtsgewalt die Speerspitze derjenigen, die die prosokratische Position der *Minderheit* der Richter vertreten.

Die vierte Person, die der Gruppe der Bürgen zugehört, ist ein weiteres Mitglied der Generation Lysis–Menon–Menexenos–Kritobulos: der etwa 25-jährige **Platon**; dies ist, abgesehen vom *Siebten Brief*, der einzige Auftritt des Autors selbst im *Corpus Platonicum*.[214] Wie wir wissen, war er fünf Jahre zuvor während der *Herrschaft der Dreißig* von Verwandten (Kritias, Charmides) ins politische Geschäft verstrickt worden und hatte am Fall von Sokrates' Befehlsverweigerung seine antioligarchische Gesinnung geklärt; der Prozess des demokratischen Athen gegen Sokrates wird ihm dem Bericht im *Siebten Brief* zufolge Anlass für eine jahrelange Reflexion des Problems der Führung des politischen Gemeinwesens sein. Platons ebenfalls anwesender ältester Bruder Adeimantos ist, ebenso wie sein zweiter (ebenfalls älterer) Bruder Glaukon, auch in der nicht ohne Weiteres datierbaren *Politeia* unter den Anwesenden.[215]

Kriton; Phaidon. Bei den letzten beiden Dialogen unserer genealogischen Reihe handelt es sich um zwei Gespräche, die Sokrates nach seinem Gerichtsverfahren führt. Sowohl *Kriton* als auch *Phaidon* datieren etwa einen Monat nach dem Prozesstag; beider Besonderheit ist, dass es Gefängnis-Gespräche sind. Das Gespräch mit dem uns bereits als Sokrates' Bürge bekannten Landwirt Kriton findet ein oder zwei Tage vor demjenigen statt, das nach seinem zu diesem Zeitpunkt etwa 20-jährigen Anhänger **Phaidon** benannt ist, der wie der etwa 50 Jahre ältere Sophist Hippias aus dem Athen im Zuge des Peloponnesischen Kriegs

---

[213] Platon. Des Sokrates Verteidigung, S. 58–59 (38b).

[214] Überdies findet er eingangs des *Phaidon*-Gesprächs, das uns gleich beschäftigen wird, Erwähnung, wo der titelgebende Protagonist einem Echekrates mitteilt, dass Platon bei Sokrates Tod vermutlich aufgrund einer Erkrankung abwesend war (Platon. Phaidon, S. 8–9 (59b)).

[215] Nails. *The People of Plato*, S. 322.

entfremdeten Elis stammt.[216] Das Gespräch im *Phaidon* datiert überwiegend auf die Zeitspanne unmittelbar vor Sokrates' Hinrichtung, die durch Gabe eines Gifts erfolgt, das eine Atemlähmung bewirkt, und umfasst überdies dessen letzte Worte (einen Hinweis an Kriton auf eine gemeinsame Opferschuld gegenüber **Asklepios,** dem Gott der Heilkunst[217]), bevor die Atemlähmung eintritt.

Unter den Anwesenden[218] sind, wenigstens für eine gewisse Zeit, Sokrates' Gattin **Xanthippe** und beider drei Söhne (**Lamprokles, Sophrosonikos** und **Menexenos).**[219] Darunter sind überdies einige Akteure, die uns bereits begegnet sind. Von den Bürgern Athens sind dies die drei Bürgen Apollodoros, Kriton und Kritobulos (aber nicht der vermutlich erkrankte Platon) sowie der inzwischen 50-jährige *nothos* Hermogenes, der schon mehr 20 Jahre zuvor *(Kratylos)* zu Sokrates' Gesprächspartnern gehört hat, und Menexenos, Namensvetter seines jüngsten Sohns, der 10 Jahre zuvor (im *Lysis)* erstmals in den sokratischen Gesprächskreis einbezogen war; überdies ein (etwas älterer) naher Verwandter von Menexenos, **Ctessipos,** der wie dieser (ohne dass wir ihn beachtet haben) im *Lysis* und zudem im *Euthyphron* dabei gewesen ist.[220] Dazu kommen die beiden megarischen Akademiker Euklid und Terpsion, deren Gespräch acht Jahre später wir den als *Theaitetos* überlieferten Dialog unmittelbar vor Sokrates' Gang zur Anhörung seines Falls in der Königshalle verdanken. Neben den beiden Megarern ist ein weiteres Paar Akteure anwesend, die nicht Athener Bürger sind: die Thebaner **Kebes** und **Simmias,** zwei etwa 30-jährige Schüler des aus Italien geflohenen Pythagoreers **Philolaos,** eines Altersgenossen von Sokrates;[221] Kriton hatte im vorangegangenen der beiden Gefängnis-Gespräche Sokrates, den er (vergeblich) zu einem Fluchtversuch zu ermuntern versuchte, auf beider Bereitschaft hingewiesen, ihn in diesem Fall finanziell zu unterstützen.[222]

Die Heimatstadt von Kebes und Simmias in der Landschaft **Böotien** hatte nicht nur wie die Heimatstadt von Euklid und Terpsion seit Beginn des Peloponnesischen Kriegs zu den Feinden Athens gehört, sondern ihn mit einem Angriff auf die Athen verbündete Polis **Plataä** ausgelöst; am Ende des Krieges verfolgte das aristokratisch regierte **Theben** (wie **Korinth**) einen deutlich schärferen Kurs gegen Athen als die neue gesamtgriechische Hegemonialmacht

---

[216] Nails. *The People of Plato*, S. 231.
[217] Platon. Phaidon, S. 204–205 (118a).
[218] Nails. *The People of Plato*, S. 323.
[219] Vgl. Nails. *The People of Plato*, S. 299–300.
[220] Vgl. Nails. *The People of Plato*, S. 119–120.
[221] Vgl. Nails. *The People of Plato*, S. 82–83, S. 260–261 und S. 342.
[222] Platon. Kriton, S. 78–79 (45b).

2.5 Transhistorische Hinweise

Sparta.[223] Während der *Herrschaft der Dreißig* hatte Theben allerdings Vertretern der demokratischen Opposition Asyl gewährt und war selbst zwischenzeitlich zu einem demokratischen Regime übergegangen.[224] In der weiteren Lebenszeit Platons wird es sich, wie wir bereits im Zusammenhang unserer Untersuchung des *Siebten Briefs* vermerkt haben, u. a. mit Athen gegen Sparta verbünden *(Korinthischer Krieg)*. Unter dem von den persischen Achämeniden verbürgten *Königsfrieden,* zu dessen Wahrung beizeiten (im Jahrzehnt nach Platons erstem Aufenthalt in Syrakus und der Gründung der Akademie) z. B. auch der sizilische *strategós autokrátor* Dionysios I. hinzugezogen wird,[225] wird Theben, das seit einer im athenischen Exil vorbereiteten Revolution (379) wieder demokratisch regiert ist, für eine kurze Zeitspanne, die durch die imperiale Expansion des über die nordgriechische Landschaft Mazedonien herrschenden Militärführers **Philipp II.** beendet wird, die Hegemonie über Griechenland halten.[226]

Wie zuletzt der *Theaitetos* gehört das letzte überlieferte Sokrates-Gespräch zur Gruppe der Dialoge, die Platon nicht direkt berichtet. Der *Phaidon* ist als Bericht des jungen, titelgebenden Akademikers gekennzeichnet, der (anders als der Megarer Euklid im Fall des *Theaitetos*) bei den Ereignissen, die er berichtet, selbst anwesend gewesen sein will. **Phaidons** Zuhörer ist **Echekrates,** wie die Thebaner Kebes und Simmias ein Schüler von Philolaos;[227] der Ort des Gesprächs, das in den Wochen nach der Hinrichtung stattfindet, ist eine pythagoreische Einrichtung in der Polis **Phleius** im Nordosten des Peloponnes, die seit jeher ein Verbündeter Spartas ist.[228]

2.5 Transhistorische Hinweise

[Philebos]; [Nomoi]. Wie eingangs dieses Kapitels vermerkt, umfasst der *Corpus Platonicum* neben *Timaios, Kritias* und *Gorgias,* auf die wir bereits oben an geeigneter Stelle eingegangen sind, drei weitere Dialoge, die nicht ohne Weiteres datiert werden können. Gemäß unserer Voraussetzung eines Platon wohlgesonnenen Editors, der weiß, was er tut, und deshalb mit keinem der Elemente des

---

[223] Vgl. Schmidt-Hofner. *Das klassische Griechenland*, S. 180 und S. 228.
[224] Will. *Athen oder Sparta*, S. 284; Bengtson. *Griechische Geschichte*, S. 231.
[225] Vgl. Bengtson. *Griechische Geschichte*, S. 250 und S. 262–265; Schmidt-Hofner. *Das klassische Griechenland*, S. 275.
[226] Vgl. Schmidt-Hofner. *Das klassische Griechenland*, S. 257–263.
[227] Nails. *The People of Plato*, S. 138.
[228] Nails. *The People of Plato*, S. 323.

Korpus den Lehren Platons einen Schaden zufügt oder ihnen widerspricht, verstehen wir diese Datumslosigkeit nicht als Mangel, sondern als interpretatorischen Hinweis: Wir können sie als Texte lesen, deren Bedeutung sich ganz unabhängig von einer bestimmten Lage und Entwicklung der Polis Athen erschließt (was nicht heißt, dass sie *keine* Bedeutung für die Polis Athen und die Deutung ihrer Lage und Entwicklung hätten). Wir verstehen die undatierbaren Dialoge deswegen als Texte, die ausdrücklich *trans*historische Probleme behandeln.

Im Fall des nach einem der Sprecher als *Philebos* überlieferten Gesprächs liegen über keinen der neben Sokrates Anwesenden relevante prosopographische Erkenntnisse vor.[229] Wir können immerhin festhalten, dass hier drei gleichberechtigte Redner (von denen Sokrates der ausdauerndste ist) miteinander die Praxis des Redestreits üben wollen.[230] Ihr Gegenstand ist das Gute; als Platons Bericht einsetzt, ist das Gespräch bei zwei gegensätzlichen Möglichkeiten seiner Bestimmung angekommen: „Wohlbefinden", Lust", „Vergnügen" vs. „Vernünftigsein", „Erkennen", „Sicherinnern"[231] (denen nach der Unterscheidung, die uns aus dem *Siebten Brief* bekannt ist, auf der *politischen* Ebene der Gegensatz hedonistischer und tugendorientierter Regimes entspricht). Im Zuge des Gesprächs einigen die Redner sich auf Sokrates' Initiative hin in einer Art intergenerationalem Kompromiss, es statt „nur streitsüchtig" in der Folge ausdrücklich „dialektisch" weiterführen zu wollen. Auf dieser Grundlage stellen sie am Ende des überlieferten Textes (das offensichtlich nicht das Ende des Gesprächs ist) gemeinsam fest, dass „Vernunft" so wenig wie „Lust [...] das Gute selbst sein könne", aber im Vergleich „dem Wesen dieses Siegenden verwandt[er] und anhänglich[er]" sei.[232]

Im Fall des *Nomoi* betitelten Dialogs lässt sich zwar über die sich unterredenden Personen ebenfalls nichts sagen; aber es handelt sich um identifizierbare politische Figuren, die sich in einem identifizierbaren Raum bewegen.[233] Einer

---

[229] Vgl. Nails. *The People of Plato*, S. 328; vgl. S. 238 und S. 257.

[230] Platon. 1972. Philebos. In *Werke in acht Bänden. Griechisch und Deutsch. Siebter Band*. Herausgegeben von Gunther Eigler. Bearbeitet von Klaus Widdra. Griechischer Text von Albert Rivaud und Auguste Diès. Deutsche Übersetzung von Hieronymus Müller und Friedrich Schleiermacher. Darmstadt: Wissenschaftliche Buchgesellschaft, S. 255–443, hier S. 256–257 (11a).

[231] Platon. Philebos, S. 256–257 (11b).

[232] Platon. Philebos, S. 268–293 (15d-23b), hier insbesondere S. 270–271 (15d-16b) und S. 272–273 (17a); überdies S. 440–443 (67a-b).

[233] Entsprechend gibt es begründete (aber für unseren minimalistischen Ansatz zu voraussetzungsvolle) Vorschläge zur Datierung; so z. B. auf etwa 408 (Dušanić. English Summary, S. 364–365) oder auf den Zeitraum 460–450 (Zuckert. *Plato's Philosophers*, S. 11, S. 31–33 und S. 51–146).

2.5 Transhistorische Hinweise

der drei Redner,[234] **Klinias,** stammt aus Knossos, einer der Poleis Kretas, einer zu Zeiten von Sokrates und Platon bereits jahrhundertelang im Inneren (relativ) befriedeten Mittelmeerinsel, die von den griechischen Hegemonialkonflikten der Epoche nicht betroffen ist.[235] Er ist mit der Vorbereitung einer Kolonisation beschäftigt,[236] d. h. jemand, der anstrebt, was der Metöken-Sohn Lysias (im italischen Thurioi) und der Vater des Mantikers Euthyphron (auf Naxos) bereits versucht haben. **Megillos**[237] ist ein Bürger Spartas, der als *proxenos* agiert,[238] amtlicher Vertreter der Anliegen von Fremden, die sich in der Stadt aufhalten. Sein Verhältnis zu solchen Besuchern entspricht also als ein *öffentliches* Verhältnis dem, das z. B. den Athener Anytos und den Thessalier Menon in Form des *Privat*verhältnisses verbindet. Der dritte Redner ist seinerseits ein Fremder; Platon berichtet lediglich, dass es sich um einen inkognito reisenden **Athener** handelt, so dass wir weder ausschließen noch verifizieren können, dass dies eine uns bereits bekannte Person ist.[239] Der Besuch des unbekannten Atheners gilt allerdings nicht Megillos' Stadt, sondern der des angehenden Kolonialisten Klinias. Das Gespräch selbst findet auf dem Weg zum **Zeus**-Tempel bei der idäischen Grotte statt, dem Mythos zufolge der Ort, an dem der höchste Olympier nach seiner Geburt vor seinem Vater **Kronos** verborgen worden war.[240] An seinem Ende

---

[234] Vgl. Nails. *The People of Plato*, S. 328.

[235] Vgl. Schmitz. *Die griechische Gesellschaft*, S. 225–252; Chaniotis, Angelos. 2020. *Das antike Kreta*. München: C.H. Beck, S. 58–78.

[236] Platon. 1977. Gesetze. Buch I-VI. In *Werke in acht Bänden. Griechisch und Deutsch. Achter Band. Erster Teil*. Herausgegeben von Gunther Eigler. Bearbeitet von Klaus Schöpsdau. Griechischer Text von Édouard des Places. Deutsche Übersetzung von Klaus Schöpsdau. Darmstadt: Wissenschaftliche Buchgesellschaft, S. 1–433, hier S. 218–219 (702c-d). Vgl. Nails. *The People of Plato*, S. 101–102.

[237] Vgl. Nails. *The People of Plato*, S. 197–198.

[238] Platon. Gesetze. Buch I-VI, S. 52–53 (642b-c).

[239] So betont z. B. Strauss, dass Aristoteles anlässlich seiner Auseinandersetzung mit den *Nomoi* in seinen *Politiká* als selbstverständlich vorausgesetzt habe, dass „the speaker [...] is the same as the speaker in the *Republic*: Socrates". Strauss zufolge lässt die irritierende Kennzeichnung der im übrigen *Corpus Platonicum* als ‚Sokrates' gekennzeichneten Figur als ‚athenischer Fremder' sich erklären, indem man, unter Einbezug von Äußerungen im *Kriton*, die *Nomoi* als Ergebnis einer kontrafaktischen Denkbewegung Platons liest: „[I]f Socrates had escaped from prison, he would have gone to Crete, where he was wholly unknown and would have come to sight only as an Athenian stranger" (Strauss, Leo. 1975. *The Argument and the Action of Plato's Laws*. Chicago, London: The University of Chicago Press, S. 2; vgl. Aristoteles. *Politik*, S. 78–79 (1264b-1265a); Platon. Kriton, S. 100–103 (52e-53d)).

[240] Vgl. Chaniotis. *Das antike Kreta*, S. 33; von Ranke-Graves. *Griechische Mythologie*, S. 32.

stimmen Klinias und Megillos überein, eine solche Polis wie die, von der der Fremde aus Athen sie überzeugt hat, in die Tat umsetzen zu wollen.[241]

Nebenbei vermerken wir, dass *Nomoi* der einzige Text des *Corpus Platonicum* ist, dessen Geschehen vollständig außerhalb der Polis Athen angesiedelt ist (während, wie wir gesehen haben, das letzte Gefängnis-Gespräch *(Phaidon)* in einer pythagoreischen Einrichtung in Phleius und dasjenige vor dem Gang zur Königshalle *(Theaitetos)* im Haus Euklids in Megara berichtet wird). Wir wollen überdies festhalten, dass die *Nomoi* zu der Gruppe von Texten zählen, deren Titel nicht auf einen der Redner referiert; in diesem Fall verweist er auf eine fundamentale *politische Form*: das Problem der *Verfassung*. Eine weitere Besonderheit der *Nomoi* ist, dass dies der einzige Text des *Corpus Platonicum* ist, in dem Sokrates weder auftritt noch (wie im *Siebten Brief*) Erwähnung findet.

[Politeia]. Ebenfalls auf eine fundamentale politische Form, das Problem der *Regimes*,[242] referiert der Titel des als *Politeia* überlieferten Gesprächs. Wie im Fall des *Protagoras,* des *Charmides,* des *Lysis* und des *Euthydemos* überliefert Platon dieses Gespräch in Form einer Nacherzählung des an ihm beteiligten Sokrates. Anwesend sind überdies Mitglieder der uns bereits bekannten (Fabrikanten-)Familie des aus Syrakus eingewanderten Metöken **Kephalos,** neben Lysias auch der Familienvorstand selbst[243] und Lysias' etwas älterer Halbbruder **Polemachos,** der unter dem Regime der *Dreißig* hingerichtet werden wird.[244] Größere Teile des Gesprächs finden in einem der Häuser der Familie statt. Platons Familie ist, wie schon erwähnt, neben dem uns bekannten Adeimantos auch durch **Glaukon** vertreten;[245] wie Sokrates haben beide sich (15–20 Jahre später als er) im Peloponnesischen Krieg besonders ausgezeichnet.[246] Anwesend ist überdies **Nikeratos,** Sohn des Generals Nikias, mit dem Sokrates im *Laches* (u. a.

---

[241] Platon. 1977. Gesetze. Buch VII-XII. In *Werke in acht Bänden. Griechisch und Deutsch. Achter Band. Zweiter Teil.* Herausgegeben von Gunther Eigler. Bearbeitet von Klaus Schöpsdau. Griechischer Text von Auguste Diès und Joseph Souilhé. Deutsche Übersetzung von Klaus Schöpsdau und Hieronymus Müller. Darmstadt: Wissenschaftliche Buchgesellschaft, S. 1–511, hier S. 510–511 (969c-d).

[242] Vgl. Gostmann, Peter, und Ivanova, Alexandra. 2021. Das Konzept der Regimes. Exemplifiziert an Fällen von Regimes des Erfolgs. In *Macht und Herrschaft. Zur Revision zweier soziologischer Grundbegriffe.* Zweite, erweiterte Neuauflage, hrsg. Peter Gostmann und Peter-Ulrich Merz-Benz. Wiesbaden: Springer VS, S. 269–321.

[243] Vgl. Nails. *The People of Plato,* S. 84.

[244] Nails. *The People of Plato,* S. 251.

[245] Vgl. Nails. *The People of Plato,* S. 2–3 und S. 154–156.

[246] Platon. Der Staat, S. 122–123 (368a).

2.5 Transhistorische Hinweise

über die Erziehung von Nikeratos) sich bespricht, und Enkel des durch Sklavenausbeutung reich gewordenen Bergwerksbesitzers, nach dem er benannt ist. Wie Polemarchos (und wie der Sohn von Sokrates' Ankläger Lykon sowie der General Leon, dessen Anklage Sokrates sich widersetzt) wird Nikeratos unter dem Regime der *Dreißig* hingerichtet.[247]

Die *Dreißig*, die wir schon in Person von Kritias, ihrem Sachwalter Charmides, dem Theramenes-Unterstützer Anytos und dem kurzfristig verstrickten Platon kennen, repräsentiert in der *Politeia* **Kleitophon,** der bereits anlässlich des Regimes der *400* zu den Hintermännern zählte und dem (wie Anytos) als einem ihrer Gesandten beim spartanischen Militärführer **Lysander** eine Schlüsselrolle im Zuge der Etablierung des Regimes zukommt.[248] In Aristophanes *Fröschen* (405),[249] wo bekanntlich ein Chor sokratische Schande als Kontrastfall der Weisheit der Tragöden inszeniert, wird Kleitophon als Figur mit „flip-flopping political affiliations" (in Reihe mit Anytos' Mentor Theramenes, dem Schüler des Rhetoriklehrers Prodikos) gezeigt.[250]

Kleitophon ist in der *Politeia* ein (zeitweiser) Unterstützer von **Thrasymachos,**[251] der als Rhetoriker die Gruppe derjenigen repräsentiert, als deren Sprecher Sokrates in der *Apologie* Lykon bezeichnet, und deren unterschiedlichen Ausprägungen wir (neben Prodikos) bereits in Gestalt der Lehrer Gorgias und Hippias, des (anwesenden) politischen Redners Lysias und des Wandersängers Ion begegnet sind. Wie u. a. Gorgias, Hippias und Ion ist Thrasymachos[252] kein Athener; er stammt aus **Chalkedon,** einer griechischen Polis in Kleinasien, die für Athen (wie für Sparta) ein notorisch unzuverlässiger Bündnispartner ist.[253] In einem der letzten Jahre des Peloponnesischen Kriegs (408/407) ist er als Diplomat in der Stadt;[254] zu Zeiten des Nikias-Friedens ist er Gegenstand von Sokrates'

---

[247] Nails. *The People of Plato*, S. 211–212.

[248] Nails. *The People of Plato*, S. 102–103.

[249] Aristophanes. Die Frösche, S. 525 (965–967).

[250] Nails. *The People of Plato*, S. 102.

[251] Platon. Politeia, S. 44–45 (340a-c).

[252] Nails. *The People of Plato*, S. 288–289. Vgl. White, Stephen A. 1995. Thrasymachus the Diplomat. In *Classical Philology* 90, S. 307–327.

[253] Vgl. Will. *Athen oder Sparta*, S. 252 und S. 374.

[254] Diese datierbare Anwesenheit von Thrasymachos reicht nicht hin, die *Politeia* eindeutig zu datieren, da z. B. andere der Personen, die auftreten, zu diesem Zeitpunkt bereits nicht mehr lebten oder das Fest zu Ehren der thrakischen Göttin Bendis, das eingangs erwähnt wird (Platon. Politeia, S. 2–3 (327a) und S. 92–93 (354a)), ca. 20 Jahre früher stattgefunden haben müsste. Vgl. Nails. *The People of Plato*, S. 324–325; Moors, Kent. 1987. The Argument against a Dramatic Date for Plato's *Republic*. In *Polis* 7, S. 6–31.

Gespräch mit dem Lysias-Anhänger Phaidron: als Repräsentant einer bestimmten Schule der Rhetorik neben Gorgias und dem Protagoras-Schüler Theodoros;[255] als Redner, der von Lysias sich unterscheidet *und* Gemeinsamkeiten mit ihm hat,[256] aber Protagoras und seinen Schüler Polos an „Kraft" überbiete;[257] als Typus einer „rhetorische[n] Kunstlehre", der jede Einsicht in „die Natur eines Dinges" mangelt.[258]

* * *

Die zentrale Größe in der sozialen Ordnung des *Corpus Platonicum* ist die Figur, die dem Textkorpus seinen Namen gibt. In unserer genealogischen Reihe taucht dieser Name (wenn wir von der Anzeige seiner Abwesenheit anlässlich Sokrates' Tod im *Phaidon* absehen) bemerkenswerterweise ein einziges Mal, anlässlich des Gerichtsverfahrens gegen Sokrates, auf.

Aus der autobiographischen Schilderung im *Siebten Brief* wissen wir, dass sein Träger zu diesem Zeitpunkt sich Sokrates in der Form einer Tugendfreundschaft verbunden hat und in der Folge von dessen Verurteilung in eine längere Lebensphase einsamen transpolitischen Räsonnements eintritt, dessen Ergebnis die Gründung der Akademie ist – deren ‚Welt'-Bild (in einer Version für *Nicht-Akademiker*innen*) der *Corpus Platonicum* in seiner Gesamtheit darstellt. Die sokratische Tugendfreundschaft materialisiert sich im Rahmen des öffentlichen Verfahrens in der Form einer *Bürgschaft;* der *Corpus* als Gesamtheit gibt (unter anderem) Auskunft über das Spektrum der Aktivitäten, die durch diese Bürgschaft gedeckt sein sollen. (Darin unterscheidet der Bürge Platon sich von Apollodoros, Kriton und Kritobulos, von denen wir nicht wissen, für welche Aktivitäten sie im Einzelnen bürgen.) Dies bedeutet nicht, dass es sich bei Sokrates' Aktivitäten um ‚platonische' Aktivitäten handeln müsste; aber sie ergeben ein Bild der Aktivitäten eines Polis-Bürgers, für die eine platonische Akademie (im Einklang mit ihren ungeschriebenen Prinzipien) einstehen würde, gegebenenfalls gegen das Urteil einer *Mehrheit.* In *diesem* Sinne ist Sokrates ein exemplarischer Fall politischer Praxis.

Dem Spektrum sokratischer Aktivitäten, für das Platon bürgt, korrespondiert ein Spektrum sozialer Figuren, die in den Konstellationen, in denen Sokrates agiert, abgebildet sind. Es liegt nahe, dass wir uns dessen Ordnung verdeutlichen, indem wir uns an dem Bild der sozialen Welt orientieren, das wir ausgangs des

---

[255] Platon. Phaidron, S. 128–129 (261c).
[256] Platon. Phaidron 146–147 (266b-c) und S. 158–159 (269d).
[257] Platon. Phaidron, S. 150–151 (267c-d).
[258] Platon. Phaidron, S. 162–163 (271a).

2.5 Transhistorische Hinweise

ersten Kapitels als Ergebnis unserer Untersuchung des *Siebten Briefs* festgehalten haben.

Die Praxis, für die die Akademie einsteht, hat eine *transpolitische* Dimension: Haben wir die transpolitische als *die* Ebene gekennzeichnet, auf der es um *Gesamt*fragen geht, so können wir feststellen, dass in keinem der Gespräche, die Platons Sokrates führt, er solche Gesamtfragen (Einheit und Vielfalt, Natur und Konvention, Natur und Bildung, Eros und Vernunft, Erkennen und Handeln, Wissen und Wahrsagerei, Kunst und Schein, das Gute an sich, die gesamte Tugend im Verhältnis zu ihren Elementen, das beste Regime, Liebe und Nutzen usw.) *nicht* berührt.

In einigen der Konstellationen, in denen Sokrates agiert, hat nicht nur die Frage, die verhandelt wird, eine transpolitische Pointe, sondern sind soziale Figuren mit transpolitischer Reichweite beteiligt. Das vorherrschende transpolitische Regime *(winner takes all)* repräsentiert *von Amts wegen* die Reihe der *Generäle* (Alkibiades, Anytos, Hermokrates, Laches, Menon, Nikias) – deren markanten (Klassen-)Gegensatz als Repräsentant eines transpolitischen *Massen*körpers der Hoplit Sokrates (der ihnen gesprächsweise die Grenzen der Begründung des *winner takes all*-Prinzips demonstriert) bildet. Eine etwas friedlichere Variante dieses Regimes verkörpern Figuren der (gescheiterten) *Kolonisation* (Euthyphron, Klinias, Lysias).

Eine weitere Gruppe transpolitischer Figuren sind die *Lehrer,* mit denen Sokrates über die Jahre ins Gespräch kommt (Euthydemos/Dionysodoros, Parmenides, Prodikos, Protagoras usw.). Die Gesamtheit dieser (teils ehemaligen) Bürger, die außerhalb ihrer Polis die (wohlhabenden) Bürger anderer Poleis (und namentlich Athens) insbesondere in der Kunst der *Rede* (der Sokrates den Charakter einer wahren Kunst abspricht) unterrichten, bilden eine Art ‚gesamtgriechischen', von Fragen hegemonialer Loyalität (scheinbar) unberührt sich austauschenden Gelehrtenzirkel. Dieser Kreis kommt zwar nie vollzählig zusammen; aber seine Mitglieder verfügen über gemeinsame Mittel (in letzter Konsequenz das der kollegialen Mediation), eine Diskussion über politische und transpolitische Fragen zu organisieren, ohne dass *winner takes all* zum Tragen kommt. Allerdings vertreten aus der Reihe der Lehrer einige – prägnanterweise diejenigen, die beizeiten ein *diplomatisches* Amt bekleiden (Gorgias, Hippias, Thrasymachos) – bloß eine Lehre, die eine ‚höhere' Rechtfertigung des vorherrschenden *winner takes all* bietet. Während Sokrates selbst zwar transpolitische Gegenstände verhandelt, aber nicht zur Gruppe der transpolitischen Lehrer zählt, da er (abgesehen von Kriegseinsätzen) in Athen verbleibt, umfasst diese Gruppe einige (nachsokratische) Akteure, deren gelehrtes Interesse (so wie dasjenige der Akademiker) ausdrücklich Sokrates' Gespräche umfasst (Euklid, Kephalos aus Klazomenai, Phaidon).

Die Größen des panhellenischen Kultus sind unfragliche Teile des Referenzrahmens, in dem Platons Sokrates sich bewegt. Zwar verfährt er (nicht anders als das Gros seiner Gesprächspartner) mitunter etwas ‚dichterisch'; aber er ist bemüht, Götterfrevel zu meiden, wählt bisweilen ‚olympische' Bezüge, um Gesprächspartner zu überzeugen, und führt seine gesamte Praxis auf den Anspruch zurück, verantwortungsvoll mit einer Weisung Delphis umzugehen. Abgesehen davon versteht Sokrates sich allerdings nicht als besonderen Träger einer göttlichen *Kraft;* seine transpolitische Gegengröße stellt in dieser Hinsicht die Figur des (so wenig mit den Gründen des panhellenischen Kultus wie den Realien des *winner takes all* vertrauten) *Wandersängers* (Ion) dar.

Sokrates' *trans*politische Aktivitäten haben eine *politische* Seite: Am Leitfaden jeder der ‚Gesamtfragen', die er verhandelt, lassen sich Schlüsse zur Lage und Entwicklung des Gemeinwesens gewinnen – besonders deutlich im Fall der Frage nach dem *besten* Regime, an dem die Güte der tatsächlich in der Polis vorherrschenden Verkehrsformen bemessen werden kann. Die Frage der Ordnung des Gemeinwesens ist, wie wir mit dem Gegensatzpaar Hegemonie/Provinzialität angezeigt haben, von der Frage seines transpolitischen Status nicht zu trennen. Entsprechend sind z. B. die *Generäle* zwar transpolitisch Exekutoren des *winner takes all*-Prinzips, zugleich aber (nicht anders als z. B. *Hopliten*) Bürger, die eine bestimmte Politik vertreten.

Entsprechend der politischen ‚Großwetterlage' können wir unter Sokrates' Gesprächspartnern in Zeiten der Hegemonie insbesondere die Figuren der *offensiven* (‚Kriegspartei') und der *defensiven* (‚Friedenspartei') Hegemonie unterscheiden (Alkibiades vs. Nikias); in der Phase der Provinzialisierung Athens Vertreter einer Regierung der Wenigen (‚*aristokratische* Partei'), z. B. Kritias, und Vertreter einer Regierung der Vielen (‚*demokratische* Partei'), z. B. Lysias, sowie Wanderer zwischen den Parteien, z. B. Anytos. Sokrates' Gespräche mit *politischen* Akteuren haben nicht diese großen Fragen der Politik Athens, sondern *trans*politische Fragen zum Gegenstand; allerdings bedienen sie sich einer genuin politischen Praxis: Mitbürger im Mittel der Rede zu überzeugen. Weil eine solche Praxis gelernt sein will, ist eine fundamentale politische Beziehungsform (die kontinuierlich Gegenstand sokratischer Interventionen ist) die zwischen (Rhetorik-)*Lehrern* und (teils ehemaligen) *Schülern.*

Eine weitere fundamentale politische Beziehungsform ist die des *öffentlichen Gerichtsverfahrens:* An seinem Gegenstand verbinden sich die Frage der geltenden Verfassung der Stadt und die des in ihm vorherrschenden Regimes in praktischer Form. Die Gruppe der Figuren, die an dem ablaufenden Prozess der

2.5 Transhistorische Hinweise

Klärung des politischen Status quo beteiligt sind, umfasst formal Kläger, Beklagte und Richter. Wenn wir Sokrates' Beschreibung folgen (auch deren Rechtschaffenheit durch Platons Bürgschaft gedeckt ist), repräsentieren die Akteure, die diese Formen fallweise ausfüllen, die Vorstellungen bestimmter sozialer Gruppen, z. B. im Fall von Sokrates' Anklägern die der *Dichter* (Melitos), *Handwerker, Politiker* (Anytos) und *Rhetoriker* (Lykon). Sokrates richtet sich anlässlich eigener Beiträge zum öffentlichen Recht sowohl unter einer Regierung der Vielen wie unter einer der Wenigen (in den Verfahren gegen die Arginusen-Generäle bzw. gegen Leon) nicht nach der vorherrschenden Meinung, sondern nach dem, was er als rechtmäßig erkannt hat.

Ein bevorzugter Gegenstand zu Zwecken der Klärung des politischen Status quo ist das Problem des Frevels gegen die Götter (oder die Helden) der Stadt; schon bevor Sokrates selbst der Asebie angeklagt wird, ist er mit einer Reihe von Größen der (tatsächlichen oder sogenannten) *Götterschändung* im Gespräch (Alkibiades, Charmides, Erexymachos, Phaidros). Mit Blick auf die Frage des Umgangs mit den Göttern (und Helden) der Stadt stehen den Götterschändern die Größen des Kultusbetriebs gegenüber, repräsentiert in Dichtern unterschiedlicher Provenienz (Agathon, Aristophanes), Mysterienverwaltern (Kallias, Kallikles) oder (fiktiven) Trauerrednern (Sokrates). Sokrates geht es allerdings im Austausch mit den einen wie den anderen vorrangig um *trans*politische Probleme.

Abgesehen von der transpolitischen bzw. politischen Dimension von Sokrates' Gesprächen haben sie eine weitere soziale Ebene. So beherrschen seine Gesprächspartner bestimmte *Künste* (oder sind Prätendenten einer Kunst) und sind die Eigenheiten verschiedener Künste ein wiederkehrender Gesprächsgegenstand; während Sokrates z. B. die Rhetorik nicht als eigenständige Kunst gelten lässt, ist für ihn der Kunstcharakter der Handwerke eine klare Sache. Das Feld der *vor*politischen Künste repräsentiert z. B. die Figur eines Landwirts (Kriton), eines Arztes (Eryximachos) oder eines Geschäftsmanns (Kephalos). Zudem ist jeder der Akteure Teil einer *familialen Konstellation*. Neben einigen der ‚alten' Familien der Stadt (z. B. denjenigen von Alkibiades, Kallias oder Platon) stehen markante Fälle von ‚neuen', durch Geschäfte (nicht selten im Mittel der Sklavenwirtschaft) reich gewordenen Familien (Nikias, Anytos), deren Sonderfall die *Metöken*-Familie (Lysias) ist. Die Figur des *nothos* (Hermogenes) zeigt an, dass auch *Familien*zugehörigkeit eine Frage der Anerkennung ist; die des *Sklaven*, der zwar noch als Akteur kenntlich ist, aber keinen Namen trägt, markiert den Grenzfall vollständigen Anerkennungsentzugs.

Eine besondere Form der Anerkennung, die derjenigen, die ein *Bürge* leistet, ähnlich ist, ist die der *Freundschaft*. Das Spektrum dieser Beziehungsform umfasst im Fall von Sokrates ebenso die Figur des alten Freunds (Chairephon) wie die Form jungen Freundschaftskults, dessen Aktivisten (Lysis, Menexenos) noch gar nicht wissen, was sie verbindet, und das Freundschafts*spiel* (Agathons Symposium), dessen verständige Protagonisten spielerisch lernen, was sie trennt. Schließlich wollen wir festhalten, dass jedes der Gespräche, die Sokrates führt, eine Konstellation von *Generationslagen* darstellt, deren besondere Ausprägungen – so wie die Erträge von Landwirten oder Geschäftsleuten, die Stellung der Familien und der (Schein-)Künste oder die Spielarten der Freundschaft – der (trans-)politischen ‚Großwetterlage' und deren Entwicklung korrespondieren.

Dieses Bild der sozialen Ordnung ist nun allerdings ein (relativ) unbewegtes Bild: Wenn wir Sokrates' kurzgehaltener Intervention in die Vorträge des Besuchers aus Elea im Jahr seines Prozesses folgen, können wir sagen, dass es sich, da wir auf die *Entwicklung* der Verhältnisse zwischen den sozialen Figuren und in den Konstellationen, die sie bilden, bisher recht wenig achtgegeben haben, bei ihm lediglich um die sozial*geometrische* Seite der platonischen Soziologie handelt. Was hingegen in unserer Darstellung fehlt, wenn wir verstehen wollen, was der Gegenstand einer politischen Praxis ist, für die die Akademie einsteht, können wir Sokrates' dialogische Praxis nennen: das, was Zug für Zug während seiner Gespräche mit Generälen und Lehrern, Parteipolitikern und Dichtern, alten Familien und jungen Leuten passiert.

Politeia: ‚Lehre vom Lebenslauf' und soziale Praxis

3.1 Politische Hermeneutik

Um das *unbewegte* Bild der sozialen Ordnung, das wir aus unserer Analyse der Konstellationen gewonnen haben, in die Platon Sokrates einschreibt, zum Bild einer sozialen Ordnung *in Bewegung* zu vervollständigen, d. h. um über die sozial*geometrische* Seite der platonischen Soziologie hinaus ihre *praktischpolitische* Seite zu rekonstruieren, müssen wir uns nicht erst eine Apparatur ausdenken. Denn tatsächlich haben wir zum Zweck des Sammelns möglichst präziser sozialgeometrischer Informationen die Bewegungen, anhand derer Platon uns Sokrates und die diesen umlagernden sozialen Figuren vorführt, lediglich künstlich stillgestellt: Wir haben lediglich aus analytischen Gründen der ‚dramatischen' Logik, nach der Platon uns seinen exemplarischen Fall einer politischen Praxis erläutert, für die die Akademie einsteht, gegenüber einigen sozialen Sonderheiten, die die auftretenden Personen repräsentieren, wenig Aufmerksamkeit gewidmet – und es spricht nichts dagegen, nun von einem sozialgeometrisch konsolidierten Standpunkt aus diese ‚dramatische' Logik stärker in den Mittelpunkt zu rücken. Mit anderen Worten, es geht im Folgenden nicht darum, die ‚Welt' der Akademie selbst in Bewegung zu setzen, sondern ihre Bewegung anhand der Entwicklung der Dialoge, anhand der kommunikativen Züge der sie tragenden sozialen Figuren (Generälen und Lehrern, Parteileuten und Dichtern, alten Familien und jungen Leuten usw.) zu verfolgen.

Im vorangegangenen Kapitel haben wir uns mit einem sehr groben Bild der ‚dramatischen' Arbeit Platons begnügt und nur einige mehr oder weniger sporadische Hinweise gesammelt. So haben wir, wie erinnerlich, die auffällige (inner- und außerakademische) Überlieferungsgeschichte des *Parmenides*-Gesprächs des jungen Sokrates, auf die Platon seine Leser*innen aufmerksam macht, als Hinweis auf das Problem der Authentizität gelesen – aber nicht weiterverfolgt, was es z. B. bedeutet, dass das Gespräch auf einem Friedhof außerhalb der Stadtmauern stattfindet. Oder wir haben vermerkt, dass Sokrates seinem eigenen Bericht zufolge sein erstes Sophisten-Gespräch *(Protagoras)* zu dem erzieherischen Zweck führt, einem jungen, wohlhabenden Mann (Hippokrates) zu demonstrieren, was ein Sophist ist, und dass Sokrates ihn (und alle übrigen Anwesenden) schließlich wissen lässt, er sollte (bzw. sie sollten) gelernt haben, dass Sophisten gelegentlich ihre Ansichten in deren Gegenteil wenden, ohne sich um die entscheidenden Fragen zu kümmern – aber wir haben uns nicht näher mit dem Vorgang, der zu dieser Feststellung führt, beschäftigt. Wir haben festgestellt, dass Sokrates in einem der Gespräche während des Nikias-Friedens den mythoästhetischen Ambitionen des jüngeren Lysias-Anhängers Phaidros entgegenkommt, indem er ihn an einen womöglich heiligen, jedenfalls hübschen Ort geleitet – aber wir haben nicht weiter darüber nachgedacht, was es unter mythoästhetischen Gesichtspunkten bedeutet, dass er im dortigen Gespräch *seine* Lesart des Lysias-Problems (Liebe als Lebensform) mit dem Auftreten eines eigentümlichen *daimonion* in Zusammenhang bringt. Oder wir haben angezeigt, dass in dem Bericht dritter Hand, als den Platon das *Symposium* im Hause Agathons kennzeichnet, Sokrates pikanterweise dem jüngeren Komödiendichter Aristophanes begegnet, der ihn einige Jahre zuvor als einen Sophisten, der neue Götter einführt, inszeniert hatte – aber wir haben nicht untersucht, wie die Verhältnisse zwischen beiden sich im Zuge des Dialogs entwickeln. Wir haben vermerkt, dass Sokrates kurz nach der verheerenden Niederlage der Flotte Athens vor Sizilien den rhapsodischen Triumphator Ion davon abhält, sich als die bessere Variante eines Heerführers aufzuführen – aber wir haben nicht weiter darüber nachgedacht, wie dies mit dem Hang zum *enthousiasmos* zusammenhängt, zu dem im vorhergegangenen Zwiegespräch Ion sich bekannt hat. Oder wir haben darauf hingewiesen, dass in der Spätphase des Kriegs das *Euthydemos*-Gespräch dort stattfindet, wohin Sokrates sich bereits längere Zeit vorher auf den Weg gemacht hatte, als er von der neuen Jugend der Stadt aufgehalten und zum Hermes-Fest geladen wird *(Lysis)* – aber wir haben nicht nach der Verbindung der Fragen der Kunst der Freundschaft hier und der Kunst der Unterwerfung dort gesucht. Und so fort.

Die Beispiele sollen zeigen: Wenn wir anhand solcher Bewegungen in der ‚Welt' der Akademie die *praktisch-politische* Seite der platonischen Soziologie erschließen wollen – von einer historischen Sequenz zu einer anderen, einem dramatischen Ort zum folgenden; von einem Namen zum nächsten, aus einem Argument hinüber in ein sprachliches Bild; von dieser zu jener Meinung

3.1 Politische Hermeneutik

oder von dieser Überzeugung zu jener Erkenntnis; im Wechsel der Sprecher, durch Hinzutreten oder Abgang einzelner Protagonisten –, so sprechen wir von einer vergleichsweise langsam verfahrenden, manchmal etwas umständlichen, wägenden, mitunter vielleicht ‚spröde' und mitunter ‚übertrieben' erscheinenden Platon-Lektüre. Wir wollen diesen Lektüreansatz eine *politische Hermeneutik* nennen.

Diese Bezeichnung trägt einem Problem Rechnung, das wir bereits eingangs des vorangegangenen Kapitels thematisiert haben. Vor dem Hintergrund des im *Siebten Brief* ausgesprochenen Verdikts Platons gegen die Möglichkeit, in schriftlicher Form zu Philosophieren, und eingedenk all dessen, was die avanciertere Platon-Forschung über die *prinzipielle* Bedeutung seiner ungeschriebenen Ansichten herausgefunden hat, müssen wir davon ausgehen, dass wir im Zuge unserer Deutungsarbeit zwar zu Einsichten kommen mögen, die auf eine *philosophische* Praxis verweisen, die Platons Dialogen vorausliegt oder sich (seitens der Leser*innen) an ihrer Lektüre entfalten könnte – dass aber das, was wir an den Dialogen entdecken können, wir *nicht* in einem philosophischen Rahmen entdecken. Deswegen setzen wir unseren hermeneutischen Fokus statt auf die Akademie auf die ‚Bühne', auf der Sokrates und seine Gesprächspartner sich bewegen: auf die *Polis* (Athen) – und verfahren also im Sinne *politischer* Hermeneutik.

Dieser hermeneutische Fokus bedeutet allerdings nicht, dass Philosophie für unsere Untersuchung keine Rolle spielte; Philosophie ist, wie wir bereits wissen, einer der Gegenstände, die in den Dialogen behandelt werden, und die Frage, ob unter den Anwesenden Philosophen sind, birgt, wie wir sehen werden, eigene intellektuelle Potenziale jenseits dessen, was Platon solche potenziellen Philosophen sagen lässt. Sozialgeometrisch gesprochen ist also (wie auch der Untertitel unseres Buchs anzeigt) der Ort, den wir im Mittel *politischer* Hermeneutik in den Blick zu bekommen versuchen, ein Ort *zwischen* Philosophie und Politik.[1] Wir gehen von der Prämisse aus, dass wir, wenn wir diesen Ort in den Blick bekommen wollen, besser vergessen sollten, was wir schon alles über Platon gehört haben oder zu wissen meinen, und stattdessen möglichst achtsam die Wege durch die Polis mitvollziehen, die Platons Dialoge nehmen.[2] Der Philosophie begegnen

---

[1] Diese Ortsbestimmung kann, wenn wir Sokrates' kritischer Bilanz des Gesprächs mit den Martial Arts-Sophisten Euthydemos und Dionysodoros berücksichtigen, *nicht* bedeuten, dass wir die „Mitte" zwischen Politik und Philosophie aufsuchen, um zu bestimmen, wie „an beiden Anteil [zu] haben" wäre (Platon. *Euthydemos*, S. 214–217 (306b-c)).

[2] Wegen dieser Konzentration auf den Dialog ohne Prüfung des Verhältnisses von Dialoggeschehen und den ungeschriebenen Ansichten Platons trifft unsere Deutungsarbeit der gleiche Vorwurf, den Szlezák „auf dem Boden […] des ‚Tübinger Ansatzes'" gegen die

wir also niemals früher, als sie Gegenstand des Dialogs wird; aber für nichts, das früher gesagt worden ist, können wir ausschließen, dass es Bedeutung für das Auftreten der Philosophie hat.

Die Schritte des ‚Wegs durch die Polis', den ein Dialog nimmt, lassen sich immer bestimmten Dialog*figuren* zurechnen, an deren Äußerungen etwas kenntlich wird, das die Polis bewegt. Abgesehen von der *Eigen*dynamik, die diese Äußerungen (entsprechend ihrer argumentativen und rhetorischen Ausführung) entwickeln, ergibt sich die Dynamik des Dialogs[3] aus dem Wechsel der Wortführer: Mit jedem Sprecherwechsel ist die Möglichkeit verbunden, dass die Richtung des Gesprächs sich ändert, die Polis in einem anderen Licht erscheint; und auch Anwesende, die schweigen, können durch das Gesagte im Denken bewegt sein oder zu unabsehbaren Taten bewogen werden. Wenn auch das Ergebnis eines Sprecherwechsels nur wäre, dass Sprecher *A* seine Ausführungen bekräftigt durch Sprecher *B,* ansonsten aber wie begonnen weiterführt, wird trotzdem niemand die *soziale* Dynamik (‚Parteibildung') übersehen, die diese Bekräftigung transportiert.

Um die mehrdimensionale Dynamik der Dialoge Platons begrifflich abzubilden, nennen wir die Gesamtmenge der bei einem Dialog Anwesenden eine „Konstellation"; sie ist Teil einer *Gesamt*konstellation (einer „sozialen Serie"), die in der genealogische Reihe der Dialoge (von *Parmenides* bis *Phaidon*), ergänzt um die undatierbaren, Gestalt nimmt. Jedem der Anwesenden schreibt Platon (implizit) eine *Vorgeschichte* ein: Was sie zu dem zu sagen haben, was *hier* gesagt wird, reflektiert den Gehalt vorangegangener „kommunikativer Erfahrungen"; ihre Äußerungen aktualisieren die „Geltung" dieser kommunikativen Erfahrungen anlässlich der Äußerungen der übrigen Anwesenden (die ihrerseits die Geltung eigener Vorgeschichten realisieren).[4] Indem Platon diese Mehrzahl von Geltungsbedarfen als einen Sinnzusammenhang von eigener Qualität – eben

---

„esoterische' Platondeutung von [Leo] Strauss" richtet: Wie „Antiesoteriker" bleiben wir, wenn wir auch „zwischen den Zeilen" zu lesen versuchen mögen, doch beim „Text als solchen", statt die Theorie der Prinzipien angemessen zu berücksichtigen (Szlézak. *Platon,* S. 662). Dies ist jedoch nicht der Ort, diesen Vorwurf zu diskutieren.

[3] Die unterschiedlichen Ausprägungen dieser Dynamik entsprechen der formalen und stilistischen Vielfalt der Dialoge Platons; vgl. Szlézák. *Platon,* S. 120–140.

[4] Vgl. Gostmann, Peter, und Ivanova, Alexandra. 2019. Glossar zur Soziologie des Geistes. In *Soziologie des Geistes. Grundlagen und Fallstudien zur Ideengeschichte des 20. Jahrhunderts,* hrsg. Peter Gostmann und Alexandra Ivanova. Wiesbaden: Springer VS, S. 459–478, hier S. 473–474, S. 470, S. 469 und S. 467–468; Gostmann, Peter. 2019. Die Soziologie des Geistes. Systematik und Praxis. In *Soziologie des Geistes. Grundlagen und Fallstudien zur Ideengeschichte des 20. Jahrhunderts,* hrsg. Peter Gostmann und Alexandra Ivanova. Wiesbaden: Springer VS, S. 9–61.

3.1 Politische Hermeneutik

als Konstellation – zeigt, werden aus bloß Anwesenden *soziale Figuren*. An diesen interessieren wir uns im Rahmen unserer politischen Hermeneutik für die ‚Theorien', die Platon sie hegen lässt, die ‚Lehren', die sie ihren Äußerungen zufolge empfangen haben, oder die ‚Regeln', an denen sie sich orientieren wollen – und für die Entwicklung, die Platon diesen ‚Theorien', ‚Lehren', ‚Regeln' usw. mittels ‚dramatischer' Logik beschert.

Die sporadischen Hinweise, die wir beim Überblick des *Corpus Platonicum* gesammelt haben, deuten an, dass jeder einzelne Dialog einer eingehenderen Untersuchung wert ist. Das einigermaßen aufwändige Procedere, das wir *politische Hermeneutik* nennen, bringt es allerdings mit sich, dass wir uns im Rahmen dieses Buchs auf eine *exemplarische* Untersuchung der praktisch-politischen Seite der platonischen Soziologie beschränken müssen. Unsere Wahl fällt auf das *Politeia*-Gespräch: Sein Titel verweist ausdrücklich auf den Problemhorizont, den wir als maßgeblich identifiziert haben; dass es undatierbar ist, verbürgt (aus den ausgangs des vorangegangenen Kapitels genannten Gründen) zudem seine *trans*historische Dimension; gegenüber den *Nomoi,* auf die beides ebenso zutrifft (so wie auch beide Dialoge wegen ihres beträchtlichen Umfangs aus dem *Corpus* herausstechen), gerät uns im Fall *Politeia* Sokrates nicht aus dem Blick; überdies ist das Figurenensemble hier (wie z. B. auch in den Fällen *Protagoras* und *Symposium*) vergleichsweise reichhaltig. Zudem lässt ein genauer Kenner des *Corpus Platonicum* wie Szlézak keinen Zweifel, dass *Politeia* als Hauptwerk zu verstehen ist.[5]

Unter den beschriebenen Voraussetzungen *politischer Hermeneutik* kann unsere Lektüre der *Politeia* nur eine Lektüre *vom Anfang zum Ende* sein: Unsere Rekonstruktion folgt der Reihenfolge der Ereignisse, die Platon schildert. Um die Darstellung dieser Rekonstruktionsarbeit nicht ausufern zu lassen, sind allerdings hin und wieder ‚Sprünge' erforderlich, etwa um Passagen des Dialogs zusammenfassen zu können. Um sie in einem kontrollierbaren Ausmaß zu halten, folgen wir, nachdem wir, um unser Lektüreprinzip zu demonstrieren, den Beginn des Dialogs in kleinen Schritten untersucht haben, bei der weiteren Darstellung einer gröberen sequenziellen Ordnung, die sich aus dem Dialoggeschehen selbst ergibt: Jeder Wechsel der Wortführer bedeutet den Beginn einer neuen Sequenz.[6]

---

[5] Vgl. nur Szlézák. *Platon,* S. 393.

[6] Um den Beginn einer neuen Sequenz anzuzeigen, nennen wir jeweils die Namen der Wortführer in Fettdruck (**Kephalos–Sokrates**; **Sokrates–Polemarchos** usw.).

3.2 Die Ausgangskonstellation

Platon zufolge handelt es sich bei dem *Politeia*-Gespräch um Sokrates' Überlieferung; sein Verhältnis zum Text ist also das eines *Archivars:* Er dokumentiert, was Sokrates berichtet hat. Wie wir wissen, ist das Datum des Gesprächs unbestimmt; wann immer es aber stattgefunden hat, datiert jedenfalls Sokrates' Bericht einen Tag nach dem Gespräch, das er berichtet.[7] Wir erfahren nicht, wer (ob z. B. auch Platon selbst) der Adressat dieses Berichts ist. Da wir aber wissen, dass Sokrates die Stadt, abgesehen von Kriegseinsätzen, nie verlassen hat, können wir davon ausgehen, dass er seinen Bericht einem Athener Publikum gibt.

Dass Sokrates der Berichterstatter ist, erfahren die Adressat*innen der Archivalie erst nachdem der Bericht einige Etappen durchlaufen hat: Wenn wir dem Bericht folgen, so wie Platon ihn dokumentiert, begegnen wir zunächst einer namenlosen Größe („Ich"). Sie stellt sich in Aktionseinheit mit einer Person („**Glaukon**") vor, die der Berichterstatter über ihre *Herkunft* kenntlich macht („Sohn des **Ariston**"). Beide verbindet, dass sie sich auf den Weg in die Hafenviertel der Stadt („Peiraieus") machen, um dort einen Kultus zu vollziehen („die Göttin anzubeten"), den sie in seinem Vollzug zugleich mitbegründen: Anlass ist ein „Fest", dass eine nicht näher spezifizierte Gruppe („sie") *„zum ersten Mal"* begeht.[8] Die Aktionseinheit Berichterstatter–Glaukon bleibt über das Gebet hinaus intakt; beide verfolgen anschließend das Festgeschehen gemeinsam und machen sich auch gemeinsam auf den Rückweg vom Hafen in die Innenstadt.

Der Berichterstatter lässt seine Adressat*innen (das Athener Publikum) wissen, dass er schon länger die Absicht hatte, das Festgeschehen zu verfolgen; genauer habe sein Interesse der Inszenierung gegolten: „wie sie es feiern wollen". Von Glaukon, der, wie wir wissen, Platons älterer Bruder und gegenüber Sokrates der deutlich Jüngere ist, erfahren wir nichts Vergleichbares, ebenso wenig, wie wir etwas von *seinen* Eindrücken beim Fest erfahren. Dagegen erfahren wir vom Berichterstatter, dass er mit der Inszenierung (die die Form des „Aufzug[s]" hat) unter ‚ästhetischen' Gesichtspunkten einverstanden ist („schön", „vortrefflich"), wobei er beim Festgeschehen zwei *(gleichwertig gelungene)* Handlungsreihen unterscheidet, „Einheimische" (Athener) und „Thrakier".[9]

Einen Namen erhält das Fest erst einige Dialogsequenzen später; es sind die „Bendideen",[10] d. h. ein der thrakischen Göttin **Bendis** gewidmetes Fest; Bendis

---

[7] Platon. Der Staat, S. 2–3 (327a).
[8] Platon. Der Staat, S. 2–3 (327a); Hervorhebung von mir/PG.
[9] Platon. Der Staat, S. 2–3 (327a).
[10] Platon. Der Staat, S. 92–93 (354a).

3.2 Die Ausgangskonstellation

wird in Form des Kultus, den der Berichterstatter und Glaukon mitvollziehen, dem Kreis der Götter der Stadt Athen zugeführt.[11] Es handelt sich also um eine Veranstaltung *theologischer* Reform mit *trans*politischer (Athen und thrakische Gemeinwesen vermittelnder) Note. Welche Akteursgruppe *(Sie)* auch immer diese Reform auf den Weg gebracht hat: Die beiden Protagonisten tragen sie, unbesehen deren ‚ästhetischer' Inszenierung, mit. Wir können sagen: Mit ihrer Teilhabe am Kultus bestätigen sie, was die Stadt entschieden hat, genauer deren *theologische Politik*[12]. Dies ist Sokrates' *erste* politische Position, die Platon (noch bevor Sokrates' Name fällt) dokumentiert; die *zweite,* von ihr abgeleitete, ist sein Wohlgefallen an der ‚ästhetischen' Gleichwertigkeit der Beiträge Athens und Thrakiens zum neuen Kultus. Abgesehen davon, dass für den Berichterstatter solche Fragen der *politischen Ästhetik* zwar von Bedeutung, aber gegenüber der Frage der *theologischen Politik* nachrangig sind, erfahren wir nicht, welches die für ihn *vor*rangige Frage ist: warum er die Zuführung der Bendis in den Kreis der Götter der Stadt mitvollzieht.

Platons Dokumentation zufolge ist zwar die erklärte Absicht des Berichterstatters und Glaukons, vom Hafen in die Innenstadt zurückzukehren, werden sie aber von diesem Ziel abgehalten. Der erste Träger der Intervention ist ein **Sklavenjunge,**[13] der den Berichterstatter aufhält, indem er dessen „Mantel" greift. Das erste Wort, das er an den Besitzer des Mantels richtet, ist der Name seines *Herrn* („**Polemarchos**"); der Gehalt seiner ersten Aussage ist *dessen* Aufforderung, auf das eigene Erscheinen zu warten. Der Berichterstatter stellt Polemarchos wie zuvor Glaukon mit Hinweis auf dessen *Herkunft* („Sohn des **Kephalos**")

---

[11] Vgl. Rubel. *Stadt in Angst,* S. 239–242.

[12] Diesen Begriff hat, verbunden mit einer kritischen Reflexion über Carl Schmitts Begriff einer *politischen Theologie,* Christian Meier vorgeschlagen, um den für die Poleis in Sokrates' Jahrhundert typischen „Versuch" zu bezeichnen, „in der Empirie der Polis-Welt den Vollzug der göttlichen Gerechtigkeit zu suchen und von dort dann zur Konzeption rechter Polis-Ordnung vorzustoßen" (Meier, Christian. 1983. *Die Entstehung des Politischen bei den Griechen.* Frankfurt am Main: Suhrkamp, S. 229). Wenn wir die Einführung der Bendis durch die athenische Demokratie als theologisch-politischen Akt in diesem Sinn verstehen, müssen wir Meier zufolge berücksichtigen, dass dem Entstehen der Demokratie ein schleichender Wandel der „Basis des Denkens und Handelns" (von *nomos* zu *krátos*) korrespondiert: die Entfaltung eines „allgemeine[n]", aber diffusen „Könnens-Bewußtsein[s]" (dessen späterer Verlust mit dem Prozess einhergeht, den wir im vorangegangenen Kapitel als Provinzialisierung Athens beschrieben haben). Dies könnte bedeuten, dass wir die Einführung der thrakischen Bendis in den Kultus Athens als Ausdruck dieses Könnens-Bewusstseins („[R]egistrier[ung]" der *trans*politischen „Möglichkeiten" theologischer Politik) zu verstehen haben (Meier. *Entstehung des Politischen,* S. 492 und S. 497).

[13] Vgl. Schmitz. *Die griechische Gesellschaft,* S. 154–169.

vor;[14] wie wir wissen, ist sein Vater ein vor langer Zeit aus dem italischen Syrakus eingewanderter *Fabrikant* und handelt es sich im Sinne der *Verfassung* der Stadt um eine (nicht vollbürgerliche) *Metöken*-Familie.

Aus dem Bericht erfahren wir, dass Polemarchos ebenfalls von den Bendis-Festspielen kommt; in welcher Form er am Kultus teilhatte, erfahren wir nicht. Allerdings wissen wir bereits, dass Metöken allgemein nicht über die gleichen Kultus-Rechte verfügen wie Voll-Bürger;[15] also steht die Frage im Raum, ob der Herr der Intervention und Sokrates–Glaukon soeben zwar an demselben Fest, aber an zwei unterschiedlichen theologisch-politischen Ereignissen teilgenommen haben. Überdies kann das Publikum des Berichts den Eindruck gewinnen, dass Polemarchos' Sklaven keine ausgeprägten Berührungsängste gegenüber anderen Herren haben, wenn es um eine Maßgabe *ihres* Herrn geht, oder dass Sokrates nicht als Herr gilt. Der Berichterstatter und Glaukon entsprechen gemeinsam der Aufforderung des Metöken; er lässt seine Zuhörer aber wissen, dass *Glaukon* derjenige ist, der dies entscheidet, während er selbst auf die Aufforderung mit einer *Frage* geantwortet habe („wo denn er [Polemarchos] selbst wäre").[16]

Während der Sklavenjunge die Ankunft *nur* seines Herrn angekündigt hat, erscheint in der Folge eine größere Gruppe, aus der der Berichterstatter zwei namentlich hervorhebt: **Adeimantos,** den er als „Bruder des Glaukon" (d. h. weiteren Sohn Aristons, Teil des nämlichen Familienverbands) vorstellt, und **Nikeratos,** den er ebenfalls nach seiner Herkunft („Sohn des Nikias") kenntlich macht.[17] Wie erinnerlich handelt es sich im Fall Nikeratos–Nikias um eine Familie, die ihren Wohlstand der Sklavenarbeit (dem ‚Geschäftsmodell', das auch Polemarchos' Familie pflegt) in ihren Bergwerken verdankt; Nikeratos' Vater dient bekanntlich im ersten Teil des Peloponnesischen Kriegs der Stadt erfolgreich als General, leiht dem zwischenzeitlichen Frieden seinen Namen und verantwortet dann das Scheitern der sizilischen Expedition, gegen die er zuvor opponiert hat.

Mit dem ersten Wort, das dem Bericht zufolge nach dem Zusammentreffen der beiden Gruppen fällt, erfahren wir den Namen des Berichterstatters („O **Sokrates**"). Der Sprecher ist die Person, die bereits, vertreten durch einen Sklaven, den Rückweg von Sokrates–Glaukon in die Innenstadt, nachdem sie die jüngste

---

[14] Platon. Der Staat, S. 2–3 (327b).
[15] Vgl. Schmitz. *Die griechische Gesellschaft,* S. 141–154.
[16] Platon. Der Staat, S. 2–3 (327b-c).
[17] Platon. Der Staat, S. 2–3 (327c).

3.2 Die Ausgangskonstellation

(transpolitisch angelegte) theologische Reform der Stadt mitvollzogen haben, unterbrochen hat: der jüngere Metöke Polemarchos.[18]

Wenn wir die folgende Sequenz von ihrem Ende her verstehen: als Prolog des anschließenden ausufernden, en gros recht manierlichen Gesprächs in einem Haus der Metöken-Familie, bei dem zumeist Sokrates das Wort führt, so sind wir vielleicht geneigt, in dem (Vor-)Gespräch, das Sokrates hier berichtet, eine Art Spielerei zu sehen: Polemarchos überrascht Sokrates und Glaukon auf eine etwas unkonventionelle, ‚phantasievolle' Weise mit einer großzügigen Einladung zu einer Art Dinnerparty. Wenn wir stattdessen dem Bericht folgen, so wie Platon ihn dokumentiert, können wir feststellen, dass *(1)* Polemarchos das Konversationsprinzip der *Maßgabe,* das zuvor stellvertretend der Sklavenjunge repräsentierte, persönlich nicht nur bestätigt, sondern es in Form einer ‚Theorie' der Maßgabe bekräftigt: Sokrates–Glaukon sollen sich zu ihm und seinem Gefolge halten, weil das *Gesetz der größeren Zahl* („viele" gegen zwei) sie berechtigt, dies von ihnen zu fordern, und ebenso sie berechtigt, jegliches Gegenargument zu ignorieren („dass wir nicht hören werden").[19] Wir finden *(2)* im Verhältnis Sokrates/Glaukon das Muster bestätigt, dass Sokrates zwar mitträgt, was Glaukon konzediert („Wenn Du meinst [...] müssen wir wohl"), *selbst* aber nichts konzediert, sondern auf Anreden in Form von *Fragen* antwortet.[20] Wir wissen nicht, ob Glaukon, wenn er feststellt, man müsse sich wohl zur Polemarchos-Gruppe halten, einem *Patronage*-Prinzip (einer Gefolgschaftspflicht gegenüber dem älteren Bruder) folgt. Aber wir lernen, dass *(3)* aus der Polemarchos-Gruppe dieser ältere Bruder (Adeimantos) derjenige ist, der den *theologisch-politischen* Hintergrund der Intervention erläutert (ein bevorstehender „Fackelzug [...] zu Pferde, der Göttin [Bendis] zu Ehren") – dessen politisch-*ästhetische* Dimension immerhin Sokrates' Interesse findet[21] und uns also *(4)* bestätigt, dass Sokrates Fragen *dieser* Art eine gewisse (nachrangige) Bedeutung beimisst.

Über die Macht der Überzahl hinaus nennt Polemarchos, nachdem Adeimantos' Erläuterung ein gewisses Interesse bei Sokrates gefunden hat („Das ist ja neu [...] wie meinst du es?"), Sokrates–Glaukon einen weiteren Grund, sich an ihn und sein Gefolge zu halten. Dabei setzt er ein gewisses *reproduktives* Interesse voraus („Mahlzeit"); abgesehen davon ergänzt er Adeimantos'

---

[18] Platon. Der Staat, S. 4–5 (327c).
[19] Platon. Der Staat, S. 4–5 (327c).
[20] Platon. Der Staat, S. 4–5 (327c–328b).
[21] Platon. Der Staat, S. 4–5 (328a).

theologisch-politisches Argument („überdies [...] noch eine Nachtfeier"). Polemarchos hat eine klare Vorstellung von den eigenen und den Aktivitäten seines Gefolges (in das Sokrates–Glaukon bereits einbezogen sind) in der näheren Zukunft; seine Erwartung geht auf *Kommunikation* („Gespräch pflegen"), wobei der Kreis der Kommunikanten allgemein durch die *Generationslage* definiert sein soll („mit vielen jungen Leuten"), was aber im Besonderen (den keineswegs jungen) Sokrates nicht ausschließt. Polemarchos' *letztes* Wort in dieser Angelegenheit bestätigt das Konversationsprinzip der *Maßgabe* („tut ja nicht anders"/„do as I tell you").[22] Wir können zwar weiterhin nicht ausschließen, dass wir in dieser Hinsicht bloß Zeug*innen einer ‚phantasievollen' Spielerei (statt ernst gemeinter Maßgaben) werden; aber wenn dies der Fall ist, handelt es sich jedenfalls um ein *tyrannisches* Spiel. (Wir werden noch auf diesen Aspekt zurückkommen.)

Den Erfolg von Polemarchos' Intervention erweist die folgende (nun doch nicht vom Hafen in die Innenstadt führende) Bewegung im Raum, die dem Bericht zufolge in seinem Gefolge Sokrates–Glaukon unternehmen: Sie führt in eines der Häuser der Polemarchos-Familie.[23] Mit der Ankunft dort erweitert die Konstellation, die in der Folge der Intervention des Sklavenjungen sich gebildet hat, sich um fünf weitere Akteure. Sokrates' Aufzählung beginnt mit den beiden (wie wir wissen: jüngeren) „Brüder[n] des Polemarchos", **Lysias** und **Euthydemos.** Wir könnten also meinen, dass die Reihenfolge der Aufzählung der Ordnung des Oikos Rechnung trägt, zumal die nächsten drei Größen der Reihe nicht Mitglieder, sondern *Gäste* des Hausverbands sind. Der erstgenannte von diesen dreien ist **Thrasymachos,** den Sokrates über seine *Polis*-Zugehörigkeit („de[r] Chalkedonier") kenntlich macht. Der zweite ist **Charmantides,** den Sokrates über seine *Demen*-Zugehörigkeit einführt („de[r] Päanier"): Er kommt aus dem *ländlichen* der drei Bezirke, die nach der kleisthenischen Ordnung Athens gemeinsam die nach dem Heroen Pandion benannte Phyle bilden. Der dritte Gast, **Kleitophon,** ist wie Charmantides ein Bürger Athens; an ihm hebt Sokrates allerdings (wie zuvor in den Fällen der Ariston-Söhne Adeimantos und Glaukon, des Nikias-Sohns Nikeratos und der Söhne der Kephalos-Familie) seine *familiale* Herkunft hervor („Sohn des Aristonymos").[24]

---

[22] Platon. Der Staat, S. 4–5 (328a-b). Bloom, Allan. 2016. *The Republic of Plato.* Translated and with an interpretative Essay by Allan Bloom. New York: Basic Books, S. 4. Hier wie auch im Folgenden ziehe ich – ohne weitere philologische Begründung – Alan Blooms englische Übersetzung heran, wenn ich bestimmte Aspekte eines Begriffs deutlicher hervorheben möchte, als sie sich durch Friedrich Schleiermachers (von Dietrich Kurz bearbeitete) Übersetzung ins Deutsche allein zeigen würden.

[23] Platon. Der Staat, S. 4–5 (328b).

[24] Platon. Der Staat, S. 4–5 (328b).

3.2 Die Ausgangskonstellation

Als den letzten der fünf Akteure, um die die Konstellation sich nach der Ankunft im Haus erweitert, erwähnt Sokrates „des Polemarchos Vater **Kephalos**", d. h. jemanden, der, ginge es bei der Aufzählung nur um eine Oikos-Ordnung nach Familienangehörigen und Gästen, schon früher hätte Erwähnung finden müssen: Er tritt nicht einfach ‚auf der Seite' der Familie auf, sondern ist die Größe, die die Oikos-Ordnung vervollständigt. Kephalos ist zugleich die erste Person, die Sokrates verbunden mit einem Hinweis an sein Publikum auf einen persönlichen Eindruck einführt („der mir sehr alt vorkam").[25] Er repräsentiert in zwei Hinsichten einen Bruch mit dem Ordnungsgefüge, das Sokrates in den vorangegangenen Sequenzen seines Berichts entwickelt hatte.

(1.) Sokrates–Glaukon haben (unabhängig von Fragen der politischen Ästhetik) durch ihre Teilhabe am neuen Bendis-Kultus die theologische Politik bestätigt, die die Stadt entschieden hat; und Polemarchos hat zwar an einem anderen theologisch-politischen Ereignis als die beiden, aber doch am selben Fest teilgenommen und argumentiert gelegentlich (im Gefolge von Adeimantos) mit der gemeinsamen Teilhabe an den Bendideen. Dagegen Kephalos hat währenddessen „bekränzt [...] im Hofe geopfert".[26] Da wir über Form und Objekt dieses Kultus nicht mehr erfahren als den Ort, an dem er stattfindet, können wir nur sagen, dass es um einen Dienst an den *Göttern des Hauses* geht; handelt es sich beim Bendis-Kultus um ein Ereignis theologischer *Politik,* ist also Kephalos Repräsentant einer theologischen *Ökonomie.*

(2.) Polemarchos hat, gedeckt durch das Konversationsprinzip der *Maßgabe,* für sich und sein Gefolge (inklusive Sokrates–Glaukon) in der näheren Zukunft ein Gespräch *junger* Kommunikanten in Aussicht genommen. Aber das erste Gespräch, das auf Polemarchos' Prognose folgt, führt der *alte* Kephalos mit (dem keineswegs jungen) Sokrates („Gleich nun [...] begrüßte er mich") – ohne dass Polemarchos, entgegen seinem bisherigen Auftreten, interveniert oder dies etwa ‚gestatten' würde. Wenn wir Polemarchos' *Theorie der größeren Zahl* wegen des Orts, an dem er unter Verweis auf sie Sokrates–Glaukon seinem Gefolge eingemeindet hat, das *Gesetz der Straße* nennen können, so demonstriert Kephalos' Gesprächsinitiative („halte nicht nur mit diesen jungen Leuten [...] zusammen"),[27] dass der Oikos die Regeln der Straße außer Kraft setzt – auch wenn der Herr der Straße (Polemarchos) selbst (als ältester Sohn) zu den Herren des Oikos gehören mag: Sein ‚Könnens-Bewusstsein' scheint hier an eine Grenze zu stoßen.

---

[25] Platon. Der Staat, S. 4–5 (328b-c).
[26] Platon. Der Staat, S. 4–7 (328c).
[27] Platon. Der Staat, S. 6–7 (328c-d).

Kephalos–Sokrates. Das Gespräch Kephalos–Sokrates ist die einzige Sequenz in Sokrates' Bericht, während der Kephalos anwesend ist; er wird den Kreis verlassen, als einmal Polemarchos (auf eigene Initiative) den Gesprächsfaden aufgenommen hat, um „für die heiligen Dinge Sorge [zu] tragen", d. h. den unterbrochenen Dienst an den Göttern des Hauses fortzusetzen („lächelnd [...] hinaus nach dem Opfer").[28] Nach Kephalos' Abschied wird neben dem (höheren) *Alter* auch das Prinzip der *theologischen Ökonomie* in der Konstellation nicht mehr repräsentiert sein. Darüber hinaus berichtet Sokrates von keinen weiteren Ab- oder Zugängen; alle weiteren Entwicklungen der Konstellation sind also ‚interne' Angelegenheiten (die allerdings am Folgetag der Berichterstatter Sokrates und später der Archivar Platon nach außen tragen).

Gemäß Kephalos' *theologischer Ökonomie* ist jemand wie Sokrates ein „gute[r] Freund" des Hauses; solche Freundschaft kennzeichnet, dass sie ein *Recht der Seniorität* einräumt, das dem Älteren (Kephalos) gestattet, wenn er nicht mehr „genug bei Kräften" ist, den Besuch des Jüngeren, Kräftigeren (Sokrates) zwecks *gemeinsamer* „Vergnügungen" einzufordern – wobei es ausdrücklich um „Freude und Lust an Reden" gehen soll. Mit seiner Entgegnung bringt Sokrates erstmals seit dem Gefallen an der ‚ästhetischen' Gleichwertigkeit des athenischen und des thrakischen Beitrags zu den Bendideen eine *Präferenz* zum Ausdruck, die zugleich Kephalos' Freundschaftsregel bestätigt: dass er „sehr gern Gespräch mit Alten [pflege]".[29]

Mit dem Grund, den Sokrates für diese Präferenz angibt, stellt er dem Recht der *Seniorität* ein Recht des *Jüngeren* (unter der Prämisse des Älteren, gemeinsame Vergnügen im Mittel des Gesprächs zu suchen) zur Seite, das es ihm gestattet, vom älteren Kephalos Auskunft einzuholen, ob der „Weg" des Lebens „rauh und beschwerlich oder leicht und bequem" ist,[30] d. h. Auskunft, wie das, was ‚natur'gemäß kommt, von seinem (relativ nahen) Ende betrachtet zu nehmen ist. Ist eine Frage nach der ‚Natur' allgemein eine *trans*politische (nicht an bestimmte historische Gegebenheiten eines bestimmten politischen Gemeinwesens gerichtete) Frage, so können wir sagen, dass Sokrates im Rahmen seiner Freundschafts*pflicht* gegenüber Kephalos sein Freundschafts*recht* geltend macht, um die *transpolitische* Position, die dessen *theologischer Ökonomie* (in Form einer ‚Lehre vom Lebensweg') korrespondiert, in Erfahrung zu bringen. (Eine *politische* Position kann Kephalos, als Metöke, strenggenommen auch nicht vertreten.)

---

[28] Platon. Der Staat, S. 14–17 (331d).
[29] Platon. Der Staat, S. 6–7 (328c-d).
[30] Platon. Der Staat, S. 6–7 (328e).

3.2 Die Ausgangskonstellation

Kephalos' Position ist Sokrates' Bericht zufolge eine Mixtur der Lehren verschiedener „Dichter" und Helden, wobei Sokrates als erster die poetische Profession erwähnt hat, um das Wort von der „Schwelle des Alters", mit dessen Hilfe er Kephalos seine Aufforderung zur ‚Lehre vom Lebensweg' erläutert, zu autorisieren.[31] In der Folge wird Kephalos nach einer allgemeinen Anspielung auf ein „alte[s] Sprichwort" eine Äußerung des „Dichter[s] **Sophokles**" wiedergeben, deren Zeuge er war, und eine Dichtung **Pindars** zitieren; zudem bezieht er sich auf ein außenpolitisches Lehrstück des Siegers der Perserkriege, **Themistokles**.[32] Nebenbei halten wir fest, dass Kephalos seine Positionsbestimmung einleitet, indem er sie der Zeugenschaft des obersten Olympiers („beim **Zeus**") überantwortet.[33]

Das besagte „alte Sprichwort", dessen Wortlaut unklar bleibt, verwendet Kephalos, um den Einklang derjenigen Form von Vergemeinschaftung, an der er regelmäßig teilhat („einige von fast gleichem Alter zusammen"), mit einem traditionellen Wissen anzuzeigen: mit dem Wissen um die natürliche (oder als natürlich geltende) Güte der Vergemeinschaftung nach *Generationslage* – durch Teilhabe an der er und seine Altersgenossen zugleich die Güte der Tradition bestätigen. Allerdings soll es sich bei Kephalos' ‚Lehre vom Lebensweg' erklärtermaßen nicht um eine *typische* Altersweisheit bzw. um die für seine Generation typischen Weisheiten handeln. Vielmehr unterscheidet er zwischen der „Sinnesart", die er selbst kultiviert, und derjenigen der „meisten" seines Alters (in unterschiedlichen Ausprägungen). Da der Vorzug *seiner* Sinnesart nach eigenem Bekunden ist, dass er mit „des Alters Mühseligkeiten nur mäßig" belastet ist, deswegen anders als die *meisten* nicht in „Klagelieder[n]" sein Vergnügen suchen muss und auch nicht wie sie (die „nicht das Schuldige beschuldigen") die Gründe von Vergnügen und Missvergnügen verwechselt,[34] können wir sagen, dass Kephalos seine ‚Lehre vom Lebensweg' als eine alters*aristokratische* Lehre vorstellt: Seine transpolitische Position ist keine Jedermanns-Sache.

Der „Dichter **Sophokles**" ist die soziale Figur, die dem aristokratischen Charakter von Kephalos' ‚Lehre vom Lebensweg' Pate steht: Eine antihedonistische Äußerung des berühmten Tragöden, Strategen, Politikers und (Asklepios-)

---

[31] Platon. Der Staat, S. 6–7 (328e).
[32] Platon. Der Staat, S. 6–7 (329a), S. 8–9 (329b-c), S. 12–15 (331a) und S. 10–11 (329d-330a).
[33] Platon. Der Staat, S. 6–7 (329a).
[34] Platon. Der Staat, S. 6–9 (329a-d).

Kultverwalters der Stadt,[35] der zufolge „die Liebeslust" als „toller und wilder Herr" zu betrachten sei, hat ihn, wie er erzählt, unverhofft früh auf die Vorzüge einer „maßvoll[en] [...] und umgänglichen" Lebensführung aufmerksam gemacht – die sich nun in seinem relativ glücklichen Altersstand bewährt. Wenn Sokrates in seinem Bericht festhält, dass er „Freude an ihm" gehabt habe, „so wie er dieses sagte", teilt er seinen Adressat*innen mit, dass Kephalos' Präferenz für Maß und Umgänglichkeit, verstanden als tragendes Element seiner transpolitischen Position, beider Freundschaft (ob aus ‚sophokleischen' oder aus anderen Gründen) besiegelt hat.[36]

Das folgende außenpolitische Lehrstück des berühmten athenischen Strategen und Politikers **Themistokles,** der in seinen letzten Jahren Statthalter (Satrape) im Dienst der persischen Monarchie (Xerxes I.) gewesen ist,[37] ergänzt Kephalos' sophokleische ‚Lehre vom Lebensweg', nachdem Sokrates ihm (in Ausübung seines Freundschaftsrechts) eine Theorie vorgelegt hat, die die „meisten" (lediglich über deren *falsche* Praxis Kephalos bisher geredet hat) über seinen relativ glücklichen Altersstand hegen würden: Ein „großes Vermögen", nicht zuerst eine maßvoll-umgängliche Lebensführung, sei dessen Ursache.[38] Dieses große Vermögen ähnelt Kephalos' ‚Lehre vom Lebensweg' zufolge der hegemonialen Machtstellung Athens, die im Lehrstück Themistokles verkörpert, während für die unvermögende Mehrheit ein Sprecher der machtlosen Kykladen-Polis **Seriphos** steht: So wie dieser verkenne, dass weder die Hegemonie Athens noch Themistokles' Stellung in Athen ohne eine ihnen vorausliegende (und sie begleitende) „Wohlgesinn[ung]" (in Kampf und Krieg) möglich wären, so verkennt die besagte *Theorie vom Glück des großen Vermögens* die „Wohlgesinn[ung]" der *Ökonomie,* die Erwerb und Erhaltung großer Vermögen zugrunde liegt.[39] Mit anderen Worten, Kephalos ergänzt seine *alters*aristokratische Lehre von Maß und Umgänglichkeit mit Hilfe von Themistokles um eine *leistungs*aristokratische *Theorie des Erfolgs, der Wohlgesinnung verbürgt:* ‚Ehre, wem Ehre gebührt'.

---

[35] Vgl. Flashar, Hellmut. 2000. *Sophokles. Dichter im demokratischen Athen*. München: C.H. Beck.
[36] Platon. Der Staat, S. 8–9 (329b-d).
[37] Vgl. Schmidt-Hofner. *Das klassische Griechenland*, S. 35 und S. 56–69.
[38] Platon. Der Staat, S. 10–11 (329e).
[39] Platon. Der Staat, S. 10–11 (329e-330a).

3.2 Die Ausgangskonstellation

Das Zitat des thebanischen Aristokraten **Pindar**, eines Generationsgenossen von Themistokles,[40] signiert eine Ergänzung dieser *Theorie vom Erfolg, der Wohlgesinnung verbürgt*. Sie ergibt sich, weil Kephalos Sokrates konzediert, dass *sein* Erfolg nur in Maßen einer Logik des „[D]azugew[i]nnen[s]" folgt (und eher einer Logik von Verwaltung und Weitergabe eines Erbguts) und dass *er*, statt „das Geld zu lieben", ein ruhiges Gewissen anstrebt – worin er in *ökonomischer* Hinsicht von seinem Großvater sich unterscheidet, so wie umgekehrt dessen ‚reiner' Ökonomie des Erfolgs auf *politischem* Gebiet *Themistokles'* ‚reines' Leistungsprinzip entspricht.[41] Mit Pindar stellt Kephalos dieser politisch-ökonomischen Erfolgslogik der Großvätergeneration eine Lehre der Wohlgesinnung, die sich durch ein „gerecht[es] und fromm[es] [...] Leben" bewährt, entgegen. Eine *Theorie vom Glück des großen Vermögens*, die Sokrates zufolge die meisten hegen, hat im Sinne dieser Lehre immerhin für sich, dass wirklich „Reichtum [...] dem Wohlgesinnten" deren Bewährung erleichtere: Ein Reicher hat keine krummen Geschäfte nötig, kann problemlos seine Teilhabe am Kultus finanzieren und muss niemandem etwas schuldig bleiben.[42]

Kephalos' ‚Lehre vom Lebensweg', d. h. die *transpolitische* Position, die seiner *theologischen Ökonomie* korrespondiert, basiert also auf einer *Theorie des „vernünftigen" Erfolgs der Besitzenden (oder der Hegemonen) durch friedliche Koexistenz untereinander und mit den Götter.*[43] Wer zur unvermögenden Mehrheit (oder den machtloseren Poleis) gehört, kann *dieser* Theorie zufolge entweder zu werden versuchen, was die Besitzenden (bzw. Hegemonen) bereits sind, indem er (um den Preis eines ruhigen Gewissens) der Liebe zum Geld (oder zu Kampf und Krieg) mehr Raum als zuträglich lässt; oder er kann nach der „Hoffnung" sein Leben ausrichten, dass ein unvermögendes, aber frommes, dem Wohlwollen von Besitzenden und Hegemonen (und dem ‚Schicksal') anvertrautes Leben à la longue schon noch seinen „Nutzen" erweisen wird.[44]

Sokrates berichtet *nicht* (wie vorher mit Blick auf Kephalos' ‚sophokleische' Präferenz für eine maßvoll-umgängliche Lebensführung), dass ihm die ‚themistokleisch-pindarische' Theorie des vernünftigen Erfolgs Freude bereitet hätte. Allerdings akzeptiert er dem Bericht zufolge (vielleicht in Ausübung eines

---

[40] Vgl. Robbins, Emmet. 1997. Pindar. In *A Companion to the Greek Lyric Poets*, hrsg. Douglas E. Gerber. Leiden, New York, Köln: Brill, S. 253–277. Vgl. überdies Meier. *Entstehung des Politischen*, S. 77–78.
[41] Platon. Der Staat, S. 10–13 (330a-e).
[42] Platon. Der Staat, S. 12–15 (331a-b).
[43] Platon. Der Staat, S. 14–15 (331b); Hervorhebung von mir/PG.
[44] Platon. Der Staat, S. 14–15 (331b).

Freundschaftsdienstes) Kephalos' Prämisse, bezieht sich nämlich auf die Gruppe der Leistungsaristokraten (Besitzende und Krieger), um als nächstes die Regeln der „Gerechtigkeit", die innerhalb dieser Gruppe gelten sollten, in Erfahrung zu bringen: ob Fälle oder Situationen denkbar sind, wo gemäß Kephalos' theologischer Ökonomie aus Gründen der Billigkeit eine Schuld- oder Waffenpflicht (trotz ausreichenden Besitzes) *nicht* erfüllt oder eine „Wahrheit" (obwohl bekannt) *verborgen* werden sollte. Von Kephalos erfährt Sokrates lediglich noch, *dass* solche Fälle oder Situationen denkbar sind; denn hier antwortet *Polemarchos* für Kephalos – worauf dieser sich umgehend (um „für die heiligen Dinge Sorge [zu] tragen") zurückzieht.[45]

Polemarchos' letztes Wort, das Sokrates bis hierher berichtet hat, war noch auf der Straße die Bestätigung des Konversationsprinzips der *Maßgabe* (‚tut ja nicht anders'/‚do as I tell you'), das Kephalos durch Regeln des Oikos ersetzt hat. Gegenstand seiner Intervention ist nun der Dichter Simonides, den er als Vertreter einer Lehre avisiert, die die Frage des Verhältnisses von Gerechtigkeit und Billigkeit, auf die Kephalos und Sokrates ihr Freundschaftsgespräch geführt hat, klären könne.[46] Die *letzte* Sequenz dieses Freundschaftsgesprächs dokumentiert beider Übereinkunft, dass Polemarchos der „Erbe" seines Vaters sein möge.[47] Mit Blick auf den Besitz der Familie antizipiert diese Übereinkunft, dass einmal Polemarchos' an die Stelle von Kephalos' (theologischer) *Ökonomie* getreten sein wird – und so womöglich eine andere an die Stelle von dessen ‚Lehre vom Lebensweg'. Es ist also sicher nicht falsch, wenn wir uns an dieser Stelle daran erinnern, dass wir Polemarchos bisher als Vertreter des *Gesetzes der Straße* kennen, das auf der *Macht der Überzahl* basiert.

Mit Blick auf die Situation des Oikos drückt die Übereinkunft von Kephalos und Sokrates die Erwartung aus, dass auch das weitere Gespräch Sokrates–Polemarchos eine *freundschaftliche* Angelegenheit sein soll. Für die Kontinuität dieser ökonomischen Form im Verhältnis zwischen Gastgeber und Gast auch nach Kephalos' Abgang spricht immerhin, dass die Referenzgröße für Polemarchos' Intervention sich nahtlos in die Reihe der Autoritäten einfügt, die für Kephalos' theologische Ökonomie bürgen: **Simonides** von der Kykladen-Polis Keos gehörte wie Pindar zum Gelehrtenzirkel, den zeitweilig **Hieron I.**, ein Tyrann in Syrakus,

---

[45] Platon. Der Staat, S. 14–15 (331c-d).
[46] Platon. Der Staat, S. 14–15 (331d).
[47] Platon. Der Staat, S. 16–17 (331d).

an seinem Hof unterhielt (so wie fast 100 Jahre später Platon Gast zweier sizilischer Tyrannen ist) und war während seiner Athener Jahre mit Themistokles befreundet.[48]

3.3 Die Thrasymachos-Krise

Da, wie wir bereits festgestellt haben, nach Kephalos' Abgang (mit dem neben dem *Alter* auch das Prinzip der *theologischen Ökonomie* in der Konstellation nicht mehr repräsentiert ist) die Zusammensetzung der Konstellation konstant bleibt (und also alle weiteren Entwicklungen ‚internen' Vorgängen geschuldet sind), wollen wir uns an dieser Stelle noch einmal alle bei den weiteren Vorgängen Anwesenden in Erinnerung rufen.

Außer *(1)* Kephalos' erklärtem Erben Polemarchos und *(2)* Sokrates sind die beiden jüngeren *Söhne* des Hauses, *(3)* Lysias und *(4)* Euthydemos, anwesend. Von keinem von beiden wird in dem Bericht der folgenden Ereignisse (so wenig wie bis hierher) ein Wort überliefert; sie repräsentieren also den Typus des jungen Zuhörers. Allerdings wollen wir nicht vergessen, dass junge Zuhörer älter werden: Nicht für Sokrates, aber für Platon, den Archivar dessen Berichts (wie für seine Zuhörer und Leserinnen), ist Lysias ein einflussreicher politischer Redner der Jahrzehnte vor der Gründung der Akademie.[49] Deswegen spielt zwar Lysias so wie sein Bruder Euthydemos in der folgenden Untersuchung keine Rolle; aber wir wollen uns die Möglichkeit nicht entgehen lassen, im Anschluss an sie im Licht ihrer Ergebnisse einen Blick auf die Hinterlassenschaften des Redners Lysias zu werfen. Zu den Genannten kommt eine unbestimmte Zahl von Gästen, von denen uns verschiedene (die womöglich bereits das Gros der Anwesenden bilden) namentlich bekannt sind. Bei zweien von ihnen, *(5)* Adeimantos und *(6)* Glaukon, handelt es sich um ältere Brüder Platons. Gerade gegensätzlich zur reinen Zuhörerschaft des anderen anwesenden Brüderpaars (Lysias und Euthydemos) haben Adeimantos und Glaukon im Folgenden nach Sokrates die größten Redeanteile. Wir wollen über diese Gemeinsamkeiten nicht vergessen, dass Glaukon die Bendideen mit Sokrates, dagegen Adeimantos im Gefolge von Polemarchos besucht hat; wir können sie also nicht ohne weiteres als ‚zwei vom gleichen Schlag' behandeln. Aus Polemarchos' Gefolge kennen wir überdies *(7)* Nikeratos, den Sohn des Generals Nikias. Dazu kommen drei weitere Gäste des

---

[48] Vgl. Robbins, Emmet. 1997. Simonides. In *A Companion to the Greek Lyric Poets*, hrsg. Douglas E. Gerber. Leiden, New York, Köln: Brill, S. 243–252.

[49] Nails. *The People of Plato*, S. 190–194.

Hauses, *(8)* Thrasymachos aus der Polis Chalkedon, *(9)* Charmantides aus der Deme Paiania und *(10)* Kleitophon, Sohn eines Aristonymos. Während Sokrates vom Mann vom Land und vom Generalssohn (wie von Lysias und Euthydemos) kein Wort überliefert, wird Kleitophon sich in der Folge ein einziges Mal äußern, indem er sich Thrasymachos beigesellt,[50] der im (deutlich kürzeren) ersten der beiden Teile des Berichts über die Ereignisse nach Kephalos' Abgang Sokrates' Hauptgesprächspartner ist.

Sokrates–Polemarchos. Dem Prinzip der Erbschaft entsprechend beginnt das Gespräch, bevor es zu Thrasymachos' Angelegenheit wird, mit Polemarchos' *(,simonidesianischer')* Antwort auf die Frage des Verhältnis von Gerechtigkeit und Billigkeit, die Sokrates zuerst seinem Vater vorgelegt hatte. Wir wollen festhalten, dass Polemarchos seine Positionsbestimmung, wie zuvor Kephalos, der Zeugenschaft des obersten Olympiers („beim Zeus") anheimstellt und Sokrates diesen olympischen Bezug bestätigt.[51]

Das *erste* Ergebnis der Sokrates-Polemarchos-Sequenz (dessen Eingeständnis Polemarchos mit einem weiteren Zeus-Anruf begleitet) ist, dass Kephalos' Erbe über *keinen* klaren Begriff des Verhältnisses von Gerechtigkeit und Billigkeit verfügt („weiß selbst nicht mehr, was ich sagte"). Der Anlass des Eingeständnisses ist, dass er *andernfalls* eingestehen müsste, im Rahmen seines *Simonidesianismus* nicht zwischen den Figuren des „*Gerechte[n]*" und des „*Listige[n]*" unterscheiden zu können – was anscheinend für ihn die schlechtere Alternative wäre. Was übrig bleibt, ist die ‚intuitive' Regel, mit deren Formulierung Polemarchos bereits seine simonidesianischen Erläuterungen begonnen hatte: Mit „Freund[en]" ist anders als mit „Feind[en]" zu verfahren, damit jeweils von einer *gerechten* Praxis die Rede sein kann.[52]

Das *zweite* Ergebnis der Sokrates–Polemarchos-Sequenz ist Polemarchos' Eingeständnis, dass auf Grundlage des ‚intuitiv' eingeführten Gegensatzpaars *Freund–Feind* eine Klärung des Verhältnisses von Gerechtigkeit und Billigkeit *nicht* möglich ist.[53] Damit sind Sokrates und Polemarchos wieder an dem Punkt angelangt, an dem Polemarchos an Kephalos' Stelle getreten war. Nebenbei halten wir fest, dass Sokrates zu Zwecken der Demonstration, die erst zu Polemarchos' Eingeständnis seines Unwissens und dann zur Degradierung des *Freund-Feind-*Gegensatzes führt, auf eine Reihe von Akteursgruppen zu sprechen kommt, von

---

[50] Platon. Der Staat, S. 44–45 (340a-b).
[51] Platon. Der Staat, S. 16–17 (332a) und S. 18–19 (332c).
[52] Platon. Der Staat, S. 24–27 (334a-b) und S. 16–17 (332a); Hervorhebung von mir/PG.
[53] Platon. Der Staat, S. 30–31 (335e).

3.3 Die Thrasymachos-Krise

denen, wie sich zeigt, beide (ohne sich darüber verständigen zu müssen) voraussetzen, ihre Praxis verlaufe *jenseits* von Freund und Feind. Es handelt sich um Vertreter bestimmter *Künste* bzw. *Professionen:* Mediziner und Köche, Nautiker, Landwirte, Gerber, Architekten, Musiker, Winzer, Tierzüchter, Zimmerleute, Sportler.[54] Fragen von Freund und Feind sind unter dem Gesichtspunkt der Profession eine exklusive Angelegenheit von Kriegern, Wächtern, Diplomaten und Brettspielern.[55] Weitere Demonstrationsobjekte jenseits von Freund und Feind sind Zuchttiere („Pferde" und „Hunde").[56]

Sokrates' Bericht zufolge ist sein erstes Anliegen, als der Ausgangspunkt des Gesprächs wieder erreicht ist, den *anderen* Aspekt der anstehenden Theorie der Billigkeit, den er bereits Kephalos genannt hatte (neben dem der *Schuldigkeit,* allein dem Polemarchos' Simonidesiade gegolten hat), wieder ins Gespräch zu bringen: denjenigen der *Wahrheit,* die womöglich, obwohl bekannt, je nach Gegenüber oder Situation gerechtigkeitshalber verborgen werden möchte. Nachdem Polemarchos sich seinem Urteil unterworfen hat („Auf alle Weise dünkst du mich recht zu reden"), statuiert Sokrates, dass, wer Fragen der *Gerechtigkeit* mit Fragen von *Freund und Feind* vermenge, „nicht *weise*" heißen könne, „denn er hat nicht *Wahres* gesagt". Sokrates unterscheidet dabei nicht zwischen Leuten, die die Wahrheit (wie nämlich das Verhältnis von Gerechtigkeit und Billigkeit sich bestimmen ließe) *eigentlich* kennen und sie bloß hinter einem „Spruch" über Freund und Feind verbergen, und anderen Leuten, die von einer Freund-Feind-Bestimmung ausgehen, weil sie die Wahrheit *nicht* kennen: Entscheidend ist, dass all diese Leute Regeln der Gerechtigkeit verbreiten, die mit Gerechtigkeit nichts zu tun haben.[57]

Weiterhin statuiert Sokrates seinem Bericht zufolge, dass eine nachweislich falsche Regel (wie die von Polemarchos dem Dichter Simonides zugeschriebene) *nicht* einem aus der (transpolitischen) Gruppe der „weisen und gepriesenen Männer" zugeschrieben werden kann (zu der **Bias** zählen soll, ein aus der kleinasiatischen Polis **Priene** stammender politischer Berater und Diplomat einer früheren Epoche,[58] ebenso wie **Pittakos**, Richter und Gesetzgeber in **Mytilene** auf der Ägäisinsel Lesbos in einer noch früheren Epoche[59]) – woraus folgt,

---

[54] Platon. Der Staat, S. 18–23 (332 c-333d) und S. 30–31 (335c).
[55] Platon. Der Staat, S. 20–21 (332e und 333b) und S. 24–25 (333e-334a).
[56] Platon. Der Staat, S. 28–29 (335b).
[57] Platon. Der Staat, S. 30–33 (335e und 336a); Hervorhebung von mir/PG.
[58] Vgl. Snell, Bruno. Hrsg. 1971. *Leben und Meinungen der Sieben Weisen.* München: Heimeran, S. 24–27.
[59] Vgl. Snell. *Leben und Meinungen der Sieben Weisen,* S. 20–23.

dass Simonides, da er ebenfalls Teil dieser Gruppe ist, *nicht* für eine Regel verantwortlich sein kann, die Gerechtigkeit nach Freund und Feind bemisst.[60]

Dem Typus des *Weisen und Gepriesenen* kontrastiert Sokrates den Typus des *Reichen und sich vielmögend Dünkenden* („who has a high opinion of what he can do");[61] als exemplarische Fälle für diese (ebenfalls transpolitische) Gruppe nennt er: **Periandros,** Tyrann in Korinth in Pittakos' Epoche;[62] den makedonischen König **Perdikkas II.**, der im Zuge des Peloponnesischen Kriegs wechselweise Bündnisverpflichtungen gegenüber Athen oder Sparta verletzt hat;[63] den Großkönig **Xerxes,** Athens Feind im Perserkrieg;[64] und **Ismenias,** einen thebanischen Politiker – der zu einem Zeitpunkt *nach* diesem Gespräch, während der *Herrschaft der Dreißig,* Gastgeber athenischer Flüchtlinge sein wird.[65] Jedem von ihnen „meint" Sokrates eine Vermengung von Fragen der Gerechtigkeit mit Fragen von Freund und Feind zutrauen zu können.[66]

Polemarchos, der sich Sokrates' Urteilen bereits providenziell unterworfen hat, nimmt dessen Typologie zum Anlass, ihm seine „[B]ereit[schaft], mich dir beizugesellen zum Streit" anzutragen – *ohne* dass Sokrates ihn (wie seine intransigente Gesprächsführung bis hierher erwarten ließe) wissen lässt, dass er auf diese Weise doch wieder nur seiner ‚intuitiven' Neigung zur Freund-Feind-Bestimmung nachgegeben hat.[67] Wegen der Wahrheit, die Sokrates auf diese Weise verbirgt, können wir (bis auf weiteres) sagen, dass es seine Berechtigung hat, wenn Thrasymachos an dieser Stelle interveniert und das Gespräch zu seiner Angelegenheit macht: Berechtigt wäre er jedenfalls, wenn er Sokrates wegen der Frage eines Missbrauchs seines Freundschaftsrechts (als Verräter an Kephalos' Erbe) anginge, z. B. unter Hinweis darauf, dass er, während er Polemarchos für seine ‚Partei' akquiriert, ihm zwar *listig,* deswegen aber noch nicht *gerecht* begegnet.

Thrasymachos–Sokrates. Tatsächlich markiert Thrasymachos, dass Grund seiner Intervention das Kommunikationsregime, das zu Polemarchos' Unterwerfung geführt hat, ist („leere[s] Geschwätz"; „schmiegt und biegt [euch] einer vor dem anderen"; „frage nicht nur [...] sondern antworte auch selbst [...] deutlich und genau"). Für sich reklamiert er die Position eines *Schiedsrichters,* der rhetorisch

---

[60] Platon. Der Staat, S. 32–33 (335e).
[61] Platon. Der Staat, S. 32–33 (336a). Bloom. *The Republic of Plato,* S. 13.
[62] Vgl. Schmitz. *Die griechische Gesellschaft,* S. 76–79.
[63] Vgl. Will. *Athen oder Sparta,* S. 111–112, S. 119, S. 142 und S. 147.
[64] Vgl. Schmidt-Hofner. *Das klassische Griechenland,* S. 52–67 und S. 74–78.
[65] Vgl. Nails. *The People of Plato,* S. 339.
[66] Platon. Der Staat, S. 32–33 (336a).
[67] Platon. Der Staat, S. 32–33 (335e-336a).

verschleierte Überwältigungsversuche „nicht gelten lassen" werde.[68] In seinem Bericht der Thrasymachos-Intervention hebt Sokrates die eigene affektuelle Reaktion („Schreck", „[V]erzag[en]", „Furcht") auf Thrasymachos' Auftritt („wie ein wildes Tier") so vielsagend hervor,[69] dass dessen Zeugen und Leserinnen dies für Ironie halten könnten – ein Eindruck, der in Sokrates' ‚souveränem' Sieg über Thrasymachos im folgenden Rededuell eine Bestätigung zu finden scheint. Darüber sollten wir aber nicht vergessen, dass Sokrates tatsächlich gute Gründe hat, sich über Thrasymachos' Schiedsrichterschaft zu beunruhigen – die die gleichen Gründe sind, derentwegen wir Thrasymachos berechtigt genannt haben, das Gespräch zu seiner Angelegenheit zu machen: Wenn er die Wahrheit über Sokrates' ‚listige' Behandlung von Polemarchos kennen sollte und sie den Anwesenden nicht vorenthalten will, ist, zumal angesichts der Vorgeschichte auf der Straße, keineswegs auszuschließen, dass der Oikos sich gegen Sokrates wendet.

Sokrates' Bericht zufolge wird schnell deutlich, dass Thrasymachos *nicht* wegen eines Verrats an Kephalos' Erbe oder aus vergleichbar guten Gründen interveniert hat: Obwohl ihm die Eigenheiten und Vorteile von Sokrates' (sich in der Position des Fragenden verschanzender) Gesprächsführung vertraut zu sein schienen, habe nicht dieses Wissen *seine* Gesprächsführung bestimmt, sondern die „große Lust zu reden, um sich Beifall zu erwerben", und ein „[G]laub[e], eine gar schöne Antwort zu haben".[70] Abgesehen vom Hinweis auf Thrasymachos' Eitelkeit enthält Sokrates Bemerkung eine Andeutung, dass Thrasymachos sich als Repräsentant *nur* einer *politischen Ästhetik* erweisen wird: Wenn er nicht an *wahre,* sondern an *schöne* Antworten glaubt, so zeigt dies, dass er bloß mit Problemen beschäftigt ist, die, wie wir wissen, für den Berichterstatter selbst zwar von Bedeutung, aber z. B. gegenüber Fragen der *theologischen Politik* nachrangig sind. Zugleich steht die Frage des Verhältnisses von Thrasymachos' und Sokrates' eigener politisch-ästhetischer Position *(Wohlgefallen an der Gleichwertigkeit)* im Raum. Thrasymachos' Antwort auf die Frage des Verhältnisses von Gerechtigkeit und Billigkeit ist *nicht* durch Dichter, Helden oder berühmte Weise autorisiert, sondern durch den Redner selbst („Ich nämlich behaupte"). Seine Regel lautet, dass immer dann von einer *gerechten* Praxis die Rede sein kann, wenn sie „dem Stärkeren [z]uträglich[]" ist.[71]

Beim folgenden (zweiten) Teil des Thrasymachos-Sokrates-Gesprächs (in das Glaukon, Polemarchos und Kleitophon sich punktuell einbringen) lassen sich

---

[68] Platon. Der Staat, S. 32–35 (336c-d).
[69] Platon. Der Staat, S. 32–33 (336b und 336d).
[70] Platon. Der Staat, S. 38–39 (338a).
[71] Platon. Der Staat, S. 38–39 (338c).

fünf Stadien, die jeweils durch Übergangsszenen vermittelt sind, unterscheiden. Am Ende des *ersten* Stadiums, das mit dem Aufstellen der Regel einsetzt, dass *Gerechtigkeit* nach der *Stärke* (bzw. Schwäche) der Beteiligten zu bemessen ist, hat Thrasymachos das allgemeine Prinzip formuliert, aus dem die Regel sich ableiten soll; die sozialen Größen, die dieser Formulierung Pate stehen, sind „*Regent[en]*" und „*Regierte*"; Sokrates' Bericht zufolge ist Thrasymachos das Formulieren dieses Prinzips Anlass zu einer Geste des Triumphs.[72]

Glaukon, den Sokrates im Übergang vom ersten zum zweiten Teil des Thrasymachos-Gesprächs erstmals seit der gemeinsamen Einvernahme durch Polemarchos nach dem *Gesetz der Straße* wieder zu Wort kommen lässt, kennzeichnet der Bericht als Sprecher der Gruppe der *Bürgen* des folgenden Geschehens: Dessen formale Basis ist, dass Thrasymachos Sokrates eine *Lehre* erteilen will, für die dieser ihm „*Geld*" schuldig sein müsste; Glaukon als Sprecher der (reichlich und fraglos) *Besitzenden* unter den Anwesenden (zu denen anscheinend alle Beobachter der Lehrstunde zählen, aber nicht der Hoplit Sokrates) beglaubigt, *dass* Thrasymachos diese Schuld beglichen werden wird („wir alle wollen dem Sokrates zuschießen").[73]

Mit Thrasymachos' Versuch der Begründung seiner Regel, wonach *Gerechtigkeit* nach der *Stärke* (bzw. Schwäche) der Beteiligten zu bemessen ist, nimmt das Gespräch eine fundamentale Wendung, die allerdings zu diesem Zeitpunkt kaum abzusehen ist und erst der weitere Verlauf erweisen wird: Seine exemplarische Referenz für die Bestimmung der *Starken* und dessen, was für Starke etwas *Zuträgliches* ist, sind *Poleis* – und die Frage des Verhältnisses von Gerechtigkeit und Polis wird in der Folge die Fragen der *(theologischen) Ökonomie*, der ihr korrespondierenden *trans*politischen Position und der allgemeinen ‚*Lehre vom Lebensweg*' überlagern. In Thrasymachos' ‚schöner' politischer Theorie sind als Figurationen von ‚Stärke' bzw. ‚Schwäche' die maßgeblichen Größen „Regierende" und „Regierte" – jenseits der Frage, ob die Regierung „tyrannisch", „demokratisch" oder „aristokratisch" ausgeübt wird.[74]

Sokrates' Bericht zufolge meldet sich im Zuge der Diskussion der Grundlagen von Thrasymachos' Theorie **Polemarchos** noch einmal zu Wort, wobei sich nur bestätigt, dass er sich (wiederum „beim Zeus" bekräftigt) zum ‚Team' Sokrates hält. **Kleitophon,** der Polemarchos direkt entgegnet (und so zugleich sich als Teil eines ‚Team' Thrasymachos kenntlich macht), tut dies als Vertreter einer Regel, der zufolge *gerecht* (d. h. im Interesse der ‚Starken') ist, was die Starken für

---

[72] Platon. Der Staat, S. 48–49 (341b-c); Hervorhebung von mir/PG.
[73] Platon. Der Staat, S. 36–39 (337d-338a); Hervorhebung von mir/PG.
[74] Platon. Der Staat, S. 40–41 (338d-e).

3.3 Die Thrasymachos-Krise

gerecht (im Sinne ihres Interesses) „*h[a]lte[n]*" – auch wenn sich später einmal erweisen möchte, dass es *nicht* in ihrem Interesse gewesen ist.[75]

Thrasymachos hat Sokrates' Bericht nach an Kleitophons ‚relativistischer' Unterstützung kein Interesse, sondern formuliert das gegenläufige allgemeine Prinzip, aus dem die Regel sich ableiten soll, der zufolge *Gerechtigkeit* nach *Stärke* (bzw. Schwäche) der Beteiligten zu bemessen ist: „daß der Regent, insofern er Regent ist, nicht fehlt, und wenn er nicht fehlt, das für ihn selbst Beste festsetzt. Und dieses hat der Regierte dann zu tun". Wir können dies das *Souveränitäts*-Prinzip nennen. Ihm korrespondiert eine Theorie, der zufolge nur im Fall der „*Meister[schaft]*" (ob der eines „Arzt[es], „Rechenmeister[s]", „Sprachmeister[s]" oder eines „Herrscher[s]") von ‚echter' Kunst die Rede sein kann;[76] Sokrates' Bericht zeigt Thrasymachos also als Vertreter eines *rigorosen Professionalismus*, dem im Bereich der *Regierungs*kunst eine rigorose *Politik des Eigeninteresses* (bzw. des Interesses der eigenen Gruppe) entspricht.

Wir wollen festhalten, dass die Frage der *Professionen,* die zuvor zwischen Sokrates und Polemarchos (abgesehen von besonderen Fällen wie Kriegern oder Wächtern) als eine Frage *jenseits von Freund und Feind* behandelt wurde, nach Thrasymachos' Lehre auf den Gegensatz von ‚großen Einzelnen' (*Meistern*) und der Masse der *Laien* verweist. Nebenbei bemerken wir, dass Thrasymachos, erklärtermaßen Protagonist eines *geldwerten* Lehrakts, es sich durch seine *Lehre von der Unfehlbarkeit wirklicher (Sprach-)Meister* nicht besonders leicht macht, mögliche *eigene* Fehlgänge zu identifizieren und zu korrigieren, geschweige sie kommunikativ abzubilden (schon, weil dies sein Geschäft konterkarieren würde).

Am Ende des *zweiten* Stadiums des Thrasymachos-Gesprächs, an dessen Beginn Sokrates (als Reaktion auf die vorangegangene Triumphgeste seines ‚Lehrers') einen rigorosen Wechsel des Kommunikationsregimes ankündigt („Genug […] von dergleichen"), hat sich nach seinem Bericht vom Folgetag Thrasymachos' „Erklärung des Gerechten in das Gegenteil umgesetzt"; d. h. die Schwächen seines Vorschlags zu einer Theorie der Billigkeit in Form der Verbindung von *Souveränitäts-Prinzip* und *rigorosem Professionalismus* liegen deutlich zutage.[77] Der Wechsel des Kommunikationsregimes wirkt sich in einer *professionstheoretischen Klärung* aus: Wirkliche Meisterschaft, insistiert Sokrates, bewährt sich durch die Güte der Dienstleistung, die der *Kundige* einem *Klienten* erweist (und wird auf diese Weise geldwert); zuträglich ist also dem wahren Meister, wenn seine Dienste – mag er sie auch wie ein ‚Regent' ausüben – dem Klienten

---

[75] Platon. Der Staat, S. 44–45 (340a-b); Hervorhebung von mir/PG.
[76] Platon. Der Staat, S. 46–47 (340c-341a); Hervorhebung von mir/PG.
[77] Platon. Der Staat, S. 48–49 (341c) und S. 54–55 (343a).

(‚Regierten') zuträglich sind.[78] Auf die Frage der Meisterschaft des ‚echten' (politischen) Regenten angewandt bedeutet dies, dass das *Souveränitäts*-Prinzip vom Prinzip der *Kritik* (seitens der Regierten oder ihrer Fürsprecher) systematisch nicht zu trennen ist: Man kann, mit anderen Worten, nicht mit rigorosem Professionalismus eine Theorie der Billigkeit begründen, weil unter professionellen Gesichtspunkten das Interesse der ‚Starken' (Meister) mit den Ansprüchen der ‚Schwachen' (Laien) zusammenhängt.

Das (*dritte*) Folgestadium beginnt damit, dass Thrasymachos neue soziale Figuren (mittels der Metapher von „Hirte" und „Schafe[n]" bzw. „Rinder[n]") einführt, die Sokrates' (dessen Bericht zufolge *stillen*) professionstheoretischen Triumph als Ergebnis eines Mangels ‚echten' politischen Wissens, d. h. als einen *falschen* Sieg entlarven sollen. An seinem Ende hat Thrasymachos den *Tyrannen* („welcher im Großen zu übervorteilen versteht") als die höchste Form ‚echter' politischer Praxis identifiziert und will das Treffen verlassen, d. h. betrachtet mit der Offenbarung dieser fundamentalen Erkenntnis den Lehrakt für beendet.[79] Die Regel, die Thrasymachos' ‚echtes' politisches Wissen auf den Punkt bringt, lautet, „daß der Gerechte überall schlechter daran ist als der Ungerechte".[80] *Stark* ist demzufolge niemand kraft bloßer Profession, sondern ist jemand, der rigoros „das [sich] selbst Vorteilhafte und Zuträgliche" zum Maßstab zu machen versteht; er *regiert* diejenigen, die (wie aktuell der ‚kindische' Sokrates) „[e]infältig[] […] [G]erecht[igkeit]" und „[D]ien[st]" an anderen verwechseln. Dies gilt im Kleinen für „Tempelräuber", „Seelenverkäufer", „Räuber" und „Betrüger" (sofern sie mit ihren Tricks durchkommen) und erreicht den Status der Meisterschaft auf dem politischen Gebiet, wo man ein solches Regime der Ungerechten, zu dem die einfältigen Gerechten auf ihre Weise beitragen, eine „Tyrannei" nennt.[81] Wenn wir an die Gruppe derjenigen denken (Periandros, Perdikkas II., Xerxes und Ismenias), die Sokrates unmittelbar vor Thrasymachos' Intervention in das Polemarchos-Gespräch dem Typus des *Reichen und sich vielmögend Dünkenden* subsumiert hatte (dem der Typus des ‚echten' Weisen gegenüberstehen soll), so können wir sagen, dass aus Thrasymachos' Regel folgt, dass dies im Gegenteil Fälle ‚echter' politischer Meisterschaft sind.

Das *vierte* Gesprächsstadium beginnt mit einer allgemeinen Intervention der „Anwesenden" gegen Thrasymachos' geplanten Abgang, die ihm im Besonderen Sokrates mit der Ernsthaftigkeit des Problems erklärt, das er aufgeworfen

---

[78] Platon. Der Staat, S. 52–55 (342c-e).
[79] Platon. Der Staat, S. 54–55 (343a-b) und S. 56–59 (344a und 344d).
[80] Platon. Der Staat, S. 56–57 (343d) und S. 58–59 (344c).
[81] Platon. Der Staat, S. 56–57 (344a-b).

3.3 Die Thrasymachos-Krise

hat: Es geht mit seiner *Theorie von der Gerechtigkeit ungerechter Regierungen* (wieder) um die Frage der rechten *Lehre vom Lebensweg*.[82] Abgesehen von diesem sachlichen Grund weist Sokrates Thrasymachos auf das (erworbene) Recht des *Schülers* gegenüber dem *Lehrer* hin: Von einem gelungenen (und deshalb geldwerten) Lehrakt kann nicht die Rede sein, solange er nicht dessen „Wissen" sich zu eigen machen konnte.[83] Sokrates' Bericht lässt sich zudem entnehmen, dass er, um Thrasymachos zum Bleiben zu bewegen, eine Variation des (uns in der ‚reinen' Form von Polemarchos bekannten) *Gesetzes der größeren Zahl* verwendet: Er statuiert ad hoc eine Partei derjenigen („wir"), die „die Gerechtigkeit höher halten als die Ungerechtigkeit",[84] d. h. sich (noch) *nicht* das Wissen des Meisters Thrasymachos zu eigen gemacht haben; und da *keiner* der Anwesenden (die bereits zuvor *alle* gegen Thrasymachos' Abgang interveniert haben) diesem Satz (einem Bekenntnis zu Kephalos',Lehre vom Lebensweg') widerspricht, verließe Thrasymachos, wenn er an dieser Stelle ginge, nicht nur einen Oikos, dessen Gesetzen er widersprochen hat, sondern überdies einen Kreis von Zeugen seiner mangelnden (Sprach-)Meisterschaft – die allesamt, abgesehen vom Hopliten Sokrates, den Kreisen der Besitzenden angehören. Während z. B. im Fall von Polemarchos nicht weiter auffällig ist, dass er seiner Einvernahme in die Partei der Gerechtigkeit nicht widerspricht, fällt auf, dass Kleitophon, den der Bericht zuvor als eine Art ‚relativistischen' Thrasymachen gezeichnet hatte, sich nun *nicht* mit Thrasymachos' ‚tyrannischer' Theorie von der Gerechtigkeit ungerechter Regierungen einverstanden erklärt.

Sokrates begründet seinen Widerspruch gegen Thrasymachos' Theorie, indem er auf die professionstheoretische Frage zurückführt, die dessen Angebot ‚echten' politischen Wissens beiseitegeschoben hatte.[85] Glaukon, Sokrates' Begleiter bei den Bendideen und der erste Bürge für dessen Schülerrechte gegen Thrasymachos, gibt sich dem Bericht zufolge nun selbst als ein Schüler zu erkennen, der es, wo der „Lohn des Besten" angesprochen ist, „um dessentwillen die Rechtschaffensten regieren", genau wissen will: Nicht nur widerspricht er nicht (wie zuvor alle Anwesenden) einer Einvernahme in die ‚Partei der Gerechtigkeit', sondern bekennt ausdrücklich, „daß des Gerechten Leben zweckmäßiger ist" (als „des Ungerechten Leben").[86]

---

[82] Platon. Der Staat, S. 58–59 (344d-e).
[83] Platon. Der Staat, S. 58–61 (344e-345a).
[84] Platon. Der Staat, S. 60–61 (345b).
[85] Platon. Der Staat, S. 60–67 (345b-347a).
[86] Platon. Der Staat, S. 66–67 (347a) und S. 68–69 (347e-348a).

In der Folge verschärft Sokrates dem Bericht zufolge sein Kommunikationsregime („nun schon derber"), während er zugleich Thrasymachos (der zuvor sich seinem neuerlichen Anruf des obersten Olympiers angeschlossen hat) als „Freund" anzusprechen beginnt.[87] Diese Verschärfung basiert auf einer Klärung der figuralen Basis des Gesprächs: Nicht nur, dass Thrasymachos, Sokrates und die Übrigen allesamt als „Redner" agieren, haben sie gemein, sondern überdies, dass sie gleichermaßen als „Richter" fungieren, d. h. als Urteilende gleiche Rechte haben.[88] Das Urteil, ob ein Lehrakt gelungen ist, d. h. die *Schüler* das Wissen des *Lehrers* (hier: über den Vorrang des ungerechten gegenüber einem gerechten Leben) erlangt haben, kann Thrasymachos, will er nicht selbst seiner Profession und dem mit ihr verbundenen Geschäft die Grundlage entziehen, tatsächlich nicht für sich allein (wie ein ‚großer Einzelner' des Genres Lehrgespräch) reklamieren.

Diese *Kooperative des Urteils,* als die Sokrates und Thrasymachos die Konstellation der Anwesenden bestimmen, ist in der Folge Sokrates' Modell, um die Theorie der Professionen um das Konzept einer *Gemeinschaft der Kundigen* (anhand der Idealtypen des *Tonkünstlers* und des *Heilkünstlers*) zu erweitern: Die Gruppe der Kundigen (und folglich gerade auch die wahren Meister) unterscheidet sich von den *Unkundigen* abgesehen von ihrer Kunstfertigkeit selbst auch dadurch, dass sie von einem *Maß* wissen und an ihm sich orientieren, das für alle anderen, die in derselben Kunst kundig sind, ebenfalls verbindlich ist.[89]

Das *fünfte* Gesprächsstadium setzt damit ein, dass Thrasymachos auf seine anfängliche (aus Eitelkeit fallengelassene) Kritik an Sokrates' listiger (sich in der Position des Fragenden verschanzender) Gesprächsführung zurückkommt, die unwidersprochen geblieben ist, während die Anwesenden *seine* Praxis einer „Rede wie vor dem Volk" („public harangue") nicht gelten ließen.[90] Tatsächlich hat Sokrates nach allem, was er am Folgetag berichtet, als er ausgangs des vierten Gesprächsstadiums das Prinzip formuliert, dass „der *Gerechte*" zur Gruppe der „Weise[n] und Gute[n]", dagegen „der *Ungerechte*" zur Gruppe der „Töricht[n] und Schlechte[n]" zu zählen ist,[91] keineswegs seine Zuhörer mit einem klaren Argument überzeugt, sondern im Gegenteil Thrasymachos eine Falle gestellt: Er hat mit dem Vorrecht des Fragenden Schritt für Schritt den figuralen Akzent

---

[87] Platon. Der Staat, S. 70–71 (348e).
[88] Platon. Der Staat, S. 68–69 (348a-b); Hervorhebung von mir/PG.
[89] Platon. Der Staat, S. 74–79 (349d-350c).
[90] Platon. Der Staat, S. 78–81 (350e). Bloom. *The Republic of Plato,* S. 29.
[91] Platon. Der Staat, S. 78–79 (350c); Hervorhebung von mir/PG.

3.3 Die Thrasymachos-Krise

verschoben, ohne seinen Mitrichter (oder die übrigen Anwesenden) auf Bedeutung und Folgen dieser sukzessiven Akzentverschiebung aufmerksam zu machen: vom (Un-)Gerechten zum (Un-)Verständigen, vom (Un-)Verständigen zum (Un-)Kundigen, vom (Un-)Kundigen zum Weisen und Guten bzw. Schlechten und Törichten – und von hier plötzlich wieder zurück zum (Un-)Gerechten.[92]

Im Bericht des Folgetags gesteht Sokrates ausdrücklich zu, dass die richterliche „[E]inig[ung]" auf sein Verdikt, demzufolge alle „Ungerechte[n]" (und also alle Helden von Thrasymachos' ,echter' Politik) politische Figurationen nicht nur des „Schlechten", sondern auch des „Törichten" sind, dagegen ein „Gerechte[r]" die politische Figuration nicht nur des „Guten", sondern auch des „Weisen",[93] nicht nur für Thrasymachos mit Unbehagen verbunden ist („unter gewaltigem Schweiß"; „erröte[t]"[94]) – sondern dass tatsächlich der Bericht seiner Einwilligung in Sokrates' figurale Akzentverschiebungen („Das denke ich", „So zeigt es sich", „Offenbar", „Ja", „So scheint es wohl" usw.) Wesentliches verschweigt: „Thrasymachos nun gestand dies zwar alles ein, aber nicht so leicht, wie ich es jetzt erzähle".[95]

Wenn wir bemerken, dass Sokrates' *List* den (im vierten Gesprächsstadium unter veränderten Vorzeichen neu begonnenen) Lehrakt zu einem Ergebnis (Sokrates' Verdikt) führt, das die Erwartungen der anwesenden Schüler (,Gerechtigkeits-Partei') bestätigt, und uns daran erinnert, dass die Grundlage des ganzen Lehrakts ist, dass die Anwesenden, da sie (reichlich und fraglos) zur Gruppe der *Besitzenden* zählen, ihn sich leisten können (und deswegen Rechte an seinem Ergebnis haben), so können wir Thrasymachos' Selbststilisierung als *Volks*redner als Fingerzeig verstehen: ob nicht Sokrates' listige *Theorie von der Dummheit (nebst der Schlechtigkeit) der Ungerechten* am Ende bloß eine Theorie im Interesse der Besitzenden (und derer, für die die Besitzenden bürgen) ist, während nach dem Maßstab der (abwesenden) Masse der Besitz*losen* (dem Volk) dies im Gegenteil eine Theorie der ,Gerechtigkeit' ist, die eine ungerechte Praxis cachiert. Mit anderen Worten, der Bericht lässt uns im Unklaren, ob nicht womöglich Sokrates' Lehrpraxis Thrasymachos' ,tyrannische' Theorie implizit bestätigt – ebenso wie er uns im Unklaren lässt, ob *eigentlich* Thrasymachos Sokrates zu verstehen geben wollte, dass er schon wüsste, welche Sprache gebrauchen müsste, wer (im Sinne des Gesetzes der *noch* größeren Zahl) dem

---

[92] Platon. Der Staat, S. 74–75 (349d) und S. 76–79 (350a-b).
[93] Platon. Der Staat, S. 78–81 (350c-350e).
[94] Platon. Der Staat, S. 78–79 (350c-d).
[95] Platon. Der Staat, S. 76–79 (350b-c).

Volk ‚reinen Wein' darüber einschenken wollte, was es von solchen Leuten wie Sokrates zu halten hat.

Ist Thrasymachos' Mittel des Protests gegen die Etablierung von Sokrates' Kommunikationsregime erklärtermaßen dessen stillschweigende Negation im Mittel eines unter expressivem Opportunismus verborgenen Spotts („werde dir wie die Kinder den Müttercheu [...] antworten"), so bestätigt sein *letzter* Satz, dass Sokrates ihn fortgesetzt *nicht* überzeugen konnte, im Gegenteil er Sokrates lediglich durch sein Mitwirken bei dessen ‚kindischem' rhetorischem Spiel „[zu den Bendideen] bewirtet" haben will.[96] Und nach Sokrates' Bericht hat Thrasymachos, wie er selbst ihm und den übrigen Anwesenden auch gleich erläutert habe, tatsächlich wenigstens einen guten Grund für seinen (mehr oder weniger) stillschweigenden Protest: Die Klärung des Problems der Gerechtigkeit, das im Zuge von Kephalos' Erläuterung seiner ‚Lehre vom Lebensweg' aufgekommen war, steht, wie er selbstkritisch feststellt, noch immer aus.[97]

Bereits zuvor hat Sokrates, indem er die Frage des „Haß[es]" zwischen „*Freie[n]*" und „*Knechten[n]*" aufwirft,[98] demonstriert, dass er sich des (mit Thrasymachos' Hinweis auf die Sprache des Volks angezeigten) Problems, ob nicht seine Gerechtigkeitslehre bloß eine Theorie im Interesse der Besitzenden ist, bewusst ist. Überdies halten wir fest, dass Sokrates ausdrücklich auf der Beschäftigung mit der *theologischen* Dimension der Frage des Vorrangs des gerechten oder des ungerechten Lebens besteht: „Auch den Göttern [...] wird der Ungerechte feind sein, [...] der Gerechte aber freund" – was wiederum Thrasymachos dem Bericht zufolge nur zugestehen will, um sich der Majorität der Anwesenden „nicht verhaßt zu machen".[99]

Glaukon–Sokrates–Adeimantos. Dem Bericht des Folgetags nach hat Sokrates, nachdem einmal eine Art ‚Waffenstillstand' mit Thrasymachos erreicht scheint, *nicht* die Absicht, die Klärung des noch immer ungeklärten Problems der Gerechtigkeit weiterzuverfolgen („glaubte [...] weiterer Rede enthoben zu sein").[100] Tatsächlich hatte, wie wir uns erinnern, wenigstens für den Teil der Anwesenden, die Polemarchos ins Haus gebracht hat, ursprünglich nicht die Absicht bestanden, für längere Zeit dort zu verweilen, sondern war ein nächtlicher Fackelzug zu Pferde, der Göttin Bendis zu Ehren, das angezeigte Ziel.

---

[96] Platon. Der Staat, S. 80–81 (350e) und S. 92–93 (354a).
[97] Platon. Der Staat, S. 92–93 (354b-c).
[98] Platon. Der Staat, S. 82–83 (351d); Hervorhebung von mir/PG.
[99] Platon. Der Staat, S. 84–85 (352b).
[100] Platon. Der Staat, S. 94–95 (357a).

3.3 Die Thrasymachos-Krise

Dass das Gespräche im Haus der Metöken-Familie gegen die ursprüngliche und von Sokrates' ausdrücklich bestätigte Absicht (für einen unabsehbar langen Zeitraum) weitergeht, verdankt sich einer weiteren Intervention **Glaukons,** der bereits entschieden hatte, dass Sokrates-Glaukon sich im Zuge des Straßengesprächs zu Polemarchos' Gefolge hielten und der erste Bürge für Sokrates' (und später für eigene) Schülerrechte gegen Thrasymachos gewesen war. Im Bericht des Folgetags führt Sokrates diese neuerliche Intervention Glaukons (und implizit zugleich jede vorhergehende und anschließende) auf dessen *kämpferische* Eigenart zurück („immer sehr rüstig in allem")[101]: Glaukon ist niemand für einen wohlfeilen Waffenstillstand.

Genau genommen kann Sokrates, nachdem er den Anwesenden einmal zu erkennen gegeben hat, dass die Klärung des Problems der Gerechtigkeit unbesehen Thrasymachos' Resignation (und angesichts dessen *politischer* Anspielungen) noch immer aussteht, Glaukons Intervention kaum ignorieren – denn gerade das Verhältnis von „[S]chein[]" und „[W]irklich[keit]" in der Lehre vom Vorrang des Gerechten gegenüber dem Ungerechten ist für ihn eine noch immer offene Frage.[102] Zumal hat Glaukon dasselbe Schülerrecht für sich, das zuvor Sokrates gegen Thrasymachos geltend gemacht hatte: dass, solange er sich nicht das Wissen zu eigen machen konnte, dass die Lehre trägt, der Lehrakt nicht gelungen heißen kann. Während von Thrasymachos, mit dessen Intervention das Gespräch im Oikos sich in einen Lehrakt umgemünzt hatte, keine Reaktion überliefert ist, ist dem Bericht des Folgetags nach Sokrates' erste Reaktion die Erklärung, selbst *nicht* als Lehrer sich zu Glaukons Frage äußern zu können („möchte ich gern, *wenn es bei mir stände*").[103] D. h. das folgende Gespräch ist nicht mehr ein Lehrakt im einem professionellen (geldwerten) Sinne; die Konstellation verfügt an diesem Punkt (vorerst) über kein ausgesprochenes Kommunikationsregime mehr.

Glaukon reagiert auf dieses Problem, indem er auf die (sich in der Position des Fragenden verschanzende) Form der Gesprächsführung zurückgreift, die Thrasymachos Sokrates vorgehalten hatte (und in deren Sog er sich dann aus Gründen der Eitelkeit begeben hatte). Auf diese Weise leitet Glaukon Sokrates, den er konsequenterweise nicht mehr als Lehrer anspricht, sondern schlicht als Träger eines „[W]ill[ens]",[104] zu einer Spezifikation seines Verdikts von der *Weisheit* (nebst der *Güte*) des Gerechten.

---

[101] Der Staat, S. 94–95 (357a).
[102] Platon. Der Staat, S. 94–95 (357a-b).
[103] Platon. Der Staat, S. 94–95 (357b); Hervorhebung von mir/PG.
[104] Platon. Der Staat, S. 94–97 (357b-358a).

Auch die Figur, die danach (als die einzig auftretende) den soziologischen Mittelpunkt in Sokrates' präzisiertem Verdikt bildet, ist schlicht Trägerin eines „[W]ill[ens]": desjenigen, ein „glückselige[s]" Leben zu führen. Wir wollen diesen Willenstypus bis auf weiteres mit Sokrates' eigenem (selten gebrauchten) Begriff den *makarianischen* nennen – schon, um nicht die eigene Form von Glückseligkeit („bl[i]ss[]") zu übersehen,[105] die die figurale Mitte von Sokrates' Gerechtigkeits-Verdikt bildet: Der Überlieferung zufolge hatte **Makaria,** die einzige Tochter des Heroen **Herakles** und eines der fünf Kinder **Deianeiras,** der Tochter des Gottes **Dionysos,** im Zuge des *ersten* Kriegs zwischen Athen und peloponnesischen Verbänden sich freiwillig geopfert, als der Orakelspruch ergangen war, dass Athen besiegt werde, wenn nicht eines der Kinder des Heroen stürbe.[106]

Die Träger solcher *makarianischer* Glückseligkeit orientieren sich Sokrates zufolge an einem Set von „[W]ünschenswert[em]" (und kennen also wohl auch Sets von *Nicht*-Wünschenswertem). Dieses Set hat eine politisch-*ästhetische* Dimension (und also wohl auch andere Dimensionen): Gerechtigkeit gehört zum „*Schönsten"* im Set der Wünsche, die ein Makariane hegt. Makarianen kennzeichnet, dass sie das Schönste „um seiner selbst willen" wollen und „wegen dessen, was daraus erfolgt";[107] d. h. aus Gründen reiner ‚Ästhetik' und um des Gelingens der Zukunft willen. Wir wollen uns an dieser Stelle daran erinnern, dass wir bereits seit Sokrates' Erläuterung des Besuchs der Bendideen wissen, dass für ihn Fragen der *politischen Ästhetik* zwar von Bedeutung, aber z. B. gegenüber der Frage der *theologischen Politik* nachrangig sind, und dass er den Adressaten seines Berichts später einen Hinweis gegeben hat, Thrasymachos sei Repräsentant *nur* einer politischen Ästhetik.

Sokrates' nächster Wortbeitrag bestätigt, dass er sich bewusst ist, auch mit der von Glaukon motivierten Spezifikation des *Verdikts über den Vorrang des gerechten gegenüber dem ungerechten Leben* das Thrasymachos-Problem (inwiefern Theorien der Gerechtigkeit Ungerechtes lediglich cachieren) nicht gelöst zu haben. Damit reagiert er erneut auf Glaukon, der gegen dieses Verdikt *das Gesetz der größeren Zahl* in dessen (wie wir wissen von Thrasymachos eingeführter) ‚volkssprachlicher' Variation geltend macht: Die „*meisten",* so Glaukons These, entsprechen *nicht* der für das Verdikt maßgeblichen Figur des *Makarianen,* sondern repräsentieren im Gegenteil einen Typus, für den Gerechtigkeit nicht

---

[105] Platon. Der Staat, S. 96–97 (358a). Bloom. *The Republic of Plato,* S. 36.
[106] Vgl. von Ranke-Graves, *Griechische Mythologie,* S. 529 und S. 512–517.
[107] Platon. Der Staat, S. 96–97 (358a).

3.3 Die Thrasymachos-Krise

schön, sondern eine *Arbeit* („beschwerlich"; „drudgery") ist, die um der (eigenen) Zukunft willen (z. B. wegen finanziellen oder Ansehens-Gewinnen) erledigt wird, nicht um ihrer selbst willen: Die Masse der Leute verrichtet bloß, was die vorherrschende „Meinung" als eine ‚gerechte' Praxis honoriert.[108] Wir können sagen, dass Glaukon mit seiner These Thrasymachos' ‚echtes' politisches Wissen um eine *demokratische* Komponente erweitert.

Anschließend löst Glaukon das Problem des mit dem Aussetzen des Lehrakts fehlenden Kommunikationsregimes, indem er, ausdrücklich nicht um des Redens selbst willen, sondern weil er „begehr[t] zu *hören*", was Andere (und wohl insbesondere Sokrates) zu seiner Rede zu sagen haben, „des Thrasymachos Rede aufs neue" und in präzisierter Form „vortr[ägt]".[109] Wir wollen festhalten, dass Glaukon für seine fingierte Thrasymachos-Revision, so wie vorher Kephalos für die Beschreibung der *transpolitischen* Position, die seiner *theologischen Ökonomie* (als ‚Lehre vom Lebensweg') korrespondiert (und anders als Thrasymachos), sich auf *Dichter* und *Helden* bezieht. So illustriert er die *neo*thrasymachische These von einer Art tyrannischer ‚Natur', die „Gerechten" und „Ungerechten" gemeinsam sei („Mehrhabenwollen[] [...] nach welchem jedes Wesen pflegt [...] zu trachten"), durch Variation einer von Herodot überlieferten Erzählung über Gyges,[110] die urtümliche Figuration des (längst in eine persische Satrapie umgestülpten) **lydischen** Königtums.

Um auf der Grundlage dieser *Theorie einer ‚natürlichen' Gleichheit des Gerechten und des Ungerechten* den Vorrang des ungerechten Lebens zu pointieren, bezieht Glaukon sich auf eine Szene aus der Tragödie, mit der **Aischylos,** ein Veteran der Perserkriege, bei den Dionysos-Festspielen des Jahres 467 den ersten Preis gewonnen hatte *(Sieben gegen Theben).*[111] Es handelt sich bei dieser Szene um den Bericht eines namenlosen Spähers an **Eteokles,** den König der böotischen Stadt Theben, die belagert wird. Gegenstand des Berichts ist einer der (sieben) Belagerer, **Amphiaraos,** ein Militärführer aus der Peloponnes-Stadt Argos und zugleich ein (von Zeus begabter) „Seher", den Aischylos' Späher den „edelsten" der sieben Anti-Thebaner nennt. Dem Bericht zufolge hat Amphiaraos keine Illusionen über die Tugend seiner Verbündeten, will vielmehr im „[V]erborgen[en]"

---

[108] Platon. Der Staat, S. 96–97 (358a); Hervorhebung von mir/PG. Bloom. *The Republic of Plato,* S. 36.

[109] Platon. Der Staat, S. 96–99 (358b-d); Hervorhebung von mir/PG.

[110] Platon. Der Staat, S. 100–103 (359b-360d), hier insbes. S. 100–101 (359c). Vgl. Herodot. 1971. *Historien. Deutsche Gesamtausgabe.* Übersetzt von A. Horneffer. Neu herausgegeben und erläutert von H.W. Haussig. Mit einer Einleitung von W.F. Otto. Stuttgart: Kröner, S. 4–7 (8–14).

[111] Platon. Der Staat, S. 104–109 (361b-362c).

auf *seine* Art (die des „[W]eisen, „[E]dlen" und „Gerechten") das Unternehmen „fruchtbar machen".[112] Für Glaukons Pointe ist besonders wichtig, dass dieser Amphiaraos, den er einen „schlichten und biederen Mann" nennt, nach den Worten des Spähers „nicht gut *scheinen* will, sondern *sein*", und wegen der besonderen „[T]iefe", die dieses Wollen seiner Praxis verleiht, jemand ist, der (auf seine Art) eine besonders reiche Ernte halten wird. Die Pointe besteht darin, dass im Sinne der *Theorie der tyrannischen ‚Natur'* „der Ungerechte", da er „nicht auf den Schein hinlebt", sondern „in der Wahrheit ist", jemandem wie Amphiaraos, der Gerechtigkeit zu verkörpern scheint, weil er auf den Schein nichts gibt, vorzuziehen ist.[113] Wir können also die *neo*thrasymachische Gegenfigur, die Glaukon zu Sokrates' *makarianischem* Willenstypus entwirft, den *anti-amphiaraotischen* Typus nennen: der, da nicht jedermann ein Seher ist, schlicht „will", was jedermanns ‚Natur' will.

Ein solcher (*ehrlich* ungerechter) Anti-Amphiaraot agiert Glaukons (fingierter) Darstellung zufolge auf Grundlage einer (im Sinne eigenen „Vorteil[s]" willkürlichen) Freund-Feind-Bestimmung, d. h. ruft die Frage wieder auf, die Sokrates Polemarchos gerade ausgeredet hatte, als Thrasymachos in das Gespräch intervenierte. Anti-Amphiaraoten sind, wo ihre ‚Natur' es ihnen gebietet, großzügig („dienen [...] den Menschen, welchen [sie] w[o]ll[en]") und wissen, was sie „den Göttern" schuldig sind („hinreichende Opfer und Gaben");[114] d. h. auch in *theologisch-politischer* bzw. *theologisch-ökonomischer* Hinsicht soll Glaukons Thrasymachos-Revision satisfaktionsfähig sein. Nebenbei vermerken wir, dass der anti-amphiaraotischen Lehre eine Professionstheorie korrespondiert, der zufolge *Meisterschaft* nicht zuletzt ein Vermögen zu Selbstkorrekturen kennzeichnet, deren Vollzug *Laien* unzugänglich bleibt.

Aus Sokrates' Bericht vom Folgetag erfahren seine Adressaten, dass er an dieser Stelle die Absicht hat „zu erwidern" – erfahren aber nicht, *was* er erwidern will (und also auch nicht, ob er, der sich ausdrücklich nicht als *Lehrer* äußern will, im Zuge seiner Erwiderung in eine *andere* soziale Figur eingerückt wäre).[115] Der Grund ist, dass bereits bevor Sokrates seine Absicht umsetzen kann Glaukons älterer Bruder **Adeimantos** (womöglich im Sinne desselben Patronage-Prinzips, wegen dem der Jüngere sich in der Straßen-Szene

---

[112] Aischylos. 2016. Die Sieben gegen Theben. In *Die Tragödien*. Übertragen von Johann Gustav Droysen. Durchgesehen von Walter Nestle. Neu herausgegeben und eingeleitet von Bernhard Zimmermann. Stuttgart: Kröner, S. 47–92, hier S. 72–73 (568–597).

[113] Platon. Der Staat, S. 104–105 (361b) und S. 106–107 (362a); Hervorhebung von mir/PG. Vgl. Aischylos. Die Sieben gegen Theben, S. 72 (580–588).

[114] Platon. Der Staat, S. 108–109 (362b-c).

[115] Platon. Der Staat, S. 108–109 (362d).

3.3 Die Thrasymachos-Krise

der Polemarchos-Partei angeschlossen haben könnte) interveniert. Dem Bericht zufolge hat er zuletzt während des Straßen-Gesprächs das Wort gehabt, nämlich Sokrates–Glaukon das bevorstehende nächtliche Schauspiel zu Ehren der Göttin Bendis angezeigt.

Adeimantos interveniert zum Zweck einer (ebenfalls erklärtermaßen fingierten) *Verschärfung* („mit allem Eifer, der mir nur möglich") der neothrasymachischen Lehre, die Glaukon vorgetragen hat („ist nicht gesagt worden, was vor allen Dingen mußte gesagt werden").[116] Das Mittel dieser Verschärfung ist die *Kritik der Gerechtigkeitslehre;* ihre exemplarischen Träger sind „Söhne" (gegen die Lehren der „Väter") bzw. „Jünglinge", d. h. Figurationen einer bestimmten *Generationslage* – die Adeimantos selbst mit einem Gros der Anwesenden, aber nicht mit Sokrates und Thrasymachos teilt.[117] Die Träger der Gerechtigkeitslehren, denen Adeimantos' Kritik gilt, sind *Helden* und *Dichter* verschiedener Stile (**Hesiod** und **Homer**; **Musaios** und **Orpheus**; **Pindar** und **Archilochos**), d. h. Referenzgrößen vergleichbar denen Glaukons (und vorher Kephalos'), insbesondere deren Reden von den Göttern.[118] Vom Standpunkt der Eifrigen unter den Jungen aus, den Adeimantos exemplifiziert, sind die *Gerechtigkeits-Dichter* von „*Gaukler[n]*" und „*Wahrsager[n]*", die sich vor den „Türen der *Reichen*" verbreiten, nicht zu unterscheiden; denn nichts Eindeutiges lässt sich, sobald einer es genau wissen will, bei ihnen über den Vorrang eines gerechten oder eines ungerechten Lebens lernen. Auffällig ist, dass Adeimantos Sokrates selbst in eine Reihe mit den Gerechtigkeits-Dichtern stellt („*euch* alle[], [...] die *ihr* Lobredner der Gerechtigkeit zu sein vorgebt").[119]

Nach dem Bericht vom Folgetag ist die lebenspraktische Konsequenz, die Adeimantos zufolge eine eifrige Jugend seiner Dichter-Kritik ohne weiteres abgewinnen könnte, zumal selbst unter den gepriesenen „Weisen" – Sokrates' Referenzfiguren gegen Polemarchos' intuitive Freund-Feind-Theorie der Gerechtigkeit – sich Fürsprecher einer solchen Lebensweise finden lassen, dass diese Jugend (im Gegensatz zu Glaukons *ehrlich* Ungerechten) in der Welt der Polis sich („verschlagen[]") „den *Schein* der Gerechtigkeit [...] verschaff[t]", um in den Welten des Oikos umso ungenierter Bündnisse des „[B]ösen" schmieden zu

---

[116] Platon. Der Staat, S. 120–121 (367a-b) und S. 108–109 (362d).

[117] Platon. Der Staat, S. 108–111 (362e-363a) und S. 114–117 (365a-b).

[118] Platon. Der Staat, S. 120–121 (366e), S. 110–111 (363a-d), S. 112–115 (364c-e) und S. 114–117 (365b-366b).

[119] Platon. Der Staat, S. 112–113 (366b) und S. 118–121 (366d); Hervorhebungen von mir/PG.

können („Verschwörungen und Parteien"; „secret societies and clubs").[120] Die soziale Größe, die Adeimantos' neothrasymachische Verschärfung aufruft, ähnelt also dem, was man später einmal *ein Racket* nennen wird.[121]

Ein solches Racket besonders eifriger Jünglinge sucht nicht ein „leicht[es]" Leben (was sie mit dem Amphiaraos des Späher-Berichts in Aischylos' Tragödie gemein haben), sondern strebt „[G]roß[es]" an; d. h. anders als Glaukons Anti-Amphiaraot ist der seines älteren Bruders keine demokratische Figur, sondern eine *alters-* und *leistungs*aristokratische Figur – wobei gegenüber Kephalos' früherer Kombination dieser beiden Elemente sich alle Vorzeichen umgekehrt haben. „Lehrer[n]" bedarf eine solche aristokratische Jugend nur um der Besserung ihres „Geschick[s] bei der „Überredung" einer „Volksversammlung" oder der „Gerichte[]", d. h. um der Arbeit am Schein willen, während sie alles, was sie *sonst* wissen muss (dass sie *mehr* haben will) bereits weiß.[122] Nebenbei halten wir fest, dass für Adeimantos' Neothrasymachismus eine Theorie der Professionen keine besondere Rolle zu spielen scheint.

Wie Glaukon eingangs seiner Thrasymachos-Revision, betont Adeimantos Sokrates' Bericht zufolge ausgangs seines Verschärfungsunternehmens, dass seine Rede dem „Verlangen, von [Sokrates] das Gegenteil zu hören", geschuldet ist: Dies war nicht seine *persönliche* Verschärfung. Überdies formuliert Adeimantos seine Erwartung, in welche soziale Figur Sokrates in der Folge einrücken sollte: in die eines *Lobredners der Gerechtigkeit,* d. h. gerade die Figur, die Sokrates der vorangegangenen neothrasymachischen Demonstration zufolge nur zu sein *vorgibt,* weswegen er dort in der Reihe der *Gerechtigkeits-Dichter* nebst *Gauklern* und *Wahrsagern* geführt wurde. Pikanterweise könnte einer aus dem Kreis der Racket-Jünglinge, die die soziologische Mitte dieser Demonstration bildeten, dieselbe Aufforderung an Sokrates richten („lobe uns [...] an der Gerechtigkeit, was sie [...] hilft und was die Ungerechtigkeit schadet"), die Adeimantos (als Parteimann der Gerechtigkeit) formuliert[123] – um zu prüfen, ob sich nicht doch für die Überredung einer Volksversammlung oder eines Gerichts auf eigene Weise sich etwas von ihm lernen ließe.

Bevor Sokrates den Adressaten des Berichts mitteilt, wie am Vortag seine Antwort auf Adeimantos' Aufforderung ausfiel, lässt er sie wissen, dass er

---

[120] Platon. Der Staat, S. 116–117 (365b-d); Hervorhebung von mir/PG. Bloom. *The Republic of Plato,* S. 42.

[121] Horkheimer, Max. 1985. Die Rackets und der Geist. In *Gesammelte Schriften. Band 12: Nachgelassene Schriften 1931–1949.* Frankfurt am Main: Fischer, S. 287–291. Vgl. Rubel. *Stadt in Angst,* S. 204–206.

[122] Platon. Der Staat, S. 116–119 (365c-366b).

[123] Platon. Der Staat, S. 122–123 (367d).

von den Reden der beiden Brüder „sehr erfreut" gewesen sei. Dieser ‚inneren' Reaktion entspricht, dass ‚äußerlich' seiner Antwort eine Belobigung Glaukons und Adeimantos' für ihre Redekunst vorangeht: Sokrates schließt sie mit einem überlieferten Lob beider *Kriegskünste* (nachweislich eines „Megarische[n] Gefecht[s]") zusammen. Die folgende Antwort läuft darauf hinaus, dass Sokrates sich mangels Fertigkeit so wenig *als Lobredner der Gerechtigkeit* („weiß weder, wie ich helfen soll [...] noch, [...] wie ich nicht helfen soll") wie als *Lehrer* äußern wird.[124] Nachdem eine kollektive, erneut vom ‚rüstigen' Glaukon angeführte Initiative (deren nähere Umstände wir nicht erfahren) ungeachtet dieser figuralen Unklarheit ihren Wunsch auf Fortsetzung des Gesprächs über den Vorrang des gerechten oder des ungerechten Lebens zum Ausdruck bringt – womit vom Besuch der Nachtfeier zu Bendis' Ehren nicht mehr die Rede sein kann –, schlägt Sokrates die Selbsteinsetzung der Anwesenden als *Untersuchungsgruppe* vor. Deren Regeln und Prinzipien spezifiziert er allerdings, abgesehen von der *Voraussetzung geteilter Inkompetenz* („nicht tüchtig genug"; „not clever men"), nicht weiter.[125]

3.4 Die Untersuchungsgruppe

Mit der Konstitution der Untersuchungsgruppe reduziert die soziale Dynamik in Sokrates' Bericht sich deutlich: Das weitere Geschehen im Oikos der Kephalos-Familie besteht aus einer Folge längerer Zwiegespräche, die der Berichterstatter, der die größten Gesprächsanteile hat, wechselnd mit den beiden Platon-Brüdern führt, die bereits ausgangs der Thrasymachos-Krise die Initiative ergriffen hatten; Redebeiträge oder Erwähnungen der übrigen Anwesenden sind spärlich. Die Adressaten des Berichts (und ebenso das Publikum der Archivalie) können allerdings nicht davon ausgehen, dass tatsächlich die ganze Zeit über abseits von Sokrates' Gesprächen niemand im Oikos etwas gesagt hätte oder nichts weiter Erwähnenswertes passiert wäre: Der Berichterstatter kann nur berichten, was er zu berichten weiß; da er aber während des gesamten Berichtzeitraums in konzentrierten Gesprächen sich befindet, kann er wenig von Nebengesprächen, Wortwechseln, Austausch von Gesten und Mienenspiel zwischen den übrigen Anwesenden gehört und gesehen haben.

---

[124] Platon. Der Staat, S. 122–125 (367e-368b).
[125] Platon. Der Staat, S. 124–125 (368c-d).

Die verringerte soziale Dynamik im Berichts-Geschehen wollen wir zum Anlass nehmen, die weitere Entwicklung aus größerer Distanz als die Entwicklung bis hierher zu verfolgen und nur punktuell zur Detailrekonstruktion zurückzukehren: Wir werden, abgesehen von der allgemeinen Linie der berichteten Gespräche, genauer auf das Geschehen (1) während der Sequenzen des *Übergangs* von einem Gesprächspartner zum anderen (d. h. beim Sprecherwechsel Adeimantos/Glaukon) und (2) im Zusammenhang der (spärlichen) Redebeiträge bzw. Erwähnungen anderer Anwesender achten; außerdem werden wir (3) eine Sequenz etwas detaillierter betrachten, in der die offene Frage der Regeln und Prinzipien der Untersuchungsgruppe, als die die Anwesenden sich konstituiert haben, *soziologisch verschärft* wird; überdies werden wir (4) ausgewählten Sequenzen etwas größere Aufmerksamkeit widmen, anhand derer wir unsere bis hierher gesammelten Erkenntnisse zu Platons Soziologie der *Politeia* prüfen und präzisieren können. – Wir wollen diese Sammlung nun zunächst etwas systematisieren.

Als erstes sollten wir uns in Erinnerung rufen, dass wegen der beschriebenen Quellenlage allen Erkenntnissen zur Soziologie *Platons,* die wir bei der Lektüre der *Politeia* sammeln können, Erkenntnisse zur Soziologie *Sokrates'* vorausliegen. Da wir nicht wissen, wie Platon den Bericht, den er überliefert, im akademischen Kreis kommentiert und in welchem Rahmen und welcher Form die Akademie ihn behandelt hat, haben wir keinen Grund anzunehmen, dass diese beiden Soziologien identisch sind. Dagegen wissen wir aus unserer Analyse der *Apologie* und des *Siebten Briefs,* dass allgemein die Aktivitäten von Sokrates, die der *Corpus Platonicum* abbildet, durch Platons *Bürgschaft* für seine Tugend gedeckt sind. Wir können also davon ausgehen, dass für Platon (und gemäß seiner Soziologie der *Politeia*) Sokrates' Soziologie die Soziologie eines *tugendhaften Mannes* ist (auch wenn keine aufmerksame Leserin dessen Schwächen übersehen wird). Über *Platons* Soziologie können wir immerhin so viel sagen, dass in ihr diese soziale Figur an die Stelle von Sokrates' Berichterstatter-Ich tritt – und können nicht ausschließen, dass wegen dieser Umbesetzung die gesamte Gesprächskonstellation und jeder einzelne Anwesende für Platon ein anderes Bild abgeben als in Sokrates' Bericht.

In der Figur des tugendhaften Mannes, die Platons Archivalie überliefert, überlagern sich zwei Szenarien: (1) der *Besucher* einer theologisch-(trans-)politischen Festveranstaltung, der ohne recht zu wollen zum Mittelpunkt einer Auseinandersetzung über Fragen der Gerechtigkeit wird; (2) der *Erzähler,* der irgendeinem Publikum in der Stadt, die das Fest veranstaltet hat, die Erlebnisse besagten Besuchers berichtet.

3.4 Die Untersuchungsgruppe

Die *Erzähler*-Figur können wir, schon da keine Wechselrede mit Anwesenden überliefert ist, einen *Vortragenden* nennen. Der Vortrag erfolgt *protokollförmig*: Sokrates berichtet seine Erlebnisse nicht etwa von einem absehbaren Ende her oder indem er Entwicklungen vorwegnimmt, sondern referiert z. B. auch Wendungen des Geschehens, die (scheinbar) ins Leere führen. Stellenweise macht er allerdings kenntlich, etwas *cum grano salis* wiederzugeben; und hin und wieder gibt er seinem Publikum (spärliche) Hinweise auf (politisch-ästhetische) Präferenzen, persönliche Eindrücke oder Gefühlslagen, die den Erlebnissen, die er berichtet, korrespondieren. Im Großen und Ganzen ist der Vortragende um *Vollständigkeit* bemüht: Er nennt z. B. über die Beiträger zum Gespräch hinaus weitere Anwesende namentlich und referiert ihre *Herkünfte* (Familien, Demen, Phylen). Seine Schilderung der Lehren seiner Gesprächspartner ist genau genug, um Leser*innen deren Gründe, Eigenlogiken und narrative ‚Karrieren', anfallende Revisionen und Spezifikationen sowie die ‚*Teams*', die sich um sie bilden, nachvollziehbar zu machen; und die Schilderung des eigenen Agierens ist genau genug, um jedes einigermaßen aufmerksame Publikum unlautere rhetorische Manöver und Schwächen seiner Position bemerken zu lassen. Wir wollen diese Vortragsweise die *sokratische Autoethnographie* nennen; die Erzähler-Figur, die sie trägt, ist, wie erinnerlich, *eine* Seite der Sozialfigur des *tugendhaften Mannes*.

Deren *zweite* Seite, die *Besucher*-Figur, können wir, wenn wir uns an der Generaltendenz orientieren, die er mit seinem ersten Wortbeitrag im Oikos vorgibt und bei wechselnden Gesprächs-Settings weiterverfolgt, eine *wissenssoziologische* Größe nennen: Das Problem der *Lehre vom Lebensweg,* das er eingangs dem Hausherrn vorgelegt hat, wird von jedem neuen Sprecher in einen neuen ‚theoretischen' Rahmen, neue Begriffe und Bilder übersetzt; um den Besucher Sokrates bildet sich auf diese Weise nach und nach ein dynamisches Feld unterschiedlicher Lehren vom Lebensweg, denen unterschiedliche Wissensformationen zugrunde liegen.

Deutlich unterscheiden können wir (a) eine (von Kephalos verkörperte) auf *allgemeine dichterische Autorität* gestützte, *leistungsaristokratische* Lehre vom Lebensweg *(Theorie des ‚vernünftigen' Erfolgs);* (b) eine *(pseudo-) simonidesianische* Lehre vom Lebensweg, verkörpert von Polemarchos, deren Richtmaß der *Gegensatz von Freund und Feind* ist *(Theorie der Loyalität);* (c) eine *thrasymachische* Lehre vom Lebensweg, die, als ‚echtes' Wissen über ‚echte' Größe, *eigene* Autorität beansprucht, den Charakter einer *Tyrannologie* trägt *(Theorie der Gerechtigkeit des Ungerechten)* und mit dem *Volk* rechnet; (c1) deren (von Kleitophon verkörperte) *krypto*-thrasymachische *(relativistische)* Variation; deren *neothrasymachische* Variationen (c2) unter *demokratischen* Vorzeichen *(Theorie der tyrannischen ‚Natur' des Gerechten* und *des Ungerechten),* vorgetragen von Glaukon, und (c3) unter *oligarchischen* Vorzeichen *(Theorie des jungen Racket),* vorgetragen von Adeimantos. Dass (d) die *sokratische* Lehre vom Lebensweg sich von jeder der genannten Lehren unterscheidet, wird aus Sokrates' Einwänden gegen diese Lehren deutlich; aber sie liegt uns nicht in einer vergleichbar klaren Fassung vor, sondern nur in einzelnen, ‚auf dem Weg' sich ansammelnden Elementen. So scheint Sokrates' Lehre vom Lebensweg mit einer bestimmten Vorstellung von der Ehre, die die *Weisen* verdienen, einherzugehen, und eine professionstheoretische Seite zu haben *(Theorie der Gemeinschaft der Kundigen).*

Den *Lehren vom Lebensweg* korrespondiert die *soziale Praxis* ihrer Träger. Dies bedeutet keineswegs, dass die eine und die andere identisch, ‚organisch' verbunden o. ä. wären – wie der Fall Sokrates zeigt, der gelegentlich um der Lehre des Vorrangs der Gerechtigkeit willen ungerecht agiert. Die soziale Praxis einer Person nennen wir ihr *Kommunikationsregime.* Im Fall des Besuchers Sokrates gibt es von seiner ersten Äußerung an keinen Zweifel, dass er sich den Regeln des Oikos *(Prinzip der Gastfreundschaft),* d. h. dem Kommunikationsregime, das Kephalos verfolgt, verpflichtet weiß. In deren Rahmen fällt im Vergleich zu den übrigen Rednern ein größerer Anteil des *Fragens* auf. Diese Fragen haben nicht selten den Charakter von *Nach*fragen: Er gibt seinen Gesprächspartnern zu verstehen, wo ihre Theorien erläuterungsbedürftig sind, und verschärft die Auseinandersetzung, wenn sich Erläuterungen als inkonsistent erweisen. Ist es zu solchen Verschärfungen gekommen, ist er, wie sein Beitrag ausgangs der Thrasymachos-Krise („Freund") zeigt, in der Folge um Sicherung des Oikos-Prinzips bemüht. Sokrates' Kommunikationsregime ist ausdrücklich nicht das eines *Lehrers,* sondern eines *Schülers* – wegen dessen Rechten er zu einer Vergemeinschaftung (in die *Untersuchungsgruppe*) beiträgt.

Den Gegensatz des *sokratischen* bildet das *thrasymachische* Kommunikationsregime: Zum Repertoire seines Trägers gehören die Denunziation der Kommunikationsregimes anderer, Schmähungen, versteckte Drohungen und Spott; d. h. er ist nicht besonders um seine Gastfreundpflichten bekümmert. Dieses Kommunikationsregime will *geldwert* sein, d. h. ist zu einem *professionellen* (Lehr-)Akt steigerbar. Den eigenen Maßstäben ‚echter' Meisterschaft entspricht Thrasymachos' Lehr-Regime allerdings nicht; ebenso wenig kann man, entsprechend der Zentralgestalt seiner Lehre vom Lebensweg, Thrasymachos' Agieren das eines ‚großen' Ungerechten nennen.

Polemarchos' Beitrag zum Oikos-Gespräch lässt sich so wenig wie der *Kleitophons* als Niederschlag eines *ausgebildeten* Kommunikationsregimes verstehen: Er hat zwar eine klare Meinung, kann sie aber nicht angemessen vertreten;

dabei ist er bereit, sie zu korrigieren und diese Korrektur seinen Gesprächspartnern bekanntzumachen. Wie seine beiden Generationsgenossen *Adeimantos* und *Glaukon* zeigt er einen gewissen Eifer, auf der richtigen *Seite (Gerechtigkeits-Partei)* zu sein und sie zu beglaubigen, ist aber weniger als sie an den Richtigkeits*gründen* interessiert. Auch in den Fällen der beiden Platon-Brüder sind die Kommunikationsregimes zwar nicht vollständig ausgebildet, haben aber erkennbar bereits ein gewisses Raffinement erreicht: Sie beherrschen die Kunst, *mimetisch* zu agieren und sind deswegen in der Lage, eine Vergemeinschaftung voranzutreiben.

Die Figur, um die diese Konstellation von Kommunikationsregimes und Lehren vom Lebensweg kreist, ist indes nicht nur eine *Besucher*-Figur: Dem Geschehen im Oikos gehen bekanntlich Sokrates' Teilhabe an den Bendideen und das Straßen-Gespräch voraus. Während hier Glaukons Entscheidungsfreude der ‚Rüstigkeit' vorgreift, die er später im Oikos zeigt, und wir für Sokrates die minimalistische Variante seines strikten Regimes der Fragen konstatieren können, zeigt uns der Gegensatz zwischen dem Polemarchos der Straße *(Regime der Maßgaben)* und dem Polemarchos des Oikos, dass dort *(Gesetz der Überzahl)* und hier *(Gastfreundschaft)* nicht dieselben Regeln gelten.

In der ‚Welt' jenseits des *Oikos,* die wir die Welt der *Polis* nennen wollen, ist der Besucher Sokrates (so wie Adeimantos, Glaukon und Kleitophon) *Bürger,* während Kephalos und Polemarchos *Metöken* und Sklavenhalter sind, Thrasymachos *Gast* und selbst Bürger der Polis Chalkedon ist (und gelegentlich deren Diplomat – so wie Sokrates, Adeimantos oder Glaukon gelegentlich in Athens Militär einrücken).

Sokrates' Praxis in der ‚Welt' der Polis hat eine *theologisch-politische* Dimension: Er ist (nicht anders als Adeimantos, Glaukon und Polemarchos) ein *Kultus-Teilhaber.* Weil im Oikos, verkörpert in Kephalos, ebenfalls eine Form des Kultus, allerdings eine eigene, unterhalten wird (*Götter des Hauses* vs. *Götter der Stadt*), sprechen wir hier abweichend von einer theologischen *Ökonomie.* Dass zwar eine theologisch-*ökonomische* Praxis neben der theologische-*politischen* Praxis existiert, beide aber nicht unverbunden sind, sehen wir an den fortlaufenden und fortlaufend bestätigten ‚olympischen' Bezügen. Wegen *dieser* Verbindung von Oikos und Polis, aber auch weil die Frage der *Regierungskunst* (auf Thrasymachos' Initiative hin) in das Oikos-Gespräch Einzug gehalten hat und vorerst ebenso unerledigt geblieben ist, wie allgemein die Frage des Vorrangs des (Un-)Gerechten, können wir sagen, *dass im Problem der Lehre vom Lebensweg Ökonomie und Politik sich treffen.* Weil dieses Problem nicht an *eine* Polis gebunden ist, sondern sich ebenso wie in Athen z. B. in Chalkedon oder in Thurioi stellt, sprechen wir von einem *trans*politischen Problem und von den *trans*politischen Positionen der Redner im Oikos; im Rahmen der Polis dagegen hat das *Trans*politische, wie die Bendideen exemplifizieren, die Dimension der kultischen Inszenierung einer Verbundenheit von Poleis.

In der im autoethnographischen Vortrag vorgestellten Figur Sokrates, Mittelpunkt einer wissenssoziologischen Konstellation, materialisieren sich die Übergänge zwischen diesen ‚Welten': Wer etwas über *Politeia* wissen will, sollte dem öffentlichen Kultus die gebührende Beachtung schenken – darüber aber nicht übersehen, was in den Haushalten passiert.

Adeimantos–Sokrates (I). Die *erste* Etappe des weiteren Sokrates-Gesprächs bestreitet Adeimantos.[126] Er trägt dem von Sokrates intonierten Prinzip der geteilten Inkompetenz der Untersuchungsgruppe Rechnung, indem er als Gegenstand der Untersuchung nicht mehr „das Gerechte", sondern ihm „Ähnliches" anvisiert, d. h. eine approximative Methode vorschlägt. Sokrates übernimmt diesen Vorschlag ohne weitere Begründung und schlägt seinerseits die Größe vor, die im Weiteren als dem Gerechten ähnlich behandelt werden könnte: die *Polis,* d. h. den ursprünglich von Thrasymachos aufgebrachten Problembereich. Überdies benennt er die Größe, zu der die Untersuchung einer dem Gerechten ähnlichen Polis führen soll: die „Gerechtigkeit [...] an den Einzelnen" – wofür Adeimantos (wie für das Folgende), ohne dass jemand widerspräche, die Zustimmung der Untersuchungsgruppe erteilt.[127]

Die Verbindung des Gerechtem am *Einzelnen* und der ihm ähnlichen Gerechtigkeit einer *Polis* begründet die Untersuchungsgruppe in Form eines Gedankenexperiments: Vom „Anfang" her betrachtet lässt eine Polis sich als „Zusammenwohnen" von Einzelnen verstehen, die ihre eigenmächtig unstillbaren „[B]edarf[e]" zusammengelegt haben, um in deren Bewältigung als „Genossen und Gehilfen" zu agieren.[128] Nicht von Beginn ihres ‚Lebenswegs' an ist also eine Polis eine Größe der Gerechtigkeit – ausdrücklich auch dann nicht, wenn sie (durch Zusammenwirken von Ackerleuten, Architekten und Kleidungskundigen,[129] Werkzeugkundigen und Hirten,[130] Händlern, Verkäufern, weiteren Dienstleistern und Gelegenheitsarbeitern[131]) unter Gesichtspunkten eines *auskömmlichen* „Lebens" als „vollständig" gelten kann.[132] Anders gesagt, eine Polis

---

[126] Platon. Der Staat, S. 124–139 (368e-372c).
[127] Platon. Der Staat, S. 124–127 (368d-369b).
[128] Platon. Der Staat, S. 126–127 (369b-c).
[129] Platon. Der Staat, S. 128–129 (369d).
[130] Platon. Der Staat, S. 130–133 (370c-e).
[131] Platon. Der Staat, S. 132–137 (371a-371e).
[132] Platon. Der Staat, S. 128–129 (369d) und S. 134–137 (371b-372a).

3.4 Die Untersuchungsgruppe

ist nicht schon eine gerechte Einrichtung, bloß weil dies eine *Polis* ist; allerdings hält Sokrates dafür, dass bereits in der Polis des auskömmlichen Lebens (auch wenn sie von Gerechtigkeit nichts weiß) eine Form von *Theologie* existiert („bekränzt den Göttern lobsingend").[133]

Glaukon–Sokrates (I). Die *zweite* Etappe[134] beginnt mit einem polemischen Einspruch Glaukons gegen Sokrates' Konzept einer Polis des auskömmlichen Lebens („[Polis] der Schweine"), dem er eine Lebensform gegenüberstellt, die für die Untersuchungsgruppe ‚realistischer' ist: ein durch *Luxus* („Zukost und Nachtisch") gesteigertes Leben, dem, nach Sokrates' Formulierung, der Typus der „üppige[n]" (bzw. „aufgeschwemmte[n]") Polis korrespondiert.[135] Eine solche Polis ist der Untersuchung zufolge sowohl dem Bevölkerungsvolumen als auch der räumlichen Ausdehnung nach *größer* als eine *auskömmliche* Polis (die Sokrates „gesund" nennt[136]): Sie umfasst notwendig einen „Haufen Volks", das für ‚Zukost und Nachtisch' sorgt; außer der Figur des *„Diener[s]"* hält hier mit den *„Dichter[n]"* (nebst anderen Vertretern der schönen Künste)[137] auch eine Gruppe Einzug in die Polis, die im vorangegangenen Gespräch einigen Lehren vom Lebensweg ihre Autorität geliehen hat; und da eine üppige Polis sich, um die gewachsene Bevölkerung (möglichst in Luxus) zu erhalten, „von den Nachbarn Land an[eignen]" muss, d. h. eine Polis des *Krieges* ist, bildet in ihr eine Gruppe von Kriegsleuten *(„Wächter")* ein tragendes Element.[138] Dies ist, wie wir uns erinnern, eine Gruppe, zu der wegen ihrer Leistungen im ‚Megarischen Gefecht' Adeimantos und Glaukon sich zählen können – und die Nikias, der Vater des anwesenden Nikeratos, im großen Stil verkörpert.

Nach Sokrates' Frage und Glaukons (unwidersprochener) Meinung kennzeichnet die Angehörigen der *Wächter*-Gruppe eine besondere „Natur[]".[139] Wegen ihr sollen sie besonders geeignet sein, das widersprüchliche Handlungsmuster, das Kriegsleute pflegen müssen, zu bewältigen: ohne weitere Prüfung einigen Leute („Befreundeten" bzw. „Bekannten" und „Hausgenossen") vollkommen anders („sanft" statt „hart") zu begegnen als anderen („Feinden" bzw. „Unbekannte[n]"

---

[133] Platon. Der Staat, S. 136–137 (372b).
[134] Platon. Der Staat, S. 138–153 (372c-376d).
[135] Platon. Der Staat, S. 138–139 (372c-e).
[136] Platon. Der Staat, S. 138–139 (372e).
[137] Platon. Der Staat, S. 140–141 (373b-c); Hervorhebungen von mir/PG.
[138] Platon. Der Staat, S. 140–143 (373d-e) und S. 144–145 (374e); Hervorhebungen von mir/PG.
[139] Platon. Der Staat, S. 146–147 (374e).

und „Fremdartige[n]").[140] Diese ‚Naturen' sind, mit anderen Worten, besonders geeignet, der ‚intuitiven' Regel zu folgen, die Polemarchos für seine (pseudo-) simonidesianische Lehre vom Lebensweg formuliert hatte. Sokrates bemüht sich, der Untersuchungsgruppe nahezubringen, dass diese Regelfolge, solange sie der ‚Natur' überantwortet bleibt, dem Verhalten „edler Hunde" ähnelt.[141]

Adeimantos–Sokrates (II). Der *dritten* Etappe[142] liegen zwei Fragen voraus, die Sokrates formuliert: (1) die nach der *Erziehung* der Wächter (d. h. nach dem, was *mehr* als ‚Natur' am in der *üppigen* Polis vorherrschenden Typus ist); (2) ob eine Theorie der Wächter-Erziehung überhaupt zur Klärung der Frage der gerechten Polis beitragen kann. Die Etappe beginnt, indem Adeimantos diese Frage (unwidersprochen) bejaht.[143] Das erste Element der Wächter-Erziehung, welches Sokrates daraufhin einführt, ist der Vortrag von „Märchen", wozu nicht zuletzt „Dichter" (wie Hesiod oder Homer) beitragen (mittels „größere[r] Märchen", d. h. „Rede[n] von Göttern und Heroen"): eine Form *seelischer* Erziehung, die prägnanterweise „Wahres" im Mittel der Lüge („im ganzen […] Falsches") vermittelt,[144] bei deren Ausübung allerlei misslingen kann und die *Eindeutigkeit* der ‚Botschaft' des Dichters wichtiger als seine *Kunstfertigkeit* sein soll.[145]

Glaukon–Sokrates (II). Als Glaukon von Adeimantos übernimmt (*vierte* Etappe[146]), indem er dokumentiert, dass es ihm bei der Methode, nach der die Untersuchungsgruppe praktiziert, an Sicherheit mangelt („wüßte […] nicht gleich […], was wir wohl sagen müssen"),[147] hat sich (noch) nicht erwiesen, dass eine Theorie der Wächter-Erziehung (wie Adeimantos meinte) zur Klärung der Frage der gerechten Polis beitragen kann (die selbst, wie wir uns erinnern, zur Klärung der Frage des Gerechten am Einzelnen beitragen soll, die ihrerseits das Problem der *Lehre vom Lebensweg* pointiert). Im Folgenden berührt Sokrates (der anscheinend Glaukons methodische Unsicherheit als Aufforderung versteht, der Untersuchungsgruppe sein Kommunikationsregime ausführlich zu demonstrieren) zwar das Problem der *Rechtsprechung* der Polis. Aber nur um zu zeigen, dass bei der Erziehung zum *Richter* „Ungerechtigkeit" nicht etwa auf dem Weg

---

[140] Platon. Der Staat, S. 148–151 (375c-376b).
[141] Platon. Der Staat, S. 146–147 (375a) und S. 148–151 (375d-e).
[142] Platon. Der Staat, S. 152–217 (376d-398c).
[143] Platon. Der Staat, S. 152–155 (376c-e).
[144] Platon. Der Staat, S. 154–157 (377a-e).
[145] Platon. Der Staat, S. 156–217 (377e-398a).
[146] Platon. Der Staat, S. 216–277 (398c-417b).
[147] Platon. Der Staat, S. 216–219 (398c).

3.4 Die Untersuchungsgruppe

der Selbstforschung, sondern mit Mitteln der Ethnographie erschlossen werden sollte – und nicht um zu klären, was eine Polis zu einer *gerechten* Polis macht.[148] Im Gegenteil hat Sokrates bereits zuvor Glaukons (seitens der übrigen Anwesenden unwidersprochene) Zustimmung für eine Regel gewonnen, der zufolge ein hoher Bedarf an Richtern (ähnlich wie ein hoher Bedarf an medizinischen Dienstleistungen) als Kennzeichen des sittlichen Niedergangs einer Polis gelten soll: von „Unbildung" und „Mangel an eigenem [Recht]".[149]

Vor dem Hintergrund der Komplexität der Wächter-Erziehung im Allgemeinen, der Richter-Erziehung im Besonderen und der Jugend im Prinzipiellen,[150] die das Gespräch mit Glaukon ergibt, holt Sokrates dessen Zustimmung ein, das Bild der üppigen Polis um eine Gruppe zu erweitern, der, wenn wir an den Titel des Dialogs denken, fundamentale Bedeutung zukommt: *Epistaten* (*epistatoi*), erst *deren* (,erzieherische') Tätigkeit den Erhalt der „*Politeia*" („regime") sichert.[151] Das Auftreten dieser Gruppe kommt, wie wir gleich sehen werden, einer regelrechten (und auf Dauer gestellten) *Neu*-Gründung der (üppigen und kriegerischen, ursprünglich genossenschaftlichen und noch immer nicht gerechten) Polis gleich. Auf der Ebene der sozialen Praxis erreichen wir mit der Einführung der Epistaten die (oben angekündigte) Gesprächs-Sequenz, in der Sokrates die offene Frage der Regeln und Prinzipien der Untersuchungsgruppe *soziologisch verschärft*.

Epistaten treffen in der *Polis* solche (erzieherischen) Entscheidungen, deren Kriterien die *Untersuchungsgruppe* (in einem *Oikos*) entwickelt. Sie sind es, die „bestimmen […] ,welche […] zu gebieten haben sollen und welche zu gehorchen".[152] Dabei orientieren die Epistaten sich, falls sie so vorgehen, wie Sokrates und Glaukon als Sprecher der Untersuchungsgruppe es empfehlen, (1) am Maßstab kompromisslosen „Eifer[s]" für die Belange der Polis; (2) an der Frage, wie „schwer zu betrügen" einer ist; am Kriterium (3) der Selbstbeherrschung („guter Hüter über sich selbst") und (4) an dem der sicheren Vertrautheit mit der politisch-ästhetischen Tradition („guter Hüter […] seiner überlieferten Musik").[153] Wer diese Kriterien erfüllt, kommt für die Regierung in Frage.

---

[148] Platon. Der Staat, S. 250–251 (409a-c).
[149] Platon. Der Staat, S. 238–241 (405a-c).
[150] Vgl. Platon. Der Staat, S. 250–253 (409a-410a).
[151] Platon. Der Staat, S. 258–261 (412a-c); Hervorhebung von mir/PG. Bloom. *The Republic of Plato,* S. 91.
[152] Platon. Der Staat, S. 260–261 (412b).
[153] Platon. Der Staat, S. 262–267 (412e-413e).

Eine Polis, die über Epistaten verfügt, hat (ohne deswegen bereits notwendig eine *gerechte* Polis zu sein) die Ordnungsschöpfung professionalisiert: Jedem Jungen, der in die Polis eingeführt wird, wird durch ihre Prüfungen und Entscheide im Sinne der epistatischen *Politeia* ein Spektrum politischer Positionen ermöglicht (und verschiedenen wird ein Spektrum solcher Positionen verschlossen); für die Epistaten selbst bedeutet jede neue Generation Möglichkeit *und* Notwendigkeit, die Ordnung der Polis zu erneuern und so zu bewähren. Die Untersuchungsgruppe lässt indes vollkommen offen, wie die Polis zu ihren Epistaten kommt und wie Epistaten sich über ihre Prüfverfahren und Entscheide verständigen sollen – während zugleich das Gespräch der Untersuchungsgruppe selbst der Verständigung über Epistaten-Praxis gilt.

Mit anderen Worten, das Publikum des Berichts sieht sich, sofern es sich um ein einigermaßen aufmerksames Publikum handelt, vor die Frage gestellt, ob Sokrates ihm gerade die Planung eines (stillen) *Coup d'État* schildert: Kommt die Polis zu ihren Epistaten, indem eine Gruppe wie der Kreis in Kephalos' Haus sich in einem politischen Séparée mittels eines angeleiteten Gründungsakts zu Epistaten selbst ermächtigt? Ist die Vergemeinschaftung der Untersuchungsgruppe der Anfang einer (stillen) Revolution der Politeia-Kundigen?

3.5 Epistaten und andere

Während die Frage des (stillen) *Coup d'État* sich dem Publikum des *Berichterstatters* stellen mag, richtet der *Besucher* Sokrates an Glaukon (der selbst keine solche Fragen stellt, sondern sich für die Sache der Epistaten durch Appell an seinen Glauben an einen allgemeinen „Willen" zum „Guten" und zur „richtigen Meinung" gewinnen lässt) die Frage, „[w]elche Möglichkeit [...] es gäbe, eine Unwahrheit von [...] unentbehrliche[r] Art", d. h. „eine[] *einzige[], ehrenhafte[] Lüge* [„noble lie"] vornehmlich [den] Befehlshabern selbst, wo aber nicht, doch [der] übrigen Stadt" glaubhaft zu machen.[154] D. h. er schließt das Problem der Epistaten zusammen mit dem ersten Element der (seelischen) Wächter-Erziehung, das er bereits Adeimantos vorgelegt hat: mit der (üblicherweise von *Dichtern* und in Form von *Mythen* praktizierten) Vermittlung von etwas *Wahrem* (dem wahrhaft

---

[154] Platon. Der Staat, S. 262–263 (413a) und S. 266–267 (414b-c); Hervorhebung von mir/PG. Bloom. *The Republic of Plato*, S. 93.

3.5 Epistaten und andere

Besten der Polis) im Mittel der *Lüge*. Wie erinnerlich hat die Untersuchungsgruppe sich bereits verdeutlicht, dass bei diesem Procedere allerlei misslingen kann, und daraufhin einer Dichter-Skepsis Ausdruck verliehen.[155]

Der *Gegenstand* der einzigen, unentbehrlichen, ehrenhaften Lüge, mit der nach Sokrates' Vorschlag Epistaten der übrigen Polis (zu deren Wohl) die eigenen ‚dunklen' Anfänge verschleiern müssten, um ihre Erziehungs-Politik abzusichern, ist alles, was „wir" – die Epistaten-Gemeinschaft – bis zu dem Zeitpunkt, an dem die Jungen der Stadt (ob als Regierende oder Regierte) in deren politische Reihen einrücken, „an ihnen erzogen haben und gebildet": Dies *alles* sollte den (erwachsenen) Bürgern der Polis nur „wie im Traume" in Erinnerung bleiben. Stattdessen würde besagte (einzige) Lüge die Jugend zu einem *unterirdischen* Zeitraum verklären, während dessen an ihnen (verstanden als „Brüder[n]") insgeheim ein „Gott" gewirkt hat – mit dem Ergebnis, dass sie *sind,* was sie in der Polis der Epistaten (an „[ihrer] Natur gebührender Stelle") *geworden* sind oder sein *werden;* ob Herrscher, Herrschaftsgehilfen oder Werktätige.[156]

Wir können den Einsatz eines solchen „*mythos*" („tale")[157] der ‚natürlichen' Ungleichheit mit einer gewissen Berechtigung die *theologische Politik* der Epistaten nennen. Wenn das Publikum des Berichts die Untersuchungsgruppe als Nukleus eines bevorstehenden epistatischen *Coup d'État* versteht, kann es keinen Zweifel hegen, dass die Anwesenden selbst (anders als die Menschen der Polis, die sie im Gedankenexperiment erziehen) davon ausgehen, dass an der ‚theologischen' Seite epistatischer Politik nichts ist. Handelt es sich um ein aufmerksames Publikum, wird es sich erinnern, dass bereits früher, vor Glaukons Intervention zugunsten der Verhandlung der *üppigen* Polis, die Untersuchungsgruppe die Theorie einer *nicht*-ständischen (*genossenschaftlichen*) ‚Natur' der Polis (ebenfalls mit Blick auf einen ‚unrealistischen' Zeitraum) entwickelt hatte. D. h. das Publikum hat Gründe, mit der Möglichkeit zu rechnen, dass es den Epistaten tatsächlich ernst damit ist, abgesehen von dieser *einzigen* Lüge, die ihr Erziehungs- und Bildungswerk theologisch-politisch absichern möchte, bei der Wahrheit zu bleiben.

Bereits in der vorangegangenen Adeimantos-Sequenz, im Zusammenhang der Dichter-Kritik, hat dieses Publikum von der sozialen Sprengkraft solcher „wahren Lüge[n]" gehört. Demnach versetzt auch ein Mythos wie der der Epistaten die gesamte Polis in den Zustand einer „Unwissenheit in der *Seele*". Gerade einen solchen Zustand aber wird jedermann „am wenigsten wünschen" und

---

[155] Platon. Der Staat, S. 268–269 (414c-415a).
[156] Platon. Der Staat, S. 268–271 (414d-415c).
[157] Platon. Der Staat, S. 268–269 (415a). Bloom. *The Republic of Plato,* S. 94.

wird folglich mit „vorzüglich[em] [H]ass[]" reagieren, wenn er die Lüge durchschaut – während umgekehrt die meisten den Nutzen von „Unwahrheit[en]", die in *„Reden"* verbreitet werden, gelegentlich „als ein ableitendes Mittel" zu schätzen wissen.[158] Das Publikum des Berichts weiß also ebenso gut wie die, von denen ihm berichtet wird, dass eine solche Lüge eine heikle Sache ist; von Sokrates erfährt es überdies, dass er „mit gutem Recht bedenklich gewesen" ist und es für „Dreistigkeit" hält, nur ihre Möglichkeit auszusprechen.[159]

Dabei sollten wir nicht übersehen, dass Sokrates zu keinem Zeitpunkt, seit in seinem Bericht er und Glaukon die Bendideen (Ausdruck der theologischen Politik des ‚realen' Athen) verlassen haben, sein Publikum in Zweifel über die Vielschichtigkeit der Untersuchungsgruppe gelassen hat: über ihre unterschiedlichen, teils widerstreitenden Lehren vom Lebensweg und Kommunikationsregimes. Mit anderen Worten, der Bericht lässt keinen Zweifel, dass die Lüge der Epistaten eine heikle Angelegenheit nicht nur in ihrem Verhältnis zu Regierenden und Bürgern ist, sondern auch in ihren Verhältnissen untereinander. Umso problematischer ist, dass die Fragen, wie die Polis zu ihren Epistaten kommt und wie Epistaten sich über ihre Prüfverfahren und Entscheide verständigen, unbeachtet bleiben.

Adeimantos–Sokrates (III). Adeimantos löst Glaukon als Sokrates' Gesprächspartner ab (*fünfte* Etappe[160]), als das Programm der epistatischen Erziehung der Polis, das Sokrates mit Glaukons Zustimmung entwirft, Züge der (genossenschaftlichen) Polis des auskömmlichen Lebens annimmt.[161] Er interveniert mit einem Einwand vergleichbar dem, den Glaukon gegen eine *Polis der Schweine* vorgebracht hat: dem Luxus („[G]lück" des [G]enießen[s]"), den, so wie allgemein ein Privateigentum, dieses Programm den „Wächter[n]" vorenthält.[162] Sokrates nimmt diesen Einwand zum Anlass, eine Umgründung der bestehenden Polis (die noch immer keine *gerechte* Polis ist) in eine *„glückselige"* Polis vorzuschlagen. Deren gemeinsame Glückseligkeit wird allerdings nicht (in erster Linie) ‚Zukost und Nachtisch' sein, sondern soll man sich vorstellen als gebunden an professions- und positionsspezifisch unterschiedliche Formen, sein Glück zu machen – idealerweise im Einklang mit der „Natur" ihrer Träger.[163] Dies

---

[158] Platon. Der Staat, S. 172–173 (382a-c); Hervorhebungen von mir/PG.
[159] Platon. Der Staat, S. 268–269 (414c-d).
[160] Platon. Der Staat, S. 278–303 (419a-427d).
[161] Platon. Der Staat, S. 274–277 (416d-417b).
[162] Platon. Der Staat, S. 276–279 (417b-419a).
[163] Platon. Der Staat, S. 280–281 (420c) und S. 282–283 (421c); Hervorhebung von mir/PG.

3.5 Epistaten und andere

setzt, wie Sokrates mit Adeimantos' Hilfe ermittelt, ein *Gleichgewicht der Güterverteilung* und *Mäßigung* des (nach den Regeln der *üppigen* Polis *expansiven*) Gesamt-Bedarfs der Polis voraus.[164] Sokrates holt Adeimantos' Einverständnis ein, dass eigentlich erst mit dieser (epistatischen) Umgründung von einer Polis die Rede sein könne: Wo immer ein solches Gleichgewicht *nicht* gewährleistet ist (d. h. in jeder Stadt *ohne* Epistaten), und wann immer eine Polis ihren Bereich überdehnt hat, existieren tatsächlich unter demselben Namen „*zwei*" oder „*viele*" Poleis.[165]

Dem Bericht zufolge gewinnt Sokrates Adeimantos für die Sache der Epistaten, weil dieser eher der Erziehung als „Sitten" und „Gesetzen" zutraut, „rechtliche[n] und tüchtige[n] Männer[n]" zu ermöglichen, was ihnen zukommt.[166] Die Gegenfiguren einer solchen rechtschaffenen Leistungselite sind Polis-*Schmeichler*, die bloß des Zuspruchs der „Menge" wegen meinen, politisch etwas geleistet zu haben.[167]

Die gedankenexperimentelle Umgründung der *üppigen* zur *glückseligen* Polis, deren Vollzug Sokrates anzeigt, lässt die von den Alten überlieferte theologische Politik („Tempel und Opfer", „Verehrungen der Götter, Dämonen und Heroen", „Beisetzung der Verstorbenen") intakt, hebt an ihr indes besonders die überragende Bedeutung des „delphischen **Apollon**" (d. h. die *trans*politische Dimension der Polis der Epistaten) hervor.[168] Das aufmerksame Publikum, das wir für Sokrates' Bericht voraussetzen, wird bemerken, dass Sokrates an dieser Stelle nicht auf die offene Frage der Mythen und der einzigen, ehrenhaften bzw. wahren Lüge zurückkommt. Es weiß nicht, ob Sokrates von dem Wissen ausgeht, dass an *dieser* theologischen Seite epistatischer Politik nichts ist, weiß aber, dass, wäre dies der Fall, Sokrates' Umgründung nichts anderes als eine freischaffende Variation einer Epistaten-Lüge wäre. Und dieses Publikum hat Gründe zu vermuten, dass Adeimantos von diesem Wissen *nicht* ausgeht, also womöglich Träger einer *Unwissenheit in der Seele* ist.[169] Rechnet es mit der Möglichkeit, dass Sokrates von der Vorbereitung eines epistatischen *Coup d'État* berichtet, muss es sich also die Frage stellen, ob nicht die Polis auf einem Weg zu ihren Epistaten kommt, der mit Wissen wenig zu tun hat: indem ein findiger Redner einer für die

---

[164] Platon. Der Staat, S. 282–291 (421d-423c).
[165] Platon. Der Staat, S. 286–289 (422c-423c); Hervorhebungen von mir/PG.
[166] Platon. Der Staat, S. 292–295 (424d-e) und S. 296–297 (425c-e).
[167] Platon. Der Staat, S. 298–301 (426b-d).
[168] Platon. Der Staat, S. 300–303 (427b-d).
[169] Platon. Der Staat, S. 302–303 (427c-d).

Gerechtigkeit begeisterten Jugend eine bestimmte theologische Politik glaubhaft macht.

Glaukon–Sokrates (III). Der Übergang zur *sechsten* Etappe[170] bringt eine Auffälligkeit mit sich. Dem Bericht zufolge fordert Sokrates Adeimantos auf, „[s]einen Bruder und den Polemarchos und die anderen herbei[zurufen]"; d. h. er zeigt dem Publikum an, dass wenigstens ein Teil der vorangegangenen Adeimantos-Sequenz (und jedenfalls der letzte) nicht mehr das Gespräch einer Untersuchungsgruppe, sondern ein Zwiegespräch gewesen ist – wenn dieses Publikum Sokrates' Aufforderung an Glaukon nicht bloß als rhetorisches Mittel versteht, mit dem er die übrigen Anwesenden, von denen länger nichts zu hören war, zum Mitreden auffordert oder an ihre Aufmerksamkeit appelliert.

Der Hintergrund für Glaukons Übernahme ist, dass Sokrates von Neuem an das (entgegen Adeimantos' Meinung) auch im Rahmen einer Theorie der Wächter-Erziehung ungeklärte Verhältnis von Gerechtigkeit und Ungerechtigkeit erinnert – was für den ‚rüstigen' Glaukon Anlass ist, Sokrates an dessen Zusage zu erinnern, sich um die Klärung dieses Verhältnisses kümmern zu wollen.[171]

Wie das Publikum sich erinnern wird, war die Basis dieser Zusage – auf dem Weg zur Konstitution der Untersuchungsgruppe – Sokrates' (präzisiertes) Verdikt von der *Weisheit* (nebst der *Güte*) des Gerechten, deren soziologischen Mittelpunkt ein bestimmter *Willens*-Typus bildete: *Makarianen,* die der Wille kennzeichnet, ein *glückseliges* Leben *als Größen der Polis* zu führen, d. h. im äußersten Fall Glückseligkeit im *frei*willigen Opfer des eigenen Lebens für die Sache der Polis zu finden. Das Publikum hat also gute Gründe zu vermuten, dass das Erziehungs-Programm der Epistaten eine Art *Makarianen*-Erziehung ist, folglich die gegenüber Sitten und Gesetzen misstrauische, an die überlieferte (‚delphische') theologische Politik gebundene Polis der Epistaten damit steht und fällt, ob Makarianen in ihr die Oberhand haben.

Die folgende Prüfung der Lage der Tugenden in der Polis der Epistaten beginnt nach Sokrates' Vorschlag mit der „Weisheit", die vor allem in der Regierungselite („vollkommene Hüter") verbreitet, in der Gruppe der Epistaten selbst („kleinste Zunft und Abteilung") gleichsam zu Hause sein müsste;[172] das Publikum des Berichts kann sich an dieser Stelle daran erinnern, dass die Frage der ‚vollkommenen Hüter' zuvor für Sokrates Anlass war, die Untersuchung auf die Frage der politischen Potentiale einer wahrhaften Lüge zu lenken.[173] Auf die Weisheit

---

[170] Platon. Der Staat, S. 302–367 (427d–449b).
[171] Platon. Der Staat, S. 302–303 (427e).
[172] Platon. Der Staat, S. 304–305 (428b) und S. 306–307 (428d–429a).
[173] Platon. Der Staat, S. 266–269 (414b-c).

3.5 Epistaten und andere

folgt erst die (entsprechend der Lage der Polis wohltemperierte) „Tapferkeit", die ihren bevorzugten Ort unter den (nach epistatischen Regeln erzogenen und von Epistaten ausgewählten) Kriegsleuten haben müsste;[174] dann die (von Epistaten anerzogene) „Besonnenheit", die in der Polis idealerweise jeder an den Tag legen sollte, ob als (aktuell) „Regierende[r]" oder als „Regierte[r]".[175]

Bevor (endlich) „Gerechtigkeit" zur Sprache kommt, fordert Sokrates Glaukon unvermittelt zu einem gemeinsamen *Gebet* auf;[176] später, als (scheinbar) die Lage der Gerechtigkeit in der Polis der Epistaten geklärt ist, wird er dieses Ergebnis auf das Gebet zurückführen. Vor dem Hintergrund des Ausgangs der vorangegangenen Adeimantos-Sequenz kann das Publikum des Berichts vermuten, dass jener „Gott", den das Gebet adressiert hat,[177] im *(transpolitischen)* Bund mit dem delphischen Apollon steht oder sogar mit ihm identisch ist. Dem Bericht zufolge geht die (scheinbare) Klärung der Lage der Gerechtigkeit auf ein auf das Gebet folgendes *Anzeichen* zurück: „etwas", das Sokrates „erblickt" haben will („caught sight").[178] Demnach „scheint" es, wie er seinem Mit-Beter mitteilt, in der Polis der Epistaten gerecht zuzugehen, gerade wenn sie so geordnet ist, wie sie im *Mythos von der ‚natürlichen' Ungleichheit* geordnet ist: wenn „jeder" der eigenen „Natur" entsprechende Tätigkeiten entfaltet.[179]

Sokrates lässt sein Publikum wissen, dass er die Untersuchungsgruppe zu keinem Zeitpunkt in Zweifel über die Tücken des auf das Gebet folgenden Anzeichens gelassen hat („noch nicht allzu fest behaupten").[180] Tatsächlich basiert sein Lösungsvorschlag, abgesehen von dessen theologischer Beglaubigung, auf dem tautologischen Gedanken, dass die Polis der Epistaten gerecht ist, weil und wenn dies eine Polis der Epistaten ist. Die folgende Demonstration ist denn auch eine einfache Übersetzung der drei (‚natürlichen') Stände der Epistaten-Polis in eine Typologie der Seelenaufbauten (gemäß der frühzeitig vereinbarten approximativen Methode).[181]

Ist das Publikum des Berichts einigermaßen aufmerksam, wird es sich des Eindrucks nicht erwehren können, dass Sokrates Glaukon auf diese Weise bloß

---

[174] Platon. Der Staat, S. 308–309 (429a) und S. 310–313 (429e-430c).
[175] Platon. Der Staat, S. 312–313 (430d) und S. 316–317 (431d-e).
[176] Platon. Der Staat, S. 318–319 (432c).
[177] Platon. Der Staat, S. 356–357 (443b-c).
[178] Platon. Der Staat, S. 318–321 (432d). Bloom. *The Republic of Plato*, S. 111.
[179] Platon. Der Staat, S. 320–323 (432d-433d).
[180] Platon. Der Staat, S. 326–327 (434d).
[181] Platon. Der Staat, S. 326–357 (434d-443b); vgl. S. 124–127 (368d-369b).

eine ‚erwachsenere' Variante des Epistaten-Mythos erzählt – so wenig ihm entgehen wird, dass Glaukon *nicht* das Problem der *Unwissenheit in der Seele* (wie die Polis zu ihren Epistaten kommt) umtreibt, das Sokrates' Erzählung verschleiern möchte, sondern dass er *frei*willig,[182] also wie ein rechter *Makariane,* Sokrates' Demonstration folgt. Auch nachdem Sokrates diese Demonstration einen „Traum" genannt hat[183] (also ungefähr so, wie als Element der *ehrenhaften Lüge* das epistatische Erziehungswerk erinnert werden soll[184]), bleibt es bei diesem Eindruck: Wie Sokrates' Bericht deutlich macht, ist Glaukon nach der (scheinbaren) Klärung des Problems der Gerechtigkeit im Grunde nicht einmal mehr ‚rüstig' genug, die Frage der Ungerechtigkeit und der ungerechten Regimes (d. h. die zweite Seite des Verhältnisses, um das es seit der Kephalos-Sequenz geht) untersuchen zu wollen.[185]

Mit anderen Worten, diese Gesprächsetappe ergibt, dass Glaukon zwar über *makarianische* Potentiale verfügen mag, aber man sich mit ihm *nicht* wie unter *Epistaten* verständigen kann – so wenig wie, im Ergebnis der vorangegangenen Etappe, mit Adeimantos. Sokrates geht es nun, wie er berichtet, erst einmal darum, dass der gerechtigkeitsfrohe Glaukon lernt, „wie viele Arten [...] die Schlechtigkeit hat".[186]

[Polemarchos–]Adeimantos–Sokrates[–Thrasymachos]. Zu Beginn der folgenden (*siebten*) Etappe[187] gibt Sokrates' Bericht das erste Mal seit Beginn der Thrasymachos-Krise die Wahrnehmung einer Bewegung im Raum wieder: Polemarchos, von dem das Publikum nichts mehr gehört hat, seit er sich im Zuge des Thrasymachos-Gesprächs zum ‚Team' Sokrates bekannt hat, sucht Adeimantos' Rat, ob eine Intervention opportun sei; als deren Grund nennt daraufhin Adeimantos (ohne dass das Publikum erfährt, ob dies auch Polemarchos' Worte waren) Sokrates dessen „[Be]quem[lichkeit]", die ihn bereits zur Untersuchung der ungerechten Regimes leite, während doch die Lage von Ehe und Familie („Weiber[] und Kinder[]") in der (scheinbar gerechten) Polis der Epistaten noch ungeklärt ist.[188]

---

[182] Vgl. nur Platon. Der Staat, S. 328–329 (435a), S. 328–331 (435d) und S. 330–331 (436a).

[183] Platon. Der Staat, S. 356–357 (443b).

[184] Allerdings verwendet er hier, wenn er von *tò enýpnion* spricht, einen weniger an Mythologisches anknüpfenden Begriff als dort *(óneirata).*

[185] Platon. Der Staat, S. 358–359 (444a), S. 362–363 (445a-b) und S. 364–365 (445d-e).

[186] Platon. Der Staat, S. 362–365 (445c).

[187] Platon. Der Staat, S. 367–371 (449b-451a).

[188] Platon. Der Staat, S. 366–369 (449a-c).

3.5 Epistaten und andere

Neben Glaukon (der bekanntlich ohnehin lieber über das Gerechte als über das Ungerechte sprechen wollte) nennt der Bericht als Unterstützer der Polemarchos-Adeimantos-Intervention ausdrücklich Thrasymachos, von dem das Publikum zuletzt vor der Konstituierung der Untersuchungsgruppe gehört hat, als er seinen anhaltenden (spöttischen) Protest gegen Sokrates' Kommunikationsregime kenntlich gemacht hat. Nun erklärt er sich (unwidersprochen) zum Sprecher „alle[r]" gegen Sokrates. Die Formulierung, die er wählt, um das Unbehagen der jungen Leute an Sokrates' Untersuchungsleitung zu pointieren, muss ein aufmerksames Publikum unweigerlich an das Bild erinnern, mit dem der epistatische *Mythos der ‚natürlichen' Ungleichheit* im Besonderen die *Regierenden* auf das Regime verpflichtet.[189] Mit anderen Worten, das Publikum muss sich fragen, ob nicht Thrasymachos (unter Spott verborgen) Sokrates anzeigt, dass *er* (immerhin Lehrer der Rhetorik) schon verstanden hat und zu zeigen wüsste, was es heißt, dass die Polis der Epistaten auf dem Weg der *Lüge* zur *Gerechtigkeit* gekommen ist.

Glaukon–Sokrates (IV). Die *achte* Etappe[190] setzt ein, indem Glaukon das Gespräch wieder aufnimmt, nun aber anhand des Gegenstands, an den Polemarchos erinnert und den Adeimantos ins Gespräch gebracht hat.[191] Wie Sokrates am nächsten Tag berichtet, stellt er alles, was er *in der Folge* zur Lage von Ehe und Familie in der Polis der Epistaten sagen wird, unter den fundamentalen Vorbehalt, dass es dem Vortrag eines „fromme[n] Wunsch[es]" („prayer") zum Verwechseln ähnlich sieht (was bereits für seine *vorangegangene* Darstellung Thrasymachos angedeutet hat). Zumal habe er der Untersuchungsgruppe zu verstehen gegeben, dass keineswegs sicher sei, ob er „w[eiß], wovon [er] rede[t]". Die Ankündigung, „viel Unglaubliches" zu äußern, versieht er mit der Anmerkung, dies gelte ebenso für die vorangegangenen Äußerungen.[192]

Sokrates behandelt dann die Lage von Ehe und Familie in der Polis der Epistaten (ohne Einwände der übrigen Untersuchungsgruppe) in der Linie des Problems der *Wächter*-Erziehung;[193] und tatsächlich hat der vorangegangene Gesprächsverlauf nichts daran geändert, dass (wie bereits seit Glaukons Intervention gegen das Konzept einer Polis der *Schweine*) von einer Polis des *Krieges* die Rede ist. Die *Unglaublichkeit*, die Sokrates angekündigt hat und der er durch

---

[189] Platon. Der Staat, S. 368–369 (450a-b).
[190] Platon. Der Staat, S. 371–477 (451b-487a).
[191] Platon. Der Staat, S. 370–371 (451b).
[192] Platon. Der Staat, S. 370–371 (450d-e). Bloom. *The Republic of Plato*, S. 128.
[193] Platon. Der Staat, S. 372–373 (451c-d).

Hinweise auf eigene „Bedenken"[194] und Glaukons ausdrücklichen Zweifel[195] Nachdruck verleiht, umfasst: (1) eine Theorie geschlechtsunabhängiger „natürliche[r] Anlagen", in deren Konsequenz es in der Polis der Epistaten weder typisch weibliche noch typisch männliche Tätigkeitsfelder geben kann;[196] (2) ein Konzept strikter *Ko*edukation künftiger Wächter*innen;[197] (3) ein Konzept, das wir einen *Kommunismus der Reproduktion* nennen können („alle allen [...] gemein"; „keine[r] einem [anderen] *eigentümlich* beiwohne"; „weder ein Vater sein Kind kenne, noch auch ein Kind seinen Vater").[198]

Den vorangestellten Gedanken, dass in Sokrates' Szenario der Polis der Epistaten als einer Polis *ohne* Ehe und Familie, das er im Haus der Kephalos-Familie ausarbeitet, womöglich bloß ein *frommer* Wunsch Ausdruck findet, wird das Publikum des Berichts vom Folgetag wiederfinden, wenn Sokrates Glaukon auf die Notwendigkeit der Einrichtung eines Rituals *heiliger Hochzeiten* („gewisse[r] Feste", „Opfer", „Gesänge") hinweist.[199] In diesem Zusammenhang erlangen nun auch „*Dichter*", d. h. die traditionellen, an sich bekanntlich wenig vertrauenswerten Verbreiter von etwas *Wahrem* im Mittel der *Lüge*, eine Position in der Polis der Epistaten:[200] als ausführende Organe der Übertragung des Mythos[201] der ‚natürlichen' (und dabei nicht spezifisch geschlechtlichen) Ungleichheit auf den Bereich der Reproduktion der Polis. Der allgemeine Rahmen für die theologische Seite der Epistaten-Politik bleibt auch in Fragen des rechten Sexus Delphi („die **Pythia**");[202] und die Einheit der Polis trägt auch in der reproduktionskommunistisch erweiterten Version dieses *Märchens für Erwachsene* ein *makarianisches* Bild.[203] Sokrates ist es wichtig zu klären, dass ein intaktes Verhältnis zu den ‚olympischen' Regeln „*Hellenen*" von „*Barbaren*" (und „Fehde[n]" von „Krieg[en]") scheidet.[204]

---

[194] Platon. Der Staat, S. 378–379 (453d).
[195] Platon. Der Staat, S. 392–393 (457d-e).
[196] Platon. Der Staat, S. 384–387 (455d).
[197] Platon. Der Staat, S. 386–389 (456a-d).
[198] Platon. Der Staat, S. 392–393 (457c-d); Hervorhebungen von mir/PG.
[199] Platon. Der Staat, S. 396–397 (458e) und S. 398–401 (459e-460a).
[200] Platon. Der Staat, S. 398–401 (459e-460a); Hervorhebung von mir/PG. Vgl. S. 420–421 (466c) und S. 428–429 (468c-469a).
[201] Platon. Der Staat, S. 398–399 (459c-d und 460a).
[202] Platon. Der Staat, S. 406–407 (461e).
[203] Platon. Der Staat, S. 408–409 (462c-d).
[204] Platon. Der Staat, S. 432–437 (469e-471b); Hervorhebungen von mir/PG.

3.5 Epistaten und andere

Glaukon, mit dem Sokrates sich erwiesenermaßen *nicht* wie unter Epistaten verständigen kann, bleibt (trotz hinterlegter Zweifel im Detail) für die ‚erwachsene' Variante des Märchens empfänglich und zeigt ein besonderes Interesse daran, dass es bei der Auswahl der Wächter nach „[R]ein[heit]" gehen soll.[205] Allerdings stellt sich ihm die Frage, wie ‚realistisch' eine (gerechte) Polis der Epistaten ist.[206] Im Zuge seiner Antwort bringt Sokrates eine Gruppe ins Gespräch, deren Referenzwert zwar die *Polis* ist – insofern die Realisierung der Polis der Epistaten an der Regentschaft dieser Gruppe (bzw. ihrem Einfluss auf die Regierenden) hänge –, die aber selbst eine (mindestens im ‚hellenischen' Bereich) *trans*politisch agierende Gruppe ist, da das Kriterium für die (unwahrscheinliche) Realisierung der Polis der Epistaten *ihre* Regentschaft (bzw. ihr Einfluss) in einer *Mehrzahl* von Poleis ist: „*Philosophen*".[207]

Wie ein aufmerksames Publikum bemerken wird, weist der Name der Gruppe deren Mitglieder als besonders geneigt zu derjenigen Tugend („Weisheit") aus, die, wie die vorangegangene Untersuchung ergeben hat, idealerweise im (kleinen) Kreis der Epistaten gleichsam zu Hause, in der Regierungselite möglichst verbreitet sein müsste. Mit anderen Worten, ein aufmerksames Publikum wird bemerken, dass die Einführung der Gruppe der *Philosophen* eine Variation des tautologischen Gedanken ist, die Polis der Epistaten sei gerecht, weil und wenn dies die Polis der Epistaten ist: Die Realisierung der Polis der (Philosophen-)Epistaten hängt an der Realisierung der Polis der (Philosophen-)Epistaten.

Die folgende Untersuchung ergibt, dass Philosophen eine Neigung zum Transhistorischen („welches immer ist") statt zum ‚Historischen' („durch Entstehen und Vergehen unstet") kennzeichnet; zur „Wahrheit" statt zum „Trug"; zur „Mäßig[ung]" statt zur „[H]abs[u]cht[]"; zur „[G]elehrig[keit]" statt zu intellektueller Genügsamkeit; zum Erinnern statt zum Vergessen.[208]

Adeimantos–Sokrates (IV). Die *neunte* Etappe[209] beginnt mit einer Intervention von Adeimantos (der in der Folge wieder Sokrates' Gesprächspartner ist). Die Intervention überträgt Glaukons Frage, wie ‚realistisch' eine (gerechte) Polis der Epistaten ist, auf deren präzisierte Fassung als Polis der Philosophen: Die Erfahrung lehrt, dass eine frühe *Neigung* zum Philosophieren noch lange keinen philosophischen Politiker macht.[210] Dem Bericht lässt sich entnehmen,

---

[205] Platon. Der Staat, S. 400–401 (460c).
[206] Platon. Der Staat, S. 436–439 (471c-e).
[207] Platon. Der Staat, S. 444–445 (473c-d); Hervorhebung von mir/PG.
[208] Platon. Der Staat, S. 470–477 (485a-487a); vgl. S. 486–487 (490c).
[209] Platon. Der Staat, S. 478–535 (487a-506c).
[210] Platon. Der Staat, S. 478–479 (487b-d).

dass Sokrates diese Intervention von Beginn an[211] verwendet, *um die Polis der (Philosophen-)Epistaten von der ‚Welt' der Untersuchungsgruppe fortzurücken.* Er führt die Figur des „*wahren*" Philosophen ein und erläutert, dass der (schlechte) „Ruf" der Philosophie, den Adeimantos mit seiner Frage variiert hat, eigentlich auf deren Gegenfiguren zurückgeht: auf *falsche* Philosophen,[212] Akteure, die sich darauf verstehen, einer „*Menge*" den Anschein der Weisheit zu vermitteln.[213] Solche falschen Philosophen nennt Sokrates „*Sophisten*". Als deren entscheidendes Kennzeichen hebt er hervor, dass sie (wie Thrasymachos) „Mietlinge" („private wage earners") sind,[214] d. h. ihre ‚Weisheiten' ihrem Geschäftsinteresse (und also dem „[G]efallen" des „Volke[s]") anpassen.[215] *Deswegen* ist es selbst bei einer gegebenen Neigung zum Philosophieren nicht bloß unwahrscheinlich, dass einer ein philosophischer *Politiker* wird, sondern überhaupt, dass er ein *wahrer* Philosoph wird.[216]

Sokrates verneint zudem, dass auch nur eines der Regimes, die der Untersuchungsgruppe aus Erfahrung ‚realistisch' erscheinen, einer Praxis der Philosophie förderlich ist.[217] Allerdings konzediert er Adeimantos, dass die *genossenschaftliche* Polis, die den Anwesenden immerhin im Gedankenexperiment etwas vertraut geworden ist, eine geeignete Umgebung für eine *philosophische* Politik wäre,[218] d. h. ein vergleichsweise ‚realistischer' Ausgangspunkt für die Gründung der Polis der *Epistaten*. Zwischen jeder der Poleis, die die Untersuchungsgruppe kennt, und einer künftigen Polis der (Philosophen-)Epistaten liegt also etwas wie z. B. ein verheerender Krieg, der sie auf den Status einer *Polis der Schweine* reduziert haben wird.

Für die *Jüngeren,* also für das Gros der Untersuchungsgruppe, gilt ohnehin nach Sokrates' Verdikt (das Adeimantos in Thrasymachos' Namen bezweifelt), dass sie schon ausweislich ihrer frühen „Lebensstufe" die wahre Philosophie nur vom Hörensagen kennen können.[219] Anders gesagt, das Publikum des Berichts,

---

[211] Platon. Der Staat, S. 478–479 (487e).
[212] Platon. Der Staat, S. 482–483 (489a) und S. 488–489 (491a).
[213] Platon. Der Staat, S. 492–493 (492b-c); Hervorhebung von mir/PG. Vgl. S. 512–513 (498d) und S. 512–517 (499b-500b).
[214] Platon. Der Staat, S. 494–495 (493a); Hervorhebung von mir/PG. Bloom. *The Republic of Plato,* S. 172.
[215] Platon. Der Staat, S. 492–493 (492d), S. 494–497 (493a-d) und S. 498–499 (494a).
[216] Platon. Der Staat, S. 500–501 (494e-495a).
[217] Platon. Der Staat, S. 506–507 (497b) und S. 510–511 (498a-b).
[218] Platon. Der Staat, S. 508–509 (497c-d).
[219] Platon. Der Staat, S. 510–511 (498b-c); vgl. S. 632–633 (540a-b).

3.5 Epistaten und andere

wenn es zuvor aufmerksam genug war, die Frage des (stillen) epistatischen *Coup d'État* sich zu stellen, wird an dieser Stelle bemerken, dass Sokrates an einem solchen *Coup d'État* nicht (mehr) gelegen ist.

Seinem Bericht zufolge rückt Sokrates die Polis der (Philosophen-)Epistaten zwar von der ‚Welt' der Untersuchungsgruppe fort; trotzdem besteht er ausdrücklich auf ihrer *Möglichkeit:* Vor ihren (potenziellen) Träger*innen liegen „schwierigste[] Forschungen" und ein denkbar „weiter[] Weg", aber sie ist *nicht* nur ein „frommer Wunsch".[220] Die Möglichkeit des Auftretens einer philosophischen „Natur" im Rahmen der gegebenen Poleis stellt er der Untersuchungsgruppe an einem ihr bekannten Fall (dem verstorbenen „Freunde Theages") vor – der sich allerdings als für die Politik untauglich erwiesen hat.[221] Im Zusammenhang stellt Sokrates klar, dass die Frage seines eigenen Verhältnisses zur Gruppe der Philosophen an der Deutung des „göttliches Zeichen[s]" (von dem es aber „nicht zu reden [lohnt]") hängt; d. h. gegebenenfalls wäre er ein Philosoph, der mit Delphi im Bunde ist.[222] Wenn das Publikum den Bericht aufmerksam verfolgt, wird ihm auffallen, dass Sokrates sich auch im Austausch mit Adeimantos (wie zuvor gegenüber Glaukon) des Mittels eines *Märchens für Erwachsene* bedient;[223] d. h. es muss sich fragen, ob die Figur des *wahren* Philosophen eine ehrenhafte bzw. wahre *Lüge* verbirgt.[224]

Glaukon–Sokrates (V). Glaukon übernimmt von Adeimantos (womit die *zehnte* Etappe[225] einsetzt), nachdem Sokrates der Untersuchungsgruppe die Frage des Verhältnisses der (wahren) Philosophen zum „Guten" vorgelegt hat.[226] Er unterstützt Adeimantos' Anliegen, Sokrates möge an der Bestimmung dieses Verhältnisses die „eigene [Lehre]" offenlegen. Dabei macht er (unwidersprochen) deutlich, dass die Untersuchungsgruppe (da Sokrates sie daran erinnert hat, dass nicht sicher ist, ob er weiß, wovon er redet bzw. nur „Meinungen" vortragen kann) mit der Form der Darstellung, die Sokrates zuvor gewählt hat, auch weiterhin einverstanden sein will.[227] Sokrates antwortet auf dieses Anliegen, indem er in der extensiven Form eines Dreischritts sein *Märchen für Erwachsene* erweitert:

---

[220] Platon. Der Staat, S. 514–515 (499c-d), S. 526–529 (504a) und S. 528–531 (504d).
[221] Platon. Der Staat, S. 504–505 (496b-c). Vgl. Nails. *People of Plato*, S. 278.
[222] Platon. Der Staat, S. 504–505 (496c).
[223] Platon. Der Staat, S. 480–485 (488a-489c).
[224] Vgl. Platon. Der Staat, S. 532–533 (505d).
[225] Platon. Der Staat, S. 534–653 (506d-548d).
[226] Platon. Der Staat, S. 530–531 (505a).
[227] Platon. Der Staat, S. 534–537 (506b-d).

um die „Idee des Guten" im Bild der „Sonne",[228] um die Geometrie von Seiendem und Denkbarem[229] und um Höhlenausgang und Rückkehr in die Höhle als Bildnis des Verhältnisses von Philosoph und Polis.[230]

Wegen dieser Form der Antwort, die die *mythologische* Tendenz der vorangegangenen Adeimantos-Sequenz steigert, muss das Publikum des Berichts sich fragen, ob Sokrates, der bekanntlich abgelehnt hat, als Lehrer zu agieren, und offenkundig mit den Anwesenden keine Epistaten-Gespräche führen kann, nun in die Position eines *Dichters* eingerückt ist – die ja, obschon grundsätzlich wenig vertrauenswert, kurz zuvor auch in der Polis der Epistaten Aufnahme gefunden haben. Wie erinnerlich hatte Adeimantos Sokrates bereits vor der Konstituierung der Untersuchungsgruppe vorgeschlagen, er möge wie ein (Gerechtigkeits-)Dichter agieren; wenn Sokrates diesem Vorschlag nun zeitversetzt zu entsprechenscheint, dann geschieht dies jedenfalls stillschweigend und unter gesprächsweise veränderten Vorzeichen. Auffallen wird einem aufmerksamen Publikum überdies, dass Glaukon keinen Anstoß daran nimmt bzw. ihm nicht auffällt, dass Sokrates *Mythen* verwendet, um der Untersuchungsgruppe etwas zu erklären, so wie er ihr ehrenhafte oder wahre *Lügen* demonstriert, die sich bei der Erziehung künftiger Philosophen verwenden ließen.[231]

Während des Einsatzes dichterischer Mittel agiert Sokrates nach wie vor als Leiter der Untersuchungsgruppe – der nun gegen (den *vergesslichen*) Glaukon größere Strenge als zuvor an den Tag legt.[232] In dieser Position holt er die Zustimmung seines Gesprächspartners ein, dass *wahre* Philosoph*innen nach der Kunst, die sie praktizieren, „*Dialektiker*" heißen sollen:[233] Es handelt sich um Leute, die wahrhaft ein Gespräch zu führen wissen, d. h. in besonderer Güte beherrschen, was die Untersuchungsgruppe gerade verrichtet. Dabei macht allerdings Sokrates Glaukon, der vom „eigentümliche[n] Wesen der Dialektik" hören will, deutlich, dass *dies* zu verstehen voraussetzte, was Glaukon selbst (noch) nicht besitzt: die Bereitschaft, sich auf den komplexen Weg der Dialektik einzulassen.[234] Wenn das Publikum des Berichts sich erinnert, dass Glaukon (mithilfe des Bilds der *Polis der Schweine*) interveniert hatte, als Sokrates die Frage der gerechten Polis vom *Anfang* (der genossenschaftlichen Polis) her untersuchen

---

[228] Platon. Der Staat, S. 536–545 (506e-509b).
[229] Platon. Der Staat, S. 544–553 (509c-511e).
[230] Platon. Der Staat, S. 554–567 (514a-518b).
[231] Platon. Der Staat, S. 572–575 (520e-521a).
[232] Platon. Der Staat, S. 570–571 (519e-520a) und S. 580–581 (523b).
[233] Platon. Der Staat, S. 608–609 (531d-e); Hervorhebung von mir/PG.
[234] Platon. Der Staat, S. 610–611 (533a).

wollte, wird es, da Sokrates nun die „dialektische Methode" als Bewegung „zum Anfange selbst" charakterisiert,[235] konzedieren, dass er Glaukons Anliegen nicht *willkürlich*, sondern *aus Gründen der Erfahrung* zurückweist.

Allerdings bleibt durch den Verzicht der Klärung des Wesens der Dialektik, den Glaukon im Übrigen nicht schwernimmt,[236] auch das Problem des Verhältnisses von *wahren* und *falschen* Philosophen (deren letztere, die bekannten [Polis-]„Schmeichler", für die „jetzige [...] Geringschätzung" der ersteren gesorgt hätten) ungeklärt.[237] Wir wollen nicht übersehen, dass Sokrates Glaukon noch wissen lässt, dass er, als er dessen mangelnde Eignung zur Dialektik kolportiert hat, nicht eigentlich ihn selbst, vielmehr die tatsächlich „Schuldigen" gemeint habe:[238] die falschen Philosophen (und also, wie ein aufmerksames Publikum bemerken wird, unter den Anwesenden Thrasymachos).

Daraufhin nimmt Sokrates (unter Hinweis auf die thrasymachische *Lehre vom Lebensweg*[239]) die Frage der im Gegenteil zur Polis der Epistaten *ungerechten* Regimes (und der Ungerechtigkeit im Allgemeinen) wieder auf,[240] bei der er eigentlich bereits angelangt war, nachdem er den Mythos der drei (‚natürlichen') Stände der Epistaten-Polis in die ‚erwachsenere' Variante einer Typologie der Seelenaufbauten überführt hatte – und bevor die Polemarchos-Adeimantos-Intervention der Untersuchung eine andere Richtung gab (Später hat er wiederholt an diese offene Frage erinnert.[241]) Der Bericht zeigt, dass Glaukon inzwischen, anders als seinerzeit, wieder ‚rüstig' genug ist, die Frage anzugehen („sehr neugierig").[242]

Sokrates' Erläuterung der Ordnung der ungerechten Regimes soll ausdrücklich an der Meinung der *Menge (polloi)* orientiert sein: an den Regimes, die „man" unterscheidet, und der unterschiedlichen Wertschätzung, die diese Regimes im Allgemeinen genießen.[243] Er übersetzt dieses Meinungsbild in eine absteigende Linie der politischen Entwicklung, bei der stufenweise schwächere Formen der

---

[235] Platon. Der Staat, S. 612–613 (533c-d).
[236] Platon. Der Staat, S. 614–615 (534b).
[237] Platon. Der Staat, S. 614–615 (534a), S. 618–619 (535c) und S. 626–629 (537e-538c); vgl. S. 298–301 (426b-d).
[238] Platon. Der Staat, S. 620–621 (536c).
[239] Platon. Der Staat, S. 642–643 (545a-b).
[240] Platon. Der Staat, S. 638–641 (543a-544b).
[241] Platon. Der Staat, S. 408–411 (462e) und S. 422–423 (466d).
[242] Platon. Der Staat, S. 640–641 (544b).
[243] Platon. Der Staat, S. 640–641 (544c).

Gerechtigkeit auftreten.[244] Die Übergänge zwischen den Stufen dieser absteigenden Reihe stiftet eine neuerliche ‚generationentheoretische' Erweiterung des bewährten *Märchens für Erwachsene*:[245] Der Qualität der (Un-)Gerechtigkeit in einer Polis korrespondiert jeweils ein bestimmter Seelenaufbau ihrer Träger; diese Träger aber sind zugleich „V[ä]ter[]" (d. h. Größen des Oikos), deren Vorbild den *Söhnen* (gelegentlich im Zusammenspiel mit deren „M[ü]tter[n]" oder mit „Dienstleute[n]") eine Abweichung vom gegebenen Regime nahelegt;[246] im (Un-)Gerechtigkeitsstand der Polis der jeweils folgenden Stufe materialisiert sich das Ergebnis dieser Abweichung.[247]

Als Ausgangspunkt dieser *massen*tauglichen Entwicklungsreihe setzt Sokrates allerdings keines der Regimes an, mit denen die Menge sich beschäftigt, sondern das in der Polis der Epistaten praktizierte; den Seelenaufbau von deren Trägern kennzeichnet er (mit Glaukons Zustimmung) als den einer „*Aristokratie*".[248] Dieses Regime geht in eines über, das Sokrates zuerst in Form einer regionalen Zuordnung (als das **„kretische"** oder **„lakonische"**) bestimmt,[249] dann als im Besonderen an *Ehre* orientiert spezifiziert, und das er wechselweise „*Timokratie*" oder „*Timarchie*" nennt.[250] Die Gründe der Ablösung eines gerechten durch dieses ungerechte Regime sind Sokrates zufolge letztlich nur „geometrisch" nachvollziehbar;[251] der Punkt des Übergangs zur Timokratie ist jedenfalls die Einführung von *(Privat-)*„*Eigentum*".[252]

Adeimantos–Sokrates (V). Die *elfte* Etappe[253] setzt ein, als Sokrates sein Untersuchungsschema zur Frage der ‚typischen' Träger des kretischen bzw. lakonischen Regimes (Sparta) geführt hat; an ihrem Anfang steht der Vorschlag von Adeimantos (der dann vorerst Sokrates' Ansprechpartner bleibt), mit „unserem Glaukon" einen der *Anwesenden* als Träger eines solchen Regimes ins Auge zu fassen.[254] Damit steht zugleich die Frage der Position der gegebenen Polis Athen (bzw. seiner Jugend) in Sokrates' Entwicklungsreihe im Raum.

---

[244] Platon. Der Staat, S. 642–645 (545b-c).
[245] Vgl. Platon. Der Staat, S. 644–649 (545e-547c).
[246] Platon. Der Staat, S. 654–657 (549c-e); Hervorhebungen von mir/PG.
[247] Vgl. Platon. Der Staat, S. 644–645 (545d).
[248] Platon. Der Staat, S. 642–643 (544e-545a); Hervorhebung von mir/PG.
[249] Platon. Der Staat, S. 640–641 (544c).
[250] Platon. Der Staat, S. 644–645 (545b); Hervorhebungen von mir/PG.
[251] Platon. Der Staat, S. 644–649 (546a-547a).
[252] Platon. Der Staat, S. 654–655 (549b-c); Hervorhebungen von mir/PG.
[253] Platon. Der Staat, S. 652–739 (548d-576b).
[254] Platon. Der Staat, S. 652–653 (548d).

3.5 Epistaten und andere

Sokrates lehnt das Bild Glaukons als eines *Kreters* bzw. *Lakedämoniers* allerdings ab, schon weil ein solcher Timarch seine Gerechtigkeit bloß mittels „kriegerischer Taten" statt (wie Glaukon) auf dem Weg des „Redens" bewähren will. Eine mangelnde Vertrautheit mit der politisch-ästhetischen Tradition (an deren Stelle hier eine Neigung zum „Geld" tritt) ist das wichtigste Kennzeichnen der Ungerechtigkeit, die das Regime der *Timarchen,* eigentlich bloß „hochmütigen und ehrsüchtigen M[ä]nn[ern]", hervortreibt. Sokrates konzediert Glaukon (der seinerseits wie erinnerlich wegen Geldes sich keine Sorgen machen muss) ausdrücklich manches, was einem Timarchen abgeht, lässt aber ansonsten die Polis Athen aus dem Spiel.[255]

Das kretische bzw. lakonische Regime geht in ein Regime der „*Reichen*" über, das Sokrates (wie die *Menge*) „*Oligarchie*" nennt.[256] Ein aufmerksames Publikum wird bemerken, dass die *Polis der Oligarchen,* wenn man den Maßstab anlegt, den Sokrates anlässlich der (epistatischen) Umgründung der *üppigen* Polis genannt hat, *keine* Polis (sondern „zwei" unter einem Namen) ist.[257] Diese Polis, in der „Geldbesitz" die Gerechtigkeit seines Trägers verbürgt,[258] bringt prägnanterweise die Figur der „*Drohne*" hervor: *depravierte* Reiche, die (oder deren Familien) gelegentlich mit ihrem Eigentum zugleich ihre soziale Position verloren haben. Anders als die männlichen Bienen haben allerdings in Sokrates' Bildnis der *Polis der Oligarchen* die Depravierten teilweise „Stacheln", d. h. kultivieren, wo sie nicht als „Bettler" enden, nach dem Muster von „Diebe[n]", „Beutelschneider[n]" und „Tempelräuber[n]" ein Regime der „*Begierden",* das sich um Fragen der Gerechtigkeit nicht (oder nur noch um des Scheins willen) kümmert.[259]

Sokrates' Entwicklungsschema zufolge geht aus den Ungerechtigkeiten eines *oligarchischen* ein (wiederum ungerechteres) *demokratisches* Regime hervor.[260] Träger*innen dieses Regimes sind die „*Armen*". Der Übergang zwischen beiden Regimes, für den, wie Sokrates hervorhebt, letztlich schon eine „geringe Veranlassung" genügt, beginnt mit der (sinnlichen) Erkenntnis der bisher Dienstbaren, dass die Oligarchen tatsächlich „[nichts] taugen".[261] Auch die *Polis der Armen*

---

[255] Platon. Der Staat, S. 654–655 (549a-b) und S. 656–657 (550b).
[256] Platon. Der Staat, S. 658–659 (550c); Hervorhebungen von mir/PG.
[257] Platon. Der Staat, S. 662–663 (551d).
[258] Platon. Der Staat, S. 668–671 (553d-554b).
[259] Platon. Der Staat, S. 664–667 (552c-d), S. 668–669 (553c-d), S. 670–673 (554b-d) und S. 674–677 (555c-e); Hervorhebungen von mir/PG.
[260] Platon. Der Staat, S. 674–675 (555b).
[261] Platon. Der Staat, S. 678–679 (556d-557a); Hervorhebungen von mir/PG.

ist nach epistatischen Maßstäben keine *wirkliche* Polis; ihr Kennzeichen ist weitgehende *Permissivität*,[262] während die Frage der (aktuellen) Regierung einem minimalen, von der Frage der Qualitäten der (vielfältigen) Regimes ihrer Träger unabhängigen rituellen Akt („Los") überantwortet wird.[263]

Auch die *demokratische* ist eine Polis, der „*Drohnen*" ihre Richtung geben, wobei in diesem Fall die Begierde nach *Luxus* („Vergnügungen aller Art") die nach *Naturnotwendigem* (wie im Fall der Depravierten der *Oligarchie*) überlagert hat.[264] Die Träger der Demokratie wollen (anders als die Oligarchen) zwar durchaus ein gerechtes Regime praktizieren, machen es sich allerdings allzu leicht mit der Frage, ob die Gerechtigkeit dem entspricht, was sie ‚intuitiv' für gerecht halten. Dazu verhelfen ihnen „Lobpreisungen und Schmeichelreden", die jeder Maßlosigkeit den Anschein einer Tugend verleihen können,[265] d. h. die Geschäfte der *Sophisten* und *Dichter*.[266]

Ein *demokratisches* bringt Sokrates zufolge ein (auf seinem Höhepunkt *schlechthin* ungerechtes) *tyrannisches* Regime hervor. Das Prinzip persönlicher „Freiheit", nach der man in der *Polis der Armen* die Gerechtigkeit bemisst, lässt weder die Verhältnisse des Oikos noch die Ordnungen der Generationen und der Wissensstände unberührt.[267] Es befördert nicht nur den Aufstieg der „*Drohnen*" zu einer von drei Gruppen, die der Polis ihr Gepräge geben; mit der Zeit rücken sie, indem sie die beiden übrigen Gruppen (den *Geld- und Leistungsadel* und die Masse des schaffenden, selbst politisch ambitionslosen „*Volk[s]*") gegeneinander ausspielen, ins Zentrum der politischen Ereignisse.[268]

Der Übergang zur Tyrannis, den Sokrates einer „*Wolf*"-Werdung vergleicht, d. h. einer Verwilderung des allgemeinen *Wächter*-Wesens (‚edle Hunde'), setzt nach seiner Darstellung ein, wenn der Antagonismus der *Vermögenden* und der *Masse* (zu der die *Drohnen* sich stets halten) zu einer Sache auf Leben und Tod geworden ist und die Masse einen ihrer *Führer* (aus der Gruppe der Drohnen) mit einer *Privatgarde* („Leibwache") ausstattet:[269] Dieses Privileg ermöglicht ihm

---

[262] Platon. Der Staat, S. 680–683 (557c-558c).
[263] Platon. Der Staat, S. 678–679 (557a).
[264] Platon. Der Staat, S. 684–689 (558d-559e); Hervorhebungen von mir/PG.
[265] Platon. Der Staat, S. 690–693 (560e-561a).
[266] Vgl. Platon. Der Staat, S. 696–697 (562d).
[267] Platon. Der Staat, S. 694–699 (562b-563b).
[268] Platon. Der Staat, S. 700–707 (564b-565c); Hervorhebungen von mir/PG.
[269] Platon. Der Staat, S. 706–709 (565d-566b); Hervorhebung von mir/PG.

3.5 Epistaten und andere

eine „Reinigung" der (Schein-)Polis von allen Elementen politischer Gerechtigkeit („d[ie] etwas taug[en]", ob „Feind" oder „Freund").[270] Der Beginn der eigentlichen Tyrannis bleibt (wenigstens für das Gros der Zeitgenoss*innen) im Dunkeln, weil Tyrannen sich nicht Tyrannen nennen und ihre Praxis (wenigstens für eine bestimmte Zeit) von ihrer Entourage und vom Volk (die nach demokratischer Überlieferung für gerecht halten, was ihre Wohlfahrt steigert) erst einmal als gerecht erlebt wird.[271]

Ein deutliches Kennzeichen, *dass* eine tyrannische Polis entstanden ist, ist der Untersuchung zufolge allerdings das Auftreten der Figur des *„Söldner[s]";*[272] kennzeichnend ist überdies, dass ein Tyrann Fragen des *Kultus* nur solange beachtet, wie dies seiner Position nicht schadet.[273] Um die „[G]esetzwidrig[keit]" der „Begierden" zu kennzeichnen, die das tyrannische Regime kultiviert, beschreibt Sokrates es als einen in politisches Bewusstsein übersetzten (auto-)erotischen Traum.[274] Einem aufmerksamen Publikum wird sich die Frage stellen, in welchem Verhältnis *dieser* (tyrannische) Traum und jener Traum, als der als Element der *ehrenhaften Lüge* das epistatische Erziehungswerk erinnert werden möchte, stehen.

Sokrates hebt überdies hervor, dass auf politisch-*ästhetischem* Gebiet die Vorstellungen eines bestimmten Dichter-Typus *(„Tragödiendichter")* dem tyrannischen (aber auch einem demokratischen) Regime nahestehen.[275] Besonderen Wert legt Sokrates überdies darauf, dass „tyrannische Natur[en]" weder „[w]ahrer Freiheit" noch „Freundschaft []kundig" sind;[276] d. h. sie sind nicht fähig, ein Verhältnis wie das zu pflegen, das z. B. Kephalos und Sokrates eingangs des Oikos-Gesprächs vereinbart haben.

Glaukon–Sokrates (VI). Die *zwölfte* Etappe[277] beginnt, indem Glaukon umstandslos (und ebenso affirmativ wie zuvor sein älterer Bruder) Sokrates' verbale Begleitung übernimmt. Das erste Ergebnis des Austauschs ist die Formulierung des ausstehenden Urteils (dessen Ausstehen der Konstituierung der

---

[270] Platon. Der Staat, S. 712–713 (567b-c).
[271] Platon. Der Staat, S. 710–711 (566d-e).
[272] Platon. Der Staat, S. 714–715 (567d-e) und S. 734–735 (575b); Hervorhebung von mir/PG.
[273] Platon. Der Staat, S. 716–717 (568d).
[274] Platon. Der Staat, S. 722–723 (571a-b), S. 724–727 (572b), S. 728–731 (573b-d), S. 734–735 (574d-e) und S. 738–739 (576b).
[275] Platon. Der Staat, S. 714–717 (568a-d).
[276] Platon. Der Staat, S. 736–737 (576a).
[277] Platon. Der Staat, S. 738–853 (576b-614b).

Untersuchungsgruppe als Problem vorauslag) über die Regel (*Souveränitäts-Prinzip*), mit der Thrasymachos seine *Theorie der Gerechtigkeit des Ungerechten* vorbereitet hatte.[278] So wie seinerzeit Thrasymachos den Status ‚echter' politischer Meisterschaft mit der „Tyrannei" in Verbindung gebracht hatte,[279] ist nun Sokrates die Tyrannis als Abschluss seiner *massen*tauglichen Linie der Entwicklung immer ungerechterer Regimes Anlass für die Bestimmung des Verhältnisses des Gerechten und des Ungerechten.[280] Wenn das Publikum Sokrates' Bericht aufmerksam verfolgt hat, wird es allerdings zu keiner Sekunde vergessen haben, dass die gesamte Demonstration unter dem Vorbehalt der *ehrenhaften oder wahren Lüge* (einer *Unwissenheit*, die sie in den *Seelen* ihrer Zeugen belässt) steht. Mit anderen Worten, es wird bemerkt, dass die Gründe gegen Thrasymachos' *Lehre vom Lebensweg*, die nun vorliegen, nicht trefflicher sind als die, die Sokrates bereits während der Thrasymachos-Krise vorgebracht hat.

Tatsächlich variiert die folgende Reihe aufeinander aufbauender „Beweis[e]" lediglich das bekannte *Märchen für Erwachsene*.[281] Wir wollen festhalten, dass Sokrates nebenbei das („schlecht[e]") Verhältnis des Tyrannen zu den Regierten mit dem allseits bekannten Verhältnis der „*reichen* Leute" zu ihren „vielen *Sklaven*" vergleicht[282] – also auf eine *tyrannische* Seite des Oikos hinweist, die Leute wie Polemarchos, Lysias, Euthydemos und Nikeratos sich aufgrund ihrer Familienzugehörigkeiten ‚lebhaft' vorstellen können. Sokrates' abschließende Bestimmung des Verhältnisses des Gerechten und des Ungerechten, der zufolge das Leben der „Könige" der (gerechten) Epistaten-Poleis exakt „siebenhundert und neunundzwanzigmal" glückseliger als das von „Tyrann[en]" sei, erscheint dem so bildungsbeflissenen wie gerechtigkeitsfrohen Glaukon „wunderbar[]"[283] – was wiederum für Sokrates Anlass ist, ein „Bildnis der Seele" in Gestalt einer „Fabel", d. h. eine Extension seiner märchenhaften Reden, zu ergänzen.[284]

Die Fabel wirft für Glaukon, der Gerechtigkeit als eine Sache der „Harmonie" versteht, die Frage auf, ob nicht ein Gerechter im Allgemeinen von den politischen Angelegenheiten sich fernhalten sollte. Bei seiner Antwort legt Sokrates Wert auf die Feststellung des *einen* Regimes, für das dieser Gedanke *keineswegs*

---

[278] Platon. Der Staat, S. 740–741 (577b); vgl. S. 56–57 (343d) und S. 58–59 (344c).
[279] Platon. Der Staat, S. 56–57 (344a).
[280] Vgl. Platon. Der Staat, S. 784–785 (590c-d).
[281] Platon. Der Staat, S. 742–775 (577d-587b).
[282] Platon. Der Staat, S. 746–747 (578d).
[283] Platon. Der Staat, S. 776–777 (587e).
[284] Platon. Der Staat, S. 778–791 (588b-c-592b).

3.5 Epistaten und andere

zutrifft: des (gerechten) epistatischen. In jedem anderen Fall liege die Frage, ob und wie ein Gerechter eine politische Größe wird, bei den *Göttern*.[285] Das gerechte Regime, das, wie Glaukon festhält, die Untersuchungsgruppe nur „in unseren Reden kennt" (so wie erklärtermaßen auch das tyrannische Regime[286]), könne immerhin ein „Muster" *(parádeigma)* sein, nach dem ein Gerechter – unter welchem Regime immer – „sich selbst einrichte[t]";[287] also: eine *Lehre vom Lebensweg*.

Sokrates lässt das Publikum seines Berichts wissen, dass der Gedanke des in Reden demonstrierten epistatischen Regimes als eines *Paradigmas* für einen gerechten Lebensweg ihm die frühere Sequenz des Untersuchungsgangs in Erinnerung gebracht hat, in der die Gruppe (mittels Sokrates' Demonstration) ihre Dichter-Kritik formulierte – als deren Ergebnis er dem Bericht zufolge nun an diesem Punkt des Oikos-Gesprächs den Ausschluss der „*darstellend[en]*" Dichtung aus der Polis der Epistaten dekretiert.[288] Tatsächlich hatte er seinerzeit, im Zusammenhang der Theorie der Wächter-Erziehung, die darstellende (bzw. „nachbildende",) und die (von „geschehene[n] Dingen oder jetzige[n] oder künftige[n]") „[*e*]*rzähl[ende]*" Dichtung, die „Fabellehrer" *(mythológoi)* vertreten, unterschieden:[289] „Tragödie[n]" und „Komödie[n]" auf der einen („ganz in Darstellung" aufgehenden) Seite („nur [...] Wechselreden"), „Dithyramben" („Bericht des Dichters selbst") auf der anderen. Zudem hatte Sokrates die allseits bekannte „epische Dichtkunst" als exemplarisch für die „vielfältig[en]" Formen der Verbindung *darstellend-nachbildender* und *erzählend-berichtender* Elemente erwähnt.[290]

An der kritikwürdigen *darstellenden* Dichtung hatte Sokrates in soziologischer Hinsicht hervorgehoben, dass hinter ihr „der Dichter sich selbst verbergen w[i]ll[]"[291] – was impliziert, dass der *Epiker* sich *teils* verbirgt und teils *nicht* (oder *einiges* verbirgt und anderes *nicht*). Ein aufmerksames Publikum, dem aufgefallen ist, dass Sokrates als Leiter der Untersuchungsgruppe zwischenzeitlich (stillschweigend) in die Position eines Dichter eingerückt ist, kann die folgende (extensive) Kritik der *darstellenden* Dichtung[292] als Kontrastszenario zur

---

[285] Platon. Der Staat, S. 788–789 (591d und 592a).
[286] Platon. Der Staat, S. 740–741 (577a-b).
[287] Platon. Der Staat, S. 788–791 (592b).
[288] Platon. Der Staat, S. 792–793 (595a); Hervorhebung von mir/PG.
[289] Platon. Der Staat, S. 198–203 (392d-393c).
[290] Platon. Der Staat, S. 204–205 (394b-c).
[291] Platon. Der Staat, S. 202–203 (393c-d).
[292] Platon. Der Staat, S. 792–835 (595b-608b).

spezifischen Verbindung *darstellend-nachbildender* und *erzählend-berichtender* Elemente, die er selbst als Untersuchungsleiter praktiziert, verstehen: Bekanntlich ist das epistatische Regime (so wie das tyrannische) *nicht* die Nachahmung eines Regimes, das der Untersuchungsgruppe bekannt ist, sondern gerät erst aus ihrem Wechselgespräch, als *Paradigma*, in die Wirklichkeit.

Da Sokrates anlässlich der Verschärfung seiner Kritik der *darstellenden* Dichtung (die nun z. B. auch Homer als Tragöden angreift[293]) wiederum an sein *Märchen für Erwachsene* anknüpft, kann das Publikum seines Berichts in ihr etwas wie einen Beitrag zu einem vorzeitigen *Battle of the Books*[294] entdecken – den Sokrates der Untersuchungsgruppe allerdings nicht als eine Sache zwischen *Anciens* und *Modernes,* sondern zwischen „*Philosophie*" und „*Dichtkunst*" vorstellt.[295] Eventuell wird dieses Publikum überdies bemerken, dass nicht nur Teile der Reden, die Sokrates an die Anwesenden im Oikos richtet, *(experimentelle)* Dichtung sind, sondern überdies auch der Bericht, den es verfolgt, Darstellerisches und Episches – in eigener Weise – verbindet.[296]

Sokrates. Die *letzte* Etappe des Oikos-Gesprächs[297] bestreitet Sokrates allein, nachdem er Glaukon eine „Erzählung" angezeigt hat, die ausdrücklich von einer *homerischen* (nachahmenden) Erzählung abweichen wird.[298] Tatsächlich entspricht, wie ein aufmerksames Publikum bemerken wird, im Folgenden die (berichtende) Form der Erzählung exakt der Form, die Sokrates zuvor im Zusammenhang seiner Dichter-Kritik verwendet hatte, um zu demonstrieren, was (ungefähr) Homer erzählt hätte, hätte er auf das Element der Darstellung ganz verzichtet.[299]

Den Berichterstatter kennzeichnet Sokrates „dem Geschlecht [„race", *génos*] nach": Es handelt sich um einen **„Pamphylier",** also wörtlich um jemanden, in dem (in *griechischer* Sprache) die *Vielfalt* der Herkünfte repräsentiert ist, d. h. um eine *transpolitische* Figur. Der Gegenstand des Berichts, den Sokrates wiedergibt, ist eine Art Nahtoderfahrung, in deren Zuge die „Seele" des Pamphyliers (namens **Er**) nicht nur einer von außerweltlichen „Richter[n]" betriebenen Scheidung und

---

[293] Platon. Der Staat, S. 802–811 (598d–601a).

[294] Vgl. Swift, Jonathan. 2010. *A Tale of a Tub and Other Works.* Edited by Marcus Walsh. Cambridge: Cambridge University Press, S. 137–164; Strauss, Leo. 1945. On Classical Political Philosophy. In *Social Research* 12, S. 98–117.

[295] Platon. Der Staat, S. 830–831 (607b); Hervorhebungen von mir/PG.

[296] Vgl. Platon. Der Staat, S. 202–205 (393d–394b).

[297] Platon. Der Staat, S. 852–875 (614b–621d).

[298] Platon. Der Staat, S. 852–853 (614b).

[299] Platon. Der Staat, S. 202–205 (393d–394a).

3.5 Epistaten und andere

Sanktionierung anderer Seelen nach deren Gerechtigkeit bzw. Ungerechtigkeit beigewohnt habe,[300] sondern überdies mit verschiedenen Seelen ins Gespräch gekommen sei. Aus diesen Gesprächen wisse er z. B. zu berichten, dass zu den sanktionierten Ungerechtigkeiten der Verrat der *Polis* oder von *Verbündeten* zählt, dass die Taten an „*Götter[n]*" und „*Eltern*", d. h. das Gebaren in Kultus und Oikos, großes Gewicht haben, und besonders gestraft „*Tyrannen*" (auch solche abseits der Politik) sind.[301]

Unter den Ergebnissen der Seelen-Gespräche, die der Pamphylier berichtet, hebt Sokrates besonders das Problem der Wahl des *Dämons* hervor, die jede Seele zu treffen habe, bevor sie (neuerlich) „ins Leben" tritt; denn diese Wahl wird die „Lebensweise" bestimmen, in der dann die Seele sich materialisiert.[302] Der Pamphylier stellt allerdings auch fest, dass trotz allem, was er von den *Seelen* lernen kann, sie Träger einer *Unwissenheit* sind: Auch Seelen, die in einem *gerechten* Leben sich materialisiert haben, können erfahrungsgemäß später doch wieder einen Dämon wählen, der sie zu Ungerechtigkeiten treibt.

Ein Grund für diese Unwissenheit ist eine Sequenz der „*Vergessenheit*", die jede Seele bereits vor ihrem Wiedereintritt ins Leben durchläuft.[303] Diese Vergessenheit muss allerdings keineswegs in jedem Fall vollständig sein. So sollten, wenn eine Seele in ihrer Lebenszeit mit „*Philosophie*" in Berührung gekommen ist, nach allem, was der Pamphylier anlässlich seiner Seelengespräche erfahren haben will, die Gedächtnisverluste sich in Grenzen halten.[304] Mit anderen Worten, die Praxis, die die Gerechtigkeit der Polis der Epistaten garantiert, ist, wenn man dem Pamphylier glaubt, auch unter anderen Regimes die beste Ratgeberin für alles, was die Seele *nicht* weiß.

Ein aufmerksames Publikum wird indes bemerken, dass Sokrates ihm größere Teile seines Berichts in *darstellender* Form präsentiert hat. Im Unterschied zu Homers Erzählungen sind dabei nicht ein ferner Phaiaken-König **Alkinnoos**,[305] nicht ein Sänger **Demodokos** und kein **Odysseus**[306] (und kein Priester **Chryses**

---

[300] Platon. Der Staat, S. 852–855 (614b-d). Bloom. *The Republic of Plato*, S. 297.

[301] Platon. Der Staat, S. 856–857 (615c-d); vgl. S. 866–867 (619a); Hervorhebungen von mir/PG.

[302] Platon. Der Staat, S. 864–867 (617d-618c) und S. 872–873 (621b).

[303] Platon. Der Staat, S. 872–873 (621a); Hervorhebung von mir/PG.

[304] Platon. Der Staat, S. 868–869 (619c-d), S. 872–873 (621a-b) und S. 874–875 (621d); Hervorhebung von mir/PG.

[305] Platon. Der Staat, S. 852–853 (614b).

[306] Vgl. Homer. 2003. Odyssee. In *Ilias. Odyssee*. In der Übertragung von Johann Heinrich Voß. Düsseldorf: Patmos. S. 439–776, hier S. 529–618 (7, 167–12, 188).

und kein **Agamemnon**[307]) die Größen des Berichts, sondern der Berichterstatter selbst als Teil einer Konstellation derselben Stadt, in der sein Publikum lebt. Äußerungen dieses Publikums überliefert Platon bekanntlich so wenig, wie Sokrates überliefert, was im Haus der Kephalos-Familie nach dieser letzten Erweiterung seines *Märchens für Erwachsene* weiter passierte.

3.6 Sokrates, Lysias und Platon zwischen Philosophie und Politik

Der Zweck unserer Beschäftigung mit Platons *Politeia* ist wie erinnerlich, einen Vorschlag zur Vervollständigung des *unbewegten* Bilds der sozialen Ordnung zu entwickeln, das unsere Analyse der Konstellationen, in die Platon Sokrates einschreibt, ergeben hat. Wir haben dieses unbewegte Bild ausgangs des zweiten Kapitels als die (nur) sozial*geometrische* Seite der platonischen Soziologie beschrieben; die Analyse der *Politeia* sollte es um deren *praktisch-politische* Seite ergänzen. Deswegen gilt unsere besondere Aufmerksamkeit der ‚dramatischen Logik' der Schrift: Die Rekonstruktion der Entwicklung des Dialogs und der kommunikativen Züge der den Dialog tragenden (sozialen) Figuren soll uns helfen, in der uns bereits bekannten Sokrates-Konstellation eine *Ordnung in Bewegung* zu erkennen. Auf dem Weg unserer Analyse haben wir festgehalten, dass allen Erkenntnissen zur praktisch-politischen Seite der Soziologie *Platons,* die wir bei der Lektüre der *Politeia* sammeln können, Erkenntnisse zur Soziologie *Sokrates'* vorausliegen – wobei unser Anhaltspunkt ist, dass im Sinne der Soziologie Platons Sokrates' Soziologie die Soziologie eines *tugendhaften* (aber bekanntlich keineswegs fehlerlosen) Mannes ist.

Anlässlich unseres Zwischenfazits (als unsere Analyse der *Politeia* als einer Ordnung in Bewegung uns zum Ereignis der Selbsteinsetzung der im Oikos Anwesenden als *Untersuchungsgruppe* geführt hatte) haben wir uns vergewissert, dass wir, um die Soziologie (des tugendhaften) Sokrates zu verstehen, zwei Dimensionen dieser Figur unterscheiden müssen: (1) Sokrates, den eigene Erlebnisse in Form eines autoethnographischen Berichts *Vortragenden* (*Erzähler*-Figur); (2) Sokrates, den *Besucher,* der als Element eines dynamischen Felds von Figurationen unterschiedlicher *Lehren vom Lebensweg* agiert (*wissenssoziologische* Größe). Dabei haben wir konstatiert, dass der Bericht ausgerechnet

---

[307] Platon. Der Staat, S. 200–201 (392e-393b). Vgl. Homer. 2003. Ilias. In *Ilias. Odyssee.* In der Übertragung von Johann Heinrich Voß. Düsseldorf: Patmos. S. 3–437, hier S. 5–618 (1, 11–42).

3.6 Sokrates, Lysias und Platon zwischen Philosophie und Politik 141

Sokrates' eigener Lehre vom Lebensweg vorerst keine klare Fassung verliehen hatte, während seine Praxis (sein *Kommunikationsregime*) deutlich am von Kephalos vorgeschlagenen Prinzip des Oikos *(Gastfreundschaft)* orientiert war. Ungeachtet der reduzierten Dynamik des weiteren Berichtsgeschehens, die wir zum Anlass genommen haben, die Entwicklung des Dialogs detailliert nur noch in ausgewählten Sequenzen und ansonsten in deren größerer Linie zu rekonstruieren, hat im Zuge dieser Entwicklung Sokrates' *Lehre vom Lebensweg* eine klarere Fassung erhalten, ebenso wie wir inzwischen mehr über sein *Kommunikationsregime* wissen. Im Vergleich haben wir über die übrigen Größen, die das wissenssoziologische Szenario tragen (Thrasymachos usw.), wenig Neues bzw. Bestätigung dessen, was wir bereits wussten, erfahren. Deswegen werden wir unsere folgende Zusammenfassung der Erkenntnisse, die wir im Zuge unserer Rekonstruktion des Geschehens nach der Konstitution der Untersuchungsgruppe gesammelt haben, auf Sokrates konzentrieren und alle übrigen Neuigkeiten (die insbesondere das Bild von Adeimantos und Glaukon ergänzt haben) als Kontextereignisse behandeln.

Um von *Sokrates'* Soziologie zur Soziologie *Platons* zu gelangen, werden wir anschließend einen kleinen Zwischenschritt einlegen. Mit ihm kommen wir der Ankündigung nach, anhand des prägnanten Falls von *Lysias,* der in den Jahren zwischen Sokrates' Wirken und der Niederschrift der *Politeia* sich in Athen als Redner einen Namen macht, dem Problem der Nebenfiguren des Dialogs nachzugehen: Nicht ein Wort und kein eigener Handlungszug von Lysias werden überliefert; aber seine Anwesenheit ist Platon doch wichtig genug, sie durch Sokrates namentlich vermerken zu lassen.

Sokratische Soziologie. Halten wir zunächst das Offensichtliche fest: Unbesehen der Voraussetzung eigener Inkompetenz (mangelnder Fertigkeiten ebenso als *Lobredner* wie als *Lehrer der Gerechtigkeit*) ist Sokrates als dominanter Sprecher der unbestrittene Leiter der Untersuchungsgruppe (die dagegen keine wesentlichen Einwände äußert). Wollen wir Sokrates' Kommunikationsregime richtig verstehen, dürfen wir allerdings nicht übersehen, dass er Interventionen gegen seine Richtung der Untersuchung (relativ) konsequent nachgibt.[308] Dies ist offenkundig der Fall, als eine Einheit von vier Mitgliedern der Gruppe ihn auf die Behandlung

---

[308] Szlezáks Lektüre der *Politeia* zufolge ist – schon vom Straßen-Gespräch mit Polemarchos her – der Grundzug des Textes das Bemühen der Protagonisten, Sokrates „nicht los[zu]lassen" (Szlezák, Thomas A. 1985. Politeia. Den Philosophen nicht loslassen. In *Platon und die Schriftlichkeit der Philosophie. Interpretation der frühen und mittleren Dialoge.* Berlin, New York: de Gruyter, S. 271–326).

der Lage von Ehe und Familie in der Polis der Epistaten verpflichtet. Entscheidender für das Verständnis von Sokrates' Kommunikationsregime ist die Szene, als er auf Glaukons Intervention hin *(Polis der Schweine)* die Untersuchung des Problems der Gerechtigkeit nach *seinem* Konzept, nämlich vom Ausgangspunkt der *Polis des auskömmlichen Lebens* her, abbricht und die *Polis des Luxus* an deren Stelle treten lässt: Zu keinem Zeitpunkt des folgenden Gesprächs ist – wie Sokrates auch wiederholt zu erkennen gibt – ausgeschlossen, dass die Untersuchungsgruppe die Frage der gerechten Polis unter *falschen* Voraussetzungen behandelt, d. h. nur *meint,* Gerechtigkeit zu ergründen.

In Sokrates' Verhältnis zur übrigen Untersuchungsgruppe gibt es eine entscheidende Veränderung, die zugleich den Punkt markiert, an dem das Gespräch Sokrates' *eigenem* Ausgangspunkt (der *auskömmlichen* Polis) am nächsten kommt: als er ihr im Zusammenhang der gedankenexperimentellen Umgründung der *Polis des Luxus* in eine *Polis der Epistaten* die Frage der Möglichkeit vorlegt, ein gerechtes Regime auf eine einzige, ehrenhafte *Lüge* zu gründen. Dies *könnte,* wie wir gesehen haben, der Beginn der Umgründung der Untersuchungsgruppe in ein revolutionäres Bündnis für eines (stillen) epistatischen *Coup d'État* sein. Stattdessen aber rückt Sokrates (je mehr, je deutlicher aus den Beiträgen seiner Gesprächspartner hervorgeht, dass es sich bei ihnen keineswegs um Leute handelt, mit denen sich ein *Epistaten*-Gespräch führen ließe) die Polis der Epistaten und die ‚Welt' der Untersuchungsgruppe auseinander – bis das epistatische Regime auf ein theoretisches Muster für ein gerechtes Leben gleich unter welcher Regierung zurückgestuft ist. Mit anderen Worten, er agiert statt als Revolutionär als Fürsprecher der ‚lebendigen' Steigerung der Gerechtigkeit der gegebenen Polis. Auffällig ist die konsequente Einbettung dieser Aktivität in die *theologisch-politische* Tradition – mit deutlich *trans*politischer Pointierung *(Delphi).* Jedenfalls wird man kaum ernsthaft behaupten können, dass Sokrates' *Politeia* mit mangelnder Anerkennung der Götter der Stadt einhergehe, die Jugend aufwiegle oder er neue Götter einführe.

Das Problem, als Fürsprecher der *Gerechtigkeit* für etwas zu sprechen, das die Untersuchungsgruppe strenggenommen zu keinem Zeitpunkt sich präzise erschlossen hat, löst Sokrates durch eine figurale Ausweichbewegung: indem er immer wieder sequenzweise in die Position eines *Dichters* einrückt, der in Form eines fortgesetzten *Märchens für Erwachsene* seinen Begleitern *Bildnisse* der ‚gerechten' Ordnung vorstellt. Diese Lösung ist bemerkenswert, weil andererseits die Untersuchung ergibt, dass im Allgemeinen gerade Dichter der Sache der Gerechtigkeit, deren exemplarische Träger Sokrates *Philosophen* nennt, abträglich sind; Sokrates praktiziert also im Namen der Polis der (Philosophen-)Epistaten etwas, für das in ihr eigentlich kein Platz sein sollte. Um Sokrates' Kommunikationsregime recht zu verstehen dürfen wir aber nicht übersehen, dass er der Untersuchungsgruppe durchaus (und teils deutlich) Gelegenheit gibt, diesen Widerspruch zu bemerken.

Wir können sagen, dass Sokrates' Einsatz dichterischer Elemente der Versuch ist, seinen Gesprächspartnern in den Grenzen ihrer Möglichkeiten, die sie selbst kontinuierlich durch Redebeiträge offenlegen, Vorzüge eines ‚gerechten' Lebens sichtbar zu machen. Zu diesem Zweck verbindet er darstellend-nachbildende und erzählend-berichtende Elemente in einer *eigenen,* d. h. von allen kanonisierten Formen (Epos, Tragödie, Komödie usw.) unterschiedenen Form von Dichtung. Da dieses Kommunikationsregime in eine Dichtungs*theorie* eingebunden ist und Sokrates offenlegt, dass Dichten Sich-(oder Etwas-)Verbergen bedeutet, kann genau genommen keine Rede davon sein, dass er (ob ehrenhaft oder nicht) die Untersuchungsgruppe belöge. Vielmehr können wir sagen, dass Sokrates, indem er die Polis der Epistaten in die Polis Athen bringt, einen ‚wissenssoziologischen' Konflikt befriedet – womit er zugleich den Grundsätzen der *Ökonomie* nachkommt, auf die er sich nach Betreten des Hauses mit Kephalos geeinigt hat, d. h. eine Gastpflicht erfüllt.

Die Autorität, auf die Sokrates seine *Lehre vom Lebensweg* stützt, liegt bei einer Gruppe, deren Teilhaberschaft höchst diffus bleibt: bei den *Philosophen.* Außer einigen Kennzeichen junger Leute, die einmal (aber doch eher unwahrscheinlich) zu dieser Gruppe stoßen könnten (transhistorische Orientierung, Wahrheitsliebe, Mäßigung, Lernfreude und Erinnerungsvermögen) erwähnt Sokrates zwar die für Philosophen typische soziale Praxis *(Dialektik),* weigert sich aber (indem er einmal einer Intervention aus der Untersuchungsgruppe *nicht* nachgibt), diese Praxis zu erläutern. Es ist nicht auszuschließen (aber keineswegs sicher), dass Sokrates selbst sich als Teil dieser Gruppe versteht (d. h. der Bericht eine dialektische *Demonstration* enthält).

Kontur gibt Sokrates der diffusen, aber im Sinne ‚gerechten' Lebens exemplarischen Figur des Philosophen, indem er sie in den Mittelpunkt einer sozialen Konstellation rückt – womit er zugleich seiner Lehre vom Lebensweg eine *soziologische* Dimension verleiht. Diese Konstellation basiert auf der Unterscheidung einer *Menge* und derjenigen, die das *Reden* professionalisiert haben und im Mittel der Rede die *Ordnungsschöpfung* professionalisieren könnten. Die Zugehörigkeit zu *dieser* Menge bemisst sich nicht nach ‚arm' oder ‚reich', nicht nach persönlichem oder familialem politischem Prestige oder einem ‚biologischen' Geschlecht: Sie hängt am Unvermögen, die Unterschiede zwischen den Ordnungsschöpfungen derjenigen, die das Reden professionalisiert haben, im vollen Umfang zu verstehen. Wer hingegen diese Unterschiede versteht, wird im Sinne sokratischer

Soziologie insbesondere nicht die ‚Gerechtigkeit' der *Sophisten* (‚falsche Philosophie') mit *philosophischer* Gerechtigkeit verwechseln. Neben Philosophen und Sophisten umfasst die Gruppe derjenigen, die das Reden professionalisiert haben, die Gruppe der *Dichter;* und wer die professionellen Unterschiede der ‚Gerechtigkeit' von Dichtern und philosophischer Gerechtigkeit versteht, wird auch verstehen, dass die ‚Gerechtigkeit' der Dichter bestimmten politischen Präferenzen korrespondiert (z. B. die *Tragöden* demokratischen bzw. tyrannischen Regimes zuneigen). Wer aber (als Element besagter *Menge*) all diese Unterschiede *nicht* versteht, wird selbst eine Polis der *Epistaten* nicht von einer Polis der *Drohnen* zu unterscheiden wissen.

Wenn wir davon ausgehen, dass Sokrates' *philosophisch* orientierte Lehre vom Lebensweg jedenfalls keine Praxis empfehlen wird, die unter den von Dichtern oder Sophisten bevorzugten Regimes als gerecht gilt, können wir sagen, dass ihre Träger zwar eine Vorstellung von *Ehre* pflegen, aber die des *Weisen* der des *Tapferen* vorziehen werden; dass sie *Privateigentum* nicht an sich, aber wegen seiner Wirkungen geringschätzen und auf *Luxus* keinen gesteigerten Wert legen; dass in ihrer Praxis zwar die Wertschätzung eigener *Freiheit* Ausdruck findet, ihr eigentliches Interesse aber die (gerechten) *Grenzen* der Freiheit sind, sie also zwischen vulgären und nicht-vulgären Freiheitsvorstellungen unterscheiden; dass sie anstreben, fähig zur *Freundschaft* zu sein – aber sicher auch in der Wahl der Freunde *Maß* halten und *Besonnenheit* üben. Der *Menge* begegnen sie, schon weil sie nicht auf deren Verständnis des eigenen Lebenswegs hoffen dürfen, mit gebührendem Respekt; der Unterschiede deren einzelner Protagonist*innen sind sie sich schon wegen ihres Interesses an deren *professionellen* Regimes bewusst. Mit diesen Einzelnen können sie sich in Fragen der Gerechtigkeit einig werden, ohne Einigkeit über die *Gründe* dieser Einigung zu erwarten. *Tyrannen* jeder Façon sind ihre erklärten Antipoden.

Lysias' Soziologe der Tyrannis. Lysias, dessen Anwesenheit im Oikos (als Sohn des Hauses) Platon Sokrates berichten lässt, von dem aber kein Wort und kein eigener Handlungszug überliefert wird, findet, wie wir uns erinnern, außerdem in einem der Gespräche Erwähnung, die Sokrates nach Platons Überlieferung in der Zeit des Nikias-Friedens geführt hat (während das *Politeia*-Gespräch bekanntlich nicht datierbar ist): Sein Gesprächspartner **Phaidros,** der als junger Mann ein Anhänger des Homer-Verehrers Hippias gewesen war, bald darauf beim Symposium des Erfolgs-Tragöden Agathon beteiligt und wenig später einer der Beklagten der Götterschändungsprozesse sein wird, gibt hier eine Rede von

3.6 Sokrates, Lysias und Platon zwischen Philosophie und Politik

Lysias über das Problem der Liebe wieder,[309] von deren Empfehlungen Sokrates ihn anschließend (im Horizont *philosophischer* Praxis und in Form eines *Pans*-Gebets *theologisch-politisch* grundiert) abbringt.

Nach der Darstellung Platons liest Phaidros ein von Lysias verfasstes Manuskript vor, „geschrieben, *als ob* ein schöner Knabe gewonnen werden sollte, aber nicht von einem Liebhaber"[310] – sondern *für* eine bestimmte *(utilitaristische) Lehre vom Lebensweg*. Phaidros' Formulierung („als ob") zeigt an, dass er keineswegs sicher ist, dass Lysias *tatsächlich* einen schönen Knaben für die eigene Lehre vom Lebensweg gewinnen will; es könnte sich z. B. um ein Werk der *Nachahmung* handeln. Diese Unsicherheit über das Verhältnis des Autors und seines Texts spiegelt das besondere Autor-Text-Verhältnis, das Lysias' Form der *Professionalisierung des Redens* in den kommenden Jahren (bis in die Zeit vor Platons Akademiegründung) mit sich bringt: Er verfasst, wie vom Strafrecht Athens gestattet, Reden im Auftrag unterschiedlicher „Kläger oder Beklagte[r]", die anschließend, wie vom Strafrecht vorgeschrieben, „vom Auftraggeber vor Gericht mündlich vorgetragen werden".[311] Wir können also sagen, dass der Autor Lysias besser verborgen ist hinter den Texten, die er verfasst, als jeder Dichter hinter seinen Dichtungen. Die einzige der Reden, die der *Corpus Lysiacum* umfasst, für die dies *nicht* gilt, ist eine „Anklagerede gegen Eratosthenes, der Mitglied der Dreißig war":[312] Sie hält Lysias „in eigener Sache".[313]

Der Anlass dieser Anklage führt uns in eine Zeitspanne, aus der kein Sokrates-Gespräch überliefert ist: in die Monate der *Herrschaft der Dreißig* im Anschluss an die Kapitulation Athens, die das Ende des Attischen Seebunds und den Beginn einer Hegemonie Spartas mit sich bringt. Wie wir wissen, wird Sokrates vier Jahre nach Lysias' Anklagerede gegen Eratosthenes in seiner Verteidigungsrede in eigener Sache die Verweigerung eines ungesetzlichen Befehls der *Dreißig* für sich geltend machen – und Platon ein halbes Jahrhundert später diese Befehlsverweigerung als letzten Grund anführen, warum er seinerzeit sich der Verstrickung in die *Herrschaft der Dreißig* entzogen hat.

---

[309] Platon. Phaidros, S. 16–27 (230e-234c).

[310] Platon. Phaidros, S. 8–9 (228d-e) und S. 4–5 (227c); Hervorhebung von mir/PG.

[311] Huber, Ingeborg. 2013. Einleitung. In: Lysias, *Reden*. Eingeleitet, übersetzt und kommentiert von Ingeborg Huber. Darmstadt: Wissenschaftliche Buchgesellschaft, S. 9–30, hier S. 10; vgl. S. 13–14.

[312] Lysias. 2013. Anklagerede gegen Eratosthenes, der Mitglied der Dreißig war – von Lysias selbst gehalten. In *Reden*. Eingeleitet, übersetzt und kommentiert von Ingeborg Huber. Darmstadt: Wissenschaftliche Buchgesellschaft, S. 98–113.

[313] Huber. Einleitung, S. 23. Vgl. Lysias. Anklagerede gegen Eratosthenes, S. 98 (3).

Wenn wir die Soziologie, die Lysias' Anklagerede trägt, der *sokratischen* Soziologe gegenüberstellen, ist der augenscheinlichste Unterschied, dass die Figur des *Philosophen,* der gedankliche Mittelpunkt der sozialen Konstellation, in die Sokrates seine Lehre vom Lebensweg einlässt, bei Lysias nicht auftritt. Allerdings beginnt die Rede gegen Eratosthenes mit einer kurzen Reflexion über das Verhältnis von Redner und Rede, aus der hervorgeht, dass (da die zu berichtenden Taten jeder Beschreibung spotteten) die Rede das, was der Redner als „reine Wahrheit" erkannt hat, *nicht* zum Ausdruck bringen wird[314] – und wie wir wissen sind in Sokrates' Konstellation *Philosophen* diejenigen, die sich mit der reinen Wahrheit (und mit dem Problem *wahrer Lügen)* beschäftigen. Mit anderen Worten, es gibt bei Lysias zwar keinen klaren Hinweis auf den figuralen Mittelpunkt von Sokrates' Lehre vom Lebensweg; aber es gibt auch keinen Grund, verfrüht die Möglichkeit auszuschließen, dass die Philosophie ein verborgenes Element der lysiasischen Konstellation bildet.

Im Zuge der Eingangsreflexion der Anklagerede wird überdies deutlich, dass Lysias sie zwar formal gegen *einen* Mann halten mag, dessen zu verurteilende Taten aber als Teil der Praxis einer *sozialen Gruppe* begreift – deren Nukleus eben die „Dreißig" bilden, die Lysias „Tyrannen" nennt, d. h. so bezeichnet, wie Sokrates die erklärten Antipoden von wahren Epistaten. Tatsächlich lässt sich der Rede, wie wir gleich sehen werden, eine *Soziologie der Tyrannis* ablesen: ein differenziertes Bild einer tyrannischen Konstellation. Im Laufe der Rede erwähnt Lysias deren folgenden Elemente.

Eine Figur des „Umsturz[es]", mit dem die Tyrannis beginnt, ist (1) der Dichter **Kritias,** der bekanntlich Platon zufolge als junger Mann, 25 bis 30 Jahre vor den Ereignissen, die Lysias berichtet, bei zwei Sokrates-Gesprächen (*Protagoras* und *Charmides*) anwesend gewesen ist; er gehört (wie Eratosthenes) zur Fünfergruppe der tyrannischen *Avantgarde,* die zur Absicherung der eigenen Position ein Wächter-Racket („Aufseher über die Abteilungen der Bürgerschaft") installiert. So wie Sokrates die Unfähigkeit des Tyrannen zur Freundschaft dekretiert, versteht Lysias die *Dreißig* als bloß „*sogenannte* ‚Freunde'".[315] Avantgarde und Wächter (nebst „Helfershelfer[n]", d. h. niederrangigen *racketeers*) gemeinsam bilden (2) die *aktiven* Elemente einer Konstellation, der *passiv* die *Menge* („Bürger", „Volk", Lysias' Publikum) gegenübersteht: Die *erste* konsolidiert ihre Herrschaft, weil die *zweiten* den Einzelnen, die die *dritte* bilden,

---

[314] Lysias. Anklagerede gegen Eratosthenes, S. 98 (1).
[315] Lysias. Anklagerede gegen Eratosthenes, S. 104 (43); Hervorhebung von mir/PG.

3.6 Sokrates, Lysias und Platon zwischen Philosophie und Politik

„Schwierigkeiten" bereiten, die sie von der Teilhabe an den politischen Dingen ablenken.[316]

Auf einen Vorschlag von **Theognis** und **Peison** (zweien aus der Gruppe der *Dreißig*) geht (3) ein prägnanter Fall tyrannischer Praxis, ein *Coup* gegen eine Gruppe von „Metöken" (als Kritikern der „Verfassung") zurück: eine Konfiskation ihrer Güter im Namen der materiellen Bedürfnisse der Polis, die aber in Wirklichkeit bloß den Tyrannen selbst „Geld in die Hände" spielt.[317] Die konfiskatorische Regel ist, wie das Verhältnis Peisons zur Lysias-Familie zeigt, dass den einzelnen Mitgliedern der tyrannischen Generalversammlung bestimmte Oikoi als Anteil der metökischen Beute zufallen. Damit entsteht (4) ein ‚Schattenreich' politisch-ökonomischer Sonderbeziehungen: Peison beeidet Lysias, er werde ihn „für Geld retten", d. h. stellt (ganz *sogenannter* Freund) seine pekuniären Interessen über die Ambitionen der tyrannischen Generalversammlung – konfisziert dann allerdings von den Gütern des Oikos nicht nur „das, was [mit Lysias] abgemacht war", sondern nimmt sich, was er sich nehmen kann.[318] Letztlich etabliert die Tyrannis also in der Polis das *Winner takes all*-Prinzip – dessen Geltung auf der *trans*politischen Ebene, wie wir wissen, Ausweis eines *Mangels an Verfassung* ist. Figuren wie Theognis kommt im Rahmen solcher politisch-ökonomischer Sonderbeziehungen die Rolle von *Wächtern* des *Winner takes all* zu, auf deren Bestechlichkeit man sich indes nicht so sicher verlassen kann wie auf die des notorisch unzuverlässigen Peison – weil, mit Sokrates gesagt, ihre Verwilderung (‚Wolf'-Werdung) weniger fortgeschritten ist.[319]

Das tyrannische Regime, das Lysias beschreibt, unterhält (5) eine (nicht weiter erläuterte) *Hierarchie*, in der z. B. **Melobios** und **Mnesitheides** Peison befehlen[320] – nicht unbedingt aus ‚amtlichen' Gründen, sondern wohl als autoritäre Vertreter der gemeinsamen Sache der *Dreißig*. Melobios exemplifiziert überdies, dass (6) *Gewalt* beim konfiskatorischen Regime der Tyrannen die stets präsente Herrschaftsreserve bildet („riss […] der Frau des Polemarchos die goldenen Ohrgehänge […] von den Ohren").[321]

Nach Lysias' Darstellung unterhalten Tyrannen untereinander keine Freundschaften und sind durch keine prinzipielle Loyalität verbunden; sie knüpfen umständehalber *(Zweck-)Bündnisse* – gegebenenfalls auch *gegeneinander*.

---

[316] Lysias. Anklagerede gegen Eratosthenes, S. 104–105 (43–45) und S. 110 (85).
[317] Lysias. Anklagerede gegen Eratosthenes, S. 99 (6–7).
[318] Lysias. Anklagerede gegen Eratosthenes, S. 99 (8–11).
[319] Lysias. Anklagerede gegen Eratosthenes, S. 99–100 (13–15).
[320] Lysias. Anklagerede gegen Eratosthenes, S. 99 (12–13).
[321] Lysias. Anklagerede gegen Eratosthenes, S. 100 (19).

Dadurch verteilt das tyrannische Regime sich mit der Zeit auf (7) *konkurrierende Rackets* (eine Kritias-Charikles-Gruppe und eine Theramenes-Eratosthenes-Gruppe) – ganz so, wie Sokrates zufolge jede ungerechte Polis in Wirklichkeit in (mindestens) zwei Poleis gespalten ist. Das Krisenregime, das dieser Konstellation entspricht, ist, wie der Eratosthenes-Racket demonstriert, Gebietsexpansion (nach „Salamis und Eleusis") im Mittel des Eroberungskriegs *(winner takes all)*.[322]

Ein exemplarischer Fall der (8) Bündnisflexibilität der Tyrannen ist **Pheidon,** der (wie Eratosthenes) nach dem Ende der *Herrschaft der Dreißig* die Polis *nicht* verlässt, sich vielmehr in der Phase des Regimeübergangs den Anschein des „größten Gegner[s]" der Kritias-Gruppe gibt und so auch in der Übergangsregierung ein Amt erhält – bevor er (vergeblich) versucht, bei der neuen Hegemonialmacht, Sparta, Unterstützung für einen neuerlichen, von „Söldner[n]" getragenen *Coup d'État* zu gewinnen.[323] Die Indienstnahme von (9) *Söldnern,* wie wir wissen für Sokrates ein deutliches Kennzeichen, *dass* eine tyrannische Polis entstanden ist, ist allgemein Teil des politischen Repertoires der *Dreißig*;[324] (10) in theologisch-politischer Hinsicht bestätigt Lysias' Darstellung („Tempel, welche diese Leute teils verkauft, teils […] entweiht haben"[325]) Sokrates' These, dass Tyrannen auch an ihrer Ignoranz in Fragen des Kultus zu erkennen sind.

An **Theramenes,** zu dessen Wächter-Gefolge bekanntlich Sokrates' späterer Ankläger Anytos zählt, demonstriert Lysias (11) ein tyrannisches Sondervermögen, das über bloße Bündnisflexibilität hinausgeht: durch konsequente „Schlechtigkeit" unter verschiedenen politischen Ordnungen *(Rat der 400,* Demokratie, *Herrschaft der Dreißig)* erfolgreich zu sein. Noch die Nachwelt möchte ihn – Sinnbild von Thrasymachos' ‚großem Ungerechten' – für einen tugendhaften Mann halten;[326] ausgerechnet unter der ‚echten' Tyrannis aber stößt paradoxerweise dieses Sondervermögen, wie Therames' Hinrichtung auf Kritias' Initiative hin zeigt, an seine Grenzen.

Mit der Fürsprache, die, verkörpert in **Batrachos** und **Aischylides,**[327] Leute wie Theramenes und unter den Überlebenden Eratosthenes noch in der Phase der (scheinbaren) Konsolidierung des demokratischen Regimes finden, verbindet

---

[322] Lysias. Anklagerede gegen Eratosthenes, S. 105–106 (51–52 und 55) und S. 107 (62–64).

[323] Lysias. Anklagerede gegen Eratosthenes, S. 106–107 (54–60).

[324] Lysias. Anklagerede gegen Eratosthenes, S. 112 (94).

[325] Lysias. Anklagerede gegen Eratosthenes, S. 113 (99).

[326] Lysias. Anklagerede gegen Eratosthenes, S. 107–109 (63–78).

[327] Lysias. Anklagerede gegen Eratosthenes, S. 105 (48).

3.6 Sokrates, Lysias und Platon zwischen Philosophie und Politik

sich für Lysias (12) das Problem der Möglichkeit eines Fortlebens des tyrannischen Regimes unter der Oberfläche einer erneuerten ‚Demokratie' – das auch eine *trans*politische Note hat.[328] Dieses Problem gewinnt Gestalt in dem (im Prozess zu klärenden) Verhältnis des Angeklagten, Eratosthenes, und den „Richter[n]"[329]: An *seinem* Fall legt Lysias *ihnen* dar, dass sie, so lange sie nicht jeden einzelnen Tyrannen sanktionieren, unweigerlich selbst Elemente einer (untergründigen) tyrannischen Konstellation bleiben.[330] Als Exekutoren des „Gesetz[es]" entscheiden Eratosthenes' Richter aber Lysias zufolge nicht nur im Namen „der ganzen Stadt" über deren Verhältnis zur Tyrannis;[331] überdies bringt ihr Spruch das Verhältnis der Polis zu ihrer rezenten Vergangenheit zum Ausdruck, d. h. das Verhältnis der *Generationen* (gesetzliche Hinterlassenschaften der „Väter" und Rechte der „Toten").[332]

Lysias' eigene Sache, Eratosthenes' Mord an seinem Bruder Polemarchos, der Platons *Politeia* zufolge in früheren Jahren von einer *(pseudo-)simonidesianischen Lehre vom Lebensweg (Freund und Feind)* ab- und in ein ‚Team Sokrates' eingerückt ist, ist der exemplarische Fall eines Ereignisses, mittels dessen Beurteilung die Polis das Verhältnis zu ihrer rezenten Vergangenheit klärt.[333] Damit wird die *metökische Frage,* d. h. die Frage der Möglichkeit, *ohne* Vollbürgerschaft zugleich gesetzlich *und* glückselig in der Polis leben zu können, zum Probierstein deren tyrannischer Potentiale.[334] Das Erbe, um das es aus metökischer Perspektive beim Urteil über Eratosthenes geht, ist die *perikleische* Polis („Demokratie"), die Beteiligung an ihrem Kultus und ihrer Krisenbewältigung mit Wertschätzung honoriert.[335] Dabei bildet allerdings die Polis selbst, in deren Namen dieses Urteil fällt, in Konsequenz der *Herrschaft der Dreißig* eigentlich *zwei* Poleis: Am Ende der Tyrannis stehen neben der Gruppe der „ehemaligen Verbannten"

---

[328] Vgl. Lysias. Anklagerede gegen Eratosthenes, S. 102 (29), S. 103 (35) und S. 111 (88).
[329] Vgl. nur Lysias. Anklagerede gegen Eratosthenes, S. 101 (24) und S. 103 (37).
[330] Lysias. Anklagerede gegen Eratosthenes, S. 110 (80) und S. 111 (90–91).
[331] Lysias. Anklagerede gegen Eratosthenes, S. 110 (82) und S. 111 (91).
[332] Lysias. Anklagerede gegen Eratosthenes, S. 112 (95) und S. 113 (100); vgl. S. 104 (42 und 44), S. 108 (69) und S. 110 (83–84).
[333] Lysias. Anklagerede gegen Eratosthenes, S. 100 (17–18) und S. 102 (30–31).
[334] Lysias. Anklagerede gegen Eratosthenes, S. 99 (6–7) und S. 111 (89).
[335] Lysias. Anklagerede gegen Eratosthenes, S. 98 (4–5) und S. 100–101 (20).

('Piräus-Partei') diejenigen, die in der Stadt geblieben und Teil des dort angezettelten „Bruderkrieg[s]" geworden sind.[336] Der erste Schritt zur Einigung ist Lysias zufolge nun, gemeinsam die „*Feindschaft*" der Tyrannen festzustellen.[337]

Platons Soziologie der Regimes. Wenn wir von Lysias' Soziologie der Tyrannis zurückkehren zur Frage der praktisch-philosophischen Seite der Soziologie Platons (der Sokrates' tugendhafte Soziologie vorausliegt), ist der augenscheinlichste Unterschied zwischen beiden, dass bei Platon Lysias in einer Konstellation auftritt, die bei Lysias selbst keine Rolle spielt, und zwar in einer historischen Sequenz vor derjenigen, die das Material für Lysias' Soziologie der Tyrannis bildet. Während Lysias Teil dieser *wissenssoziologischen* Konstellation (und Zeuge von Sokrates' Kommunikationsregime) ist, liegt Platons Soziologie der *autoethnographische Bericht* von Sokrates zugrunde; und der *Redner* Lysias ist hier im Gegenteil ein *schweigsamer Zuhörer.*

Wie wir gesehen haben, ist die Tyrannis ein markanter Gegenstand der Archivalie, die Platon überliefert, und bildet der Tyrann in Sokrates' Lehre vom Lebensweg den Antipoden der Figur des *Philosophen.* Wir können also sagen, dass Platons *Politeia* Lysias' Soziologie der Tyrannis in einen weiteren historischen und einen anderen figuralen Rahmen überführt, indem sie Lysias, aber neben ihm z. B. auch Kleitophon, später ein *Wächter* im Racket der *Dreißig*, als Teilhaber eines sokratischen Gerechtigkeits-Gesprächs zeigt. Da im Gegensatz zu Lysias' Anklagerede in der *Politeia* die Figur des Philosophen eine prägnante Größe ist, können wir, mit Blick auf die Eingangspassage der Rede, zuspitzen: Mit der Soziologie Platons ist der Anspruch verbunden, ein Bild zu entwerfen, in der die ‚reine Wahrheit', die Reden wie die von Lysias ausdrücklich *nicht* zum Ausdruck bringen, repräsentiert ist. Dabei ist, wie wir aus unserer Analyse des *Corpus Platonicum* wissen, die *Politeia*-Konstellation selbst nur ein Element eines umfassenderen Ensembles sozialer Figuren, in deren Begegnungen und Gesprächen über einen Zeitraum von 50 Jahren Platon die rezente Vergangenheit der Polis Athen als einen Zusammenhang von transpolitischen Fragen, Problemen der Erziehung und der Kommunikation, Fragen des rechten Kultus usw. entfaltet.

Wenn wir Lysias' Anklagerede in der Fluchtlinie des von Platon überlieferten Gerechtigkeits-Gesprächs lesen, bemerken wir abgesehen von den Analogien zwischen Sokrates und Lysias, die wir en passant festgestellt haben, und der ‚empirischen' Verdichtung der sokratischen *Polis der Drohnen,* die Lysias insgesamt

---

[336] Lysias. Anklagerede gegen Eratosthenes, S. 109 (77) und S. 111–112 (92–98).
[337] Vgl. nur Lysias. Anklagerede gegen Eratosthenes, S. 98 (2), S. 108 (70–72) und S. 110 (79); Hervorhebung von mir/PG.

3.6 Sokrates, Lysias und Platon zwischen Philosophie und Politik

leistet, dass er verschiedene Befunde der Untersuchungsgruppe *nicht* verwendet: Die (gegebene) athenische Demokratie ist wie die Demokratie in Sokrates' Regimelehre gefährdet – aber sie ist nicht wie diese eine ausgesprochen ungerechte Ordnung, sondern die Ordnung, von der Gerechtigkeit zu erwarten ist; die Einführung des Privateigentums kann, wie das Regime der *Dreißig* dokumentiert, fatale Folgen zeitigen – aber Privateigentum genießt zugleich Wertschätzung als geeignetes Mittel (Kultusspende), um unter einem ‚gerechten' *(perikleischen)* Regime ein Band zwischen Polis und Oikos zu knüpfen; die Untauglichkeit eines Regimes reiner Feindschaft, das statt auf Freundschaft höchstens auf Zweck-Bündnisse und die ‚hündische' Treue einiger *Wächter,* ansonsten auf *Coups,* auf Trug und Gewalt sich stützt, wird klar bestätigt – aber das (Schein-)Prinzip der ‚edlen Hunde': die Freund-Feind-Bestimmung, trägt zugleich die gesamte Rede.

Aus diesen Abweichungen von Sokrates' Soziologie sollten wir nicht vorschnell ableiten, Platons *Politeia* insinuiere einen *fundamentalen* Gegensatz zwischen Sokrates und Lysias: Wie wir gesehen haben, ist die Schwierigkeit des philosophischen Redners, sich einer *Menge* wie Lysias' Publikum verständlich zu machen, eine zentrale Erkenntnis sokratischer Soziologie, so wie die Anpassung der Darstellungsweise an die (nachweislich begrenzten) Verständnis-Kapazitäten der Anwesenden Teil von Sokrates' Kommunikationsregimes im Oikos-Gespräch ist.

Klar ist allerdings, dass für Platon (als Archivar von Sokrates' Bericht) anders als für Lysias (als Teilhaber der Ereignisse, die Sokrates berichtet) die *Erzähler*-Figur die maßgebliche Referenzgröße ist: der protokollförmig vortragende Sokrates, nicht der Untersuchungsgruppenleiter. Deswegen umfasst Platons sokratische Konstellation eine zusätzliche soziale Größe: ein diffuses *Publikum,* das auf den ersten Blick den Anwesenden im Oikos lediglich einige spärliche Hinweise auf Sokrates Präferenzen, persönliche Eindrücke oder Gefühlslagen voraushat. Wenn wir aber etwas genauer hinsehen, ist Platons archivalischer Akt der Grund, dass die Frage, *wem* Sokrates das Gerechtigkeits-Gespräch berichtet, gegenüber der Frage, *was* in der Interaktion von Bericht und Publikum geschieht, in den Hintergrund rückt: Indem Platon Sokrates' Bericht eine schriftliche Form gibt, d. h. ihn *Leser*innen* zugänglich macht, nimmt *einerseits* die Diffusion des Publikums eine nicht mehr überschaubare Dimension an und verbessert sich *andererseits* die Möglichkeit desselben Publikums, eine ‚intime' (deutende) Beziehung zum Bericht und dem berichteten Geschehen aufzubauen, sprunghaft.

Im Zuge unserer Rekonstruktion der *Politeia* haben wir diese diffuse soziale Größe wiederholt als eine Größe der *Aufmerksamkeit* herangezogen, um uns die *reflexiven Möglichkeiten,* die Sokrates' Bericht (bzw. Platons Archivalie) eröffnet, ohne sie geradezu auszusprechen, zu verdeutlichen. Wollen wir davon ausgehen, dass diese Möglichkeiten im Fall des (lesenden) Publikums der Archivalie, d. h. des Publikums *Platons,* das anders als Sokrates' Zuhörerschaft eine Praxis des Innehaltens, Zurücklesens, exegetischen Pendelns, Einschaltens von Kontextanalysen und Gedankenexperimenten kultivieren kann, ungleich ausgeprägter sind, so können wir sagen, dass uns Platons Soziologie der *Politeia* in Form der *Soziologie eines aufmerksamen Publikums* vorliegt.[338] Da dieses Publikum in Form der Entdeckung reflexiver Möglichkeiten verfährt, materialisiert seine Soziologie sich nicht (oder jedenfalls nicht in letzter Konsequenz) in den *Antworten,* die Sokrates und seine Gesprächspartner finden, sondern vielmehr in den *Fragen,* die ihr Zusammenwirken aufwirft oder offenlässt.

Eine zentrale Frage, mit der Platons Soziologie der *Politeia* operiert, betrifft das Verhältnis der *beiden* Seiten von Regimes, die Sokrates' Bericht zeigt: zwischen einer (fallweise unterschiedlichen) *Lehre vom Lebensweg,* der eine bestimmte Wissensformation zugrunde liegt, und der sozialen Praxis (dem *Kommunikations*regime), die (bzw. das) vom Repräsentanten dieser ‚Theorie' kultiviert wird. Bei Sokrates handelt es sich Platon zufolge, wie wir wissen, um den exemplarischen Fall einer solchen Theorie-Praxis-Verbindung in der Form des Regimes eines *tugendhaften* Mannes. Deswegen wird das platonische Publikum die *Politeia* (auch) als ein Dokument der Bewährung sokratischer Tugend unter den Bedingungen einer spezifischen sozialen Konstellation (und als Element eines dynamischen Felds von *Lehren vom Lebensweg*) lesen – und gerade dort auf reflexive Möglichkeiten stoßen, wo Sokrates' ‚Tugend' sich als erklärungsbedürftig erweist.

Besonderes reflexives Potential eröffnet der Problemkreis der *ehrenhaften bzw. wahren Lüge.* Der Vorbehalt, Sokrates könne den Mitgliedern der Untersuchungsgruppe womöglich Entscheidendes vorenthalten, wird zwar gemildert, weil ein aufmerksames Publikum Gründe und Entschuldigungen dafür findet, dass er nicht ganz ehrlich ist, und eine en gros pazifizierende und verlässlich gastfreundschaftliche Praxis konzedieren kann; letztlich aufgelöst wird dieser Vorbehalt aber nie, und es ist fraglich, ob nicht Sokrates' Lehre (auch wenn er nicht die Untersuchungsgruppe belügt) am Ende vielleicht sogar auf mehr als *einer* Lüge basiert. Dies aber zeigt uns nur, dass wir eigentlich nichts Genaueres über das Verhältnis von *Tyrannen* und *Epistaten* wissen und eigentlich unklar ist, welchen Charakter die eine, ehrenhafte Lüge je nach Situation annehmen könnte.

---

[338] Im Sinne von Szlezáks Platon-Lektüre könnte man sagen, dass die nur in mündlicher Rede vorgetragene *Theorie der Prinzipien* den Horizont einer solchen *Soziologie eines aufmerksamen Publikums* bildet.

3.6 Sokrates, Lysias und Platon zwischen Philosophie und Politik 153

Die Adressatin dieses Vorbehalts ist die für Sokrates' Gerechtigkeitslehre maßgebliche Figur des *Philosophen:* Wenn das Publikum aus den Märchen und Mythen, in denen Sokrates der philosophischen *Lehre vom Lebensweg* Ausdruck verleiht, tatsächlich etwas lernt, muss es sich fragen, *was* es da gelernt hat, da dies ‚philosophische' *Dichtung,* nicht Philosophie im eigentlichen Sinn sein will und also offenbleiben muss, ob nicht überhaupt Sokrates von der Philosophie eher vom Hörensagen spricht (also seine Ausführungen Spiegel einer Unwissenheit in seiner Seele sind). So weiß z. B. auch ein aufmerksames Publikum nicht, ob Philosophen es mit der *theologischen Politik* und den *trans*politischen Fragen so halten, wie Sokrates darüber redet (weiß aber immerhin, dass es dies nicht weiß).

Die Ambiguität der Figur des Philosophen betrifft auch ihr Verhältnis zur politischen Ordnung. Ihr Regime ist, so lange nicht der unwahrscheinliche Fall einer *Polis der Epistaten* eintritt, erklärtermaßen niemals mit einem herrschenden Regime identisch, und es kann kein Zweifel bestehen, dass Philosophen keine der bestehenden Poleis für eine *gerechte* Polis halten. Daraus folgt aber kein unmittelbarer soziologischer Erkenntnisgewinn: Wegen der Gefahren, die mit dieser Sonderposition verbunden sind, werden Philosophen sich den Bewohnern einer bestehenden Polis nicht ohne Weiteres *als* Philosophen zu erkennen geben. Im Rahmen der platonischen *Soziologie* ist der Philosoph entweder ein Abwesender, von dem man spricht, oder ein Anwesender, der anders ist, als er auftritt. So wird ein aufmerksames Publikum der Frage nicht ausweichen können, ob Sokrates, als Hoplit der einzige Repräsentant der *Menge* unter den Besuchern des Oikos, nicht doch einen (stillen) epistatischen *Coup d'État* verfolgt hätte, *wenn* die Mitglieder der Untersuchungsgruppe sich als geeignet für Epistaten-Gespräche erwiesen hätten. Dahinter stehen die offenen Fragen, wie eine Polis zu ihren Epistaten kommt und wohin Sokrates' Untersuchung der *Polis des genügsamen Lebens* geführt hätte, wenn er nicht Glaukons Intervention zugunsten der Untersuchung der *Polis des Luxus* nachgegeben hätte.

Das platonische Publikum lebt so wie das Publikum, dem Sokrates seinen Bericht gibt (und so wie die, von denen er berichtet) in politischen Verbänden und hat es mit bestimmten Regimes zu tun. Der Zielpunkt der reflexiven Möglichkeiten, die es an Platons *Politeia* entdeckt, ist deswegen die Frage seines Verhältnisses zu *diesen* Verbänden und Regimes. Im Fall Platons selbst und seiner ersten Leser (d. h. der *Akademie*) handelt es sich, wenn wir uns an unsere Analyse des *Siebten Briefs* erinnern, noch immer um die Polis Athen. Allerdings ist inzwischen der Prozess der Provinzialisierung, der mit der Niederlage im Peloponnesischen Krieg begonnen hatte, weiter fortgeschritten, wie die führende Rolle des Achämenidenreichs im *Königsfrieden* zeigt; und Platons eigene Reisen nach

Syrakus sind ein Sinnbild des zwischenzeitlichen Erfolgs eines Polis-Modells, das nach Sokrates' Regimelehre nur als Tyrannis bezeichnet werden kann. Beim Vergleich der autoethnographischen Berichte Platons *(Siebter Brief)* und Sokrates' *(Politeia)* wird ein aufmerksames Publikum bemerken, dass Platons Schilderung seiner Gespräche mit dem Tyrannen Dionysios und dem Tyrannenfeind Dion (ohne dass er Genaueres berichtete) das kommunikative Prinzip der kritischen Prüfung epistatischer Potentiale, das Sokrates gegenüber Adeimantos, Glaukon und den anderen zur Anwendung bringt, bekräftigt. Und Platons Antwort auf Dions Versuch, seine Unterstützung für einen (offenen) *Coup d'État* gegen Dionysios II. zu bekommen, scheint die größere Bedeutung zu bestätigen, die Sokrates Fragen des Gastfreundschaft beimisst. Von der *Polis der Epistaten* (bzw. der Philosophenherrschaft), die Sokrates auf ein theoretisches Muster für ein gerechtes Leben zurückgestuft hat, ist lediglich zu erfahren, dass der *jüngere* Platon, dem es so wie dem *älteren* Sokrates um *Gerechtigkeit* bezogen auf das Gemeinwesen und auf das Leben des Einzelnen ging, für den allerdings die Philosophie noch mehr ein *Bekenntnis* als seine *Praxis* war, sich mit ihr beschäftigte.

(Neo-)Sokratische Konstellationen 4

Wenn wir gesagt haben, den Zielpunkt der reflexiven Möglichkeiten, die den Leser*innen der *Politeia* (und des *Corpus Platonicum* im Allgemeinen) sich eröffnen, bilde die Frage ihres Verhältnisses zu den Verbänden und Regimes, in und mit denen sie selbst leben, liegt die Frage nahe: was eine Leserin des 21. Jahrhunderts, die eine Haltung zu der Welt, in der sie lebt, gewinnen möchte, d. h. die ein *soziologisches* Anliegen hat, von Platon lernen kann. Die nächste Frage, die sich stellt, ist dann allerdings, ob die erste Frage überhaupt der Beschäftigung lohnt: Die ‚Welt' Platons und die *globale* Welt, in der die Soziologin des 21. Jahrhundert lebt, scheinen auf den ersten Blick wenig miteinander zu tun zu haben.

Poleis sind, trotz ihres prägenden Namens, keine relevanten politischen Größen mehr. Die typischen Trägerinnen von Politik sind (National-)*Staaten* (wobei der Soziologin schon das Phänomen der *failed states* zeigt, dass dies nicht die einzige politische Form ist); *trans*politische Probleme werden nicht unter ‚olympischen' Gesichtspunkten befriedet, sondern in Gremien *internationaler* Organisationen. Die Kriege, die trotz dieser Gremienarbeit auftreten, sind schon wegen der wirtschaftlichen Verflechtungen der Kriegsparteien in der Regel (wenn auch nicht immer sichtbar) *planetarische* Kriege; und man weiß von etwas, dessen Grauen über jeden Krieg und jede Sklaverei hinausgeht: der *Schoah*.

Was der Soziologin des 21. Jahrhunderts (potenziell) an ‚Welt'-Politik sichtbar wird, scheint jedenfalls, so viel an ihr sie auch übersehen mag, unvergleichlich mehr *Kulturen* zu umfassen, als Sokrates, Platon oder den Akademikern sichtbar waren; da sie das meiste auf *Bildschirmen* sieht, ist zugleich die sinnliche Qualität ihres Wahrnehmungsfelds während weiter Strecken des Tages unvergleichlich reduzierter.

Ihr Weg zur Soziologie führte nicht durch eine beschauliche, mit der esoterischen Vermittlung philosophischer Prinzipien beschäftigte Akademie in der

Nähe des Flusses Kephisos, sondern verlief (wenn auch in ihrer ‚Welt' regelmäßig Akademien gegründet werden) in Form eines nach formal korrekt gewillkürten Kriterien zertifizierten *Fach*studiums an einer *Massenuniversität,* die in einem (mindestens) europäischen *Wissenschaftsraum* sich *vernetzt.*

Wer *hier* soziologischen Anliegen nachgeht, tut dies üblicherweise nach Maßstäben einer *Wissenschaft,* deren Grundlagen zwar Jahrhunderte zuvor, aber doch fast 2000 Jahre nach *Platons* Lebenszeit formuliert worden sind. Deswegen ist, wenn die Soziologin von ‚Philosophie' gehört hat, meist eine *Wissenschafts*philosophie gemeint gewesen. Weil aber die *Illusio,* der die Wissenschafts*politik* des 21. Jahrhunderts en gros folgt, Soziolog*innen nahelegt, ihre reflexiven Potenziale statt auf Grundlagenfragen auf die Probleme der Strukturierung eines und ihrer Bewährung auf einem *academic marketplace* zu konzentrieren, wird selbst diese *moderne* Philosophie nicht ihr *erstes* und könnte mit einer gewissen Berechtigung die uralte Philosophie Platons ihr *letztes* Interesse sein. Immerhin, die Soziologin ist, als sie die Universität betreten hat, Teil einer drei Jahrhunderte in die Vergangenheit reichenden Reihe von Wissenschaftler*innen-Generationen geworden, die das Gefühl, mit einem *Fortschritt* im Bund zu sein, gepflegt und institutionalisiert haben: Scheint bereits die lange Liste dessen, was sie in jungen Jahren gelernt hat, die *Klassiker* ihres Fachs aber *nicht* wussten und nicht konnten, gegen die Erwartung zu sprechen, dass bei ihnen sich Hilfen für eigene soziologische Anliegen finden ließen, ist an Platon gar nicht erst zu denken.

Und wenn die Soziologin des 21. Jahrhunderts trotz alledem (wie wir es in Auszügen getan haben) den *Corpus Platonicum* studiert, so wird ihr unweigerlich auffallen, dass Platons Soziologie, während die selbstverständliche Referenzgröße *ihres* Denkens das Gesamtgebilde *Gesellschaft* ist, bei aller Differenzierung, die wir festgestellt haben, doch auf Darstellungen der *Privilegierten,* der *Oberschicht* bzw. der *besseren* Gesellschaft begrenzt ist. *Arbeit,* in ihrer Epoche als gesellschaftlicher Zentralvorgang anerkannt, spielt dabei keine Rolle.

Vor einem halben Jahrhundert hat Gouldner die Frage, wie die Soziologin der Gegenwart beim Studium Platons etwas für ihre Anliegen lernen könnte, unter Hinweis auf eine „historical mission", deren Trägerin sie sei, beantwortet: „to assist mankind in taking possession of society". Diese Assistenz bei der Aneignung all dessen, was ist, durch all die, die sind, betrifft Gouldner zufolge auch ein „cultural heritage": Erst indem Menschen, im Licht ihrer „viable interests", zu einem Urteil („apprais[al]") über *es* gekommen sein werden, werden sie sich ganz zu eigen gemacht haben, was sie (geworden) sind.[1] Unter den Elementen

---

[1] Gouldner. *Enter Plato,* S. 170.

dieses zivilisatorischen Erbes hält Gouldner Platon für einen Fall von besonderer Wichtigkeit für das Gelingen der Assistenzleistung, der sich zu verschreiben er der Soziologin empfiehlt: Als „first great social theorist in the Western tradition" stehe Platon am Anfang einer Reihe von Autoren, an deren Studium die Soziologin sich die „social function", in deren Ausübung ihre ‚Mission' sich materialisiere, erschließen könne. Platons Soziologie ist Gouldner zufolge ein Mittel soziologischer „self-ecucation", die der Soziologin des 20. Jahrhunderts bei ihrer Aufklärungsmission als reflexive Reserve dienen kann.[2] Dabei spreche die große Distanz, die die (1965 bereits *globale,* wenn auch vorrangig auf die *Systeme* des *Westens* und des *Ostens* verteilte) Welt der Gegenwart und Platons Welt trennt, gerade *für* eine Beschäftigung mit dessen Schriften und deren Kontexten: Als „stable point of historical contrast" kann der *Corpus Platonicum* der Kultivierung des *Unbehagens* („discomfit[ure]") der Soziologin an den ihrem *Beruf* eigenen Routinen der *Komplexitätsreduktion* („clear-cut and testable propositions") auf die Sprünge helfen; die Auseinandersetzung mit Platons Welt und Soziologie ermöglicht ihr „to attempt to preserve a sense of the intellectual architecture from which these propositions are taken".[3]

Dagegen lässt sich einwenden, dass ein Denken in historischen Missionen (und historisch gewachsenen geistigen Gebäuden) selbst zu den Routinen der Komplexitätsreduktion gehört, die die ‚Western tradition' Soziolog*innen zur Verfügung stellt. Platon und Sokrates dagegen sind nie auf einer historischen Mission gewesen (und haben nie eine *Funktion* ausgeübt);[4] und es fragt sich, welche reflexiven Reserven der Soziologin entgehen mögen, während sie sich mit Blick auf die beiden Alten eigene ‚viable interests' einrichtet. Anders gesagt, vielleicht können wir von Platon mehr über unsere soziologischen Anliegen lernen, wenn wir nicht mit einem *Ziel-,* sondern mit dem *Ausgangs*punkt beginnen: mit dem, was die Soziologin des 21. Jahrhunderts die Anordnung seines *empirischen Materials* nennen würde. Der Horizont der reflexiven Möglichkeiten, die der *Corpus Platonicum* ihr eröffnet, ist dann die (*trans*historische) Entdeckung einer unbekannten Ordnung in den Ordnungen (und Unordentlichkeiten), in und mit denen sie lebt.

Wir sind am (vorläufigen) Ende unserer Beschäftigung mit der Soziologie Platons weit davon entfernt, diesen Horizont zu erreichen. Mit Gouldner können wir sagen, dass dies das Dilemma des „critic" im Beruf der Soziologin ist, der, statt nach herkömmlichen Standards *valide* und *reliable* Ergebnisse für bekannte

---

[2] Gouldner. *Enter Plato*, S. 172.
[3] Gouldner. *Enter Plato*, S. 172, S. 167 und S. 169.
[4] Vgl. dagegen Gouldner. *Enter Plato*, S. 178.

Probleme zu fertigen, eine Praxis des „patient probing of ideas" kultiviert:[5] Er kommt vergleichsweise langsam und umwegig voran und weiß immer erst am Ende eines Forschungsschritts, was sich als nächstes zu tun empfiehlt. Am Ende *unseres* Forschungsschritts können wir zwar auf einen (nach dem Prinzip der sokratischen Genealogie erstellten) systematischen Überblick des *Corpus Platonicum* zurückgreifen, unsere Detailkenntnisse beschränken sich aber auf den autobiographischen Brief, in dem der alte Platon seine Position zu den politischen Vorgängen in Syrakus vor dem Hintergrund seiner intellektuellen Biographie erläutert, und auf seine Überlieferung eines autoethnographischen Vortrags, in dem der alte Sokrates seine Erlebnisse nach dem Besuch der neu eingerichteten Festspiele zu Ehren der thrakischen Göttin Bendis berichtet. Der Überblick des *Corpus Platonicum* hat uns gezeigt, dass die soziale Ordnung, deren Dynamiken Platon darstellt, komplexer ist als die Konstellationen des *Siebten Briefs* und der *Politeia*. Zugleich haben wir bei der Untersuchung dieser Texte gesehen, dass die Ergänzung der sozial*geometrischen* Dimension dieser Ordnung, auf deren Rekonstruktion der Überblick sich weitgehend beschränkt hat, durch Detailstudien der Ordnung *in Bewegung* unverzichtbar ist, wenn wir die reflexiven Potenziale der Soziologie Platons ausschöpfen wollen. Mit anderen Worten, wir sollten nicht meinen, den *Ausgangs*punkt, von dem her wir das Ziel verfolgen, eine Haltung zu der ‚Welt' in der wir leben zu gewinnen, am Ende dieses Buchs bereits klar im Blick zu haben. Es bleibt bei der *Soziologie des aufmerksamen Publikums*: Wir können *Fragen* finden, die uns helfen, Allzu-Bekanntes zu verfremden, aber keineswegs bereits *Antworten* auf Fragen wie z. B. diejenige Gouldners erwarten, wie die Menschheit als Gesellschaft zu sich kommt.

Unter den Konzepten, die wir kennengelernt haben, verspricht in dieser Hinsicht das der *Regimes,* unsere Übersetzung von Platons Wort *Politeia*, einiges: Hat die Untersuchung der gleichnamigen Archivalie ergeben, dass der Begriff (1) unterschiedliche, figural repräsentierte Formen von Theorie-Praxis-Verbindungen (*Lehren vom Lebensweg* und *Kommunikationsregimes*) und (2) typische, bestimmten politischen Ordnungsformen (von Epistaten-Polis bis Tyrannis) korrespondierende *ideologische* Sets (die sich als Lebensstil, Weltmodell, Tugendvorstellung materialisieren) umfasst, stehen wir vor der Frage der Möglichkeit, in den übrigen Protagonisten des *Corpus Platonicum* ebenfalls Träger solcher (oder anderer) Regimes auszumachen. Solche figuralen Repräsentationen von Theorie-Praxis-Verbindungen und *ideologische* Sets aber sind nichts, was nicht auch in den Ordnungen (und Unordentlichkeiten), in und mit denen *wir* leben, sich finden ließe.

---

[5] Gouldner. *Enter Plato*, S. 169.

Die Kreise der *Privilegierten,* der *Oberschicht* bzw. der *besseren* Gesellschaft, auf die Platons Soziologie anscheinend begrenzt ist, können wir mit einem Begriff, der zum routinierten Repertoire der Soziologin des 21. Jahrhunderts gehört, ein *intellektuelles Feld* nennen. Dabei fragt es sich allerdings, ob sie gut beraten wäre, der Routine des Begriffsgebrauchs entsprechend die sozialen Dynamiken, die Platons Konstellationen entfalten, umstandslos als *Kämpfe um Macht und Autonomie* zu verstehen: Im Licht der *Politeia* würde dies bedeuten, dass sie von der Voraussetzung ausgeht, dass Thrasymachos' *Lehre vom Lebensweg* der von Sokrates überlegen ist. Der Begriff kann ihr indes helfen, eine im *Corpus Platonicum* deutlich *überrepräsentierte* Gruppe zu identifizieren: Leute, die diejenige Praxis, die nicht weniger als die Voraussetzung aller Politik ist: das *Reden,* in einem politischen Sinn professionalisieren, aber selbst nicht im Zentrum dessen stehen, was die *öffentliche Meinung* als Politik verfolgt, sondern höchstens in zweiter oder dritter Reihe (deren Handlungszüge allenfalls eine *kritisch räsonierende Öffentlichkeit* verfolgt) in sie involviert sind.

In der *Politeia* repräsentieren diese Gruppe neben Sokrates Thrasymachos und Lysias; dazu kommen, wie wir gesehen haben, u. a. *Lehrer*-Figuren wie Euthydemos/Dionysodoros, Gorgias, Hippias, Parmenides, Prodikos und Protagoras, *Dichter* wie Agathon, Aristophanes und Kritias, der *Rhapsode* Ion, *Akademiker* wie Euklid, Kephalos aus Klazomenai und Phaidon. Die aktiven Träger der ‚großen' Politik sind dagegen im *Corpus Platonicum* Randfiguren, für die genauer zu prüfen wäre, ob und was sie anlässlich ihrer Kontakte im *intellektuellen Feld* von Sokrates oder von anderen Künstlern der Rede gelernt haben mögen – ebenso für den Fall des späteren Mikrotyrannen Kleitophon aus der *Politeia* wie in den Fällen der berühmten Generäle Alkibiades, Laches und Nikias. Dabei sollten wir nicht übersehen, dass die Redekünstler und die Akteure des *Feldes der Macht* nicht etwa im Verhältnis einer konventionalisierten *Politikberatung* stehen und sich nicht als *Think Tanks* oder *Brain Trusts* organisieren. Der Prozess der Klärung des Kommunikationsregimes im Zuge der *Politeia* (vom *Straßen*gespräch über das Problem der *Gastfreundschaft* und die Konstituierung als *Untersuchungsgruppe* bis zur Möglichkeit eines *Bündnisses revolutionärer Epistaten*) zeigt uns im Gegenteil – ebenso wie z. B. Sokrates' Bemühen um die mythoästhetische Umgebung für das *Phaidros*-Gespräch –, dass diese Art politischer *Wechselwirkungen* nicht einem *typischen* sozialen Rahmen subsumiert werden können.

Allgemein fällt auf, dass die Protagonisten des *intellektuellen Felds,* dessen Dynamik Platon in variierenden Konstellationen beschreibt, abgesehen vom Personal des *Siebten Briefs* nicht Größen der Gegenwart sind, der er sich einschreibt:

Sie agieren in einer historischen Sequenz, die zum Zeitpunkt, als Platon die Akademie gründet, ungefähr 20 bis 70 Jahre zurückliegt, und zum Zeitpunkt, als er den *Siebten Brief* verfasst, ungefähr 50 bis 100 Jahre. Platon selbst ist Zeitzeuge nur der letzten dieser Jahre gewesen, während seine Schüler diese Zeit nur vom Hörensagen kennen. Mit den Jungen des *Corpus Platonicum* teilt er selbst die Generationslage; im Großen und Ganzen geben die Schriften die Gesprächslage unter den Generationen der Eltern, Großeltern und Urgroßeltern wieder.

Z. B. eine um 1970 geborene Soziologin, die in der Bundesrepublik Deutschland praktiziert und Platons Forschungsbewegung in ihre Zeit und den *politischen Verband,* in dem sie lebt, übertragen will, könnte also, wenn sie *nach den Zahlen* geht, am Leitfaden Platons prägnante Figuren des *intellektuellen Feldes* während der Weimarer Republik, der Naziherrschaft, der Zweistaatlichkeit und des ersten Jahrzehnts nach Beitritt der DDR zur Bundesrepublik identifizieren und miteinander ins Gespräch bringen, um zu dieser Epoche und ihren zu den Selbstverständlichkeiten des zeitgenössischen Weltverhältnisses sedimentierten Hinterlassenschaften eine Haltung zu gewinnen, die der Haltung der Akademie zur *rezenten Vergangenheit* Athens (an der, wenn wir an Thrasymachos, Gorgias, Parmenides usw. denken, nicht nur Athener beteiligt sind) vergleichbar ist.

Eine platonische Soziologin des 21. Jahrhunderts agiert wegen des Untersuchungsschwerpunkts der *rezenten Vergangenheit* in einem Arbeitsbündnis mit Kolleg*innen in Seminaren der neueren und der Zeitgeschichte und der *Intellectual History.* Dabei weiß sie, deren *multiparadigmatische* Disziplin ohnehin einen begrifflichen Austausch mit einem diffusen Feld von *Kulturwissenschaftler*innen* praktiziert, dass ihre Forschungsbewegung so wenig ein *interner* Vorgang ist, wie Platons Figurenkonstellation sich auf eine Gruppe von Leuten beschränkt, die das *Reden* (und also die Voraussetzung aller Politik) in einer *bestimmten* Form konventionalisiert haben: Sie ist Teil einer heterogenen Gruppe von *Professionals,* die das *kommunikative Gedächtnis* ihres politischen Verbands für die Bewältigung dessen näherer Zukunft zu ordnen suchen. Dieses Anliegen teilt die platonische Soziologin außer mit einigen Wissenschaftlern anderer Fakultäten, einigen Großjournalistinnen, Romanciers, Filmemacherinnen, PR-Beratern und allerlei Kulturschaffenden und begeisterten Dilettanten auch mit den Mächtigen im Verband und mit denen, die mächtiger werden wollen: mit Parteistrateginnen und Propagandaministern, Lobbyisten und Redenschreiberinnen, bürokratischen Eliten und Wirtschaftsführern usw.

Tatsächlich betrifft die Frage, wie solche Ordnungsleistungen am *kommunikativen Gedächtnis* eines Gemeinwesens ausfallen, *alle* unter den Lebenden, die, wie für den Fall Athen das Gegensatzpaar Lysias–Eratosthenes exemplarisch zeigt, auf unterschiedliche Weisen Hinterbliebene der politischen Ereignisse sind, die es zu ordnen gilt. In diesem weitgespannten Feld von Anliegen, Erwartungen und Machtmitteln eine eigene *(platonische)* Position behaupten zu wollen bedeutet, sich auf sprichwörtlich ‚dünnes Eis' zu begeben. Beinhaltet am Ende die Begrenzung der Soziologie Platons auf Vorgänge, die auf der *Nebenbühne* des *Feldes der Macht* angesiedelt sind, einen Hinweis auf eine Möglichkeit, über die ‚großen' politischen Ereignisse zu reden, ohne sie *plump* ansprechen zu müssen (und so womöglich aus den falschen Gründen in Gefahr zu geraten)?

Für die Soziologin des 21. Jahrhunderts stellt sich, wenn sie sich an die *methodologischen* Routinen ihres Fachs hält, nach der Klärung ihres Untersuchungsgegenstands das Problem einer begründeten *Fallauswahl.* Will sie sich dabei am Beispiel des *intellektuellen Felds* orientieren, das der *Corpus Platonicum* abbildet, so bedeutet dies, dass sie soziale Figuren zu identifizieren hat, die zu den Teilhabern von Platons sokratischen Konstellationen in einem Verhältnis stehen, das die sprachanalytisch aufgeklärte Philosophie der Sozialwissenschaften ihrer Epoche eine *Familienähnlichkeit* nennt.

Eine solche *Familien-* ist etwas anderes als eine *Namens*ähnlichkeit: Schon ein grober Überblick der rezenten Vergangenheit ihres Verbands wird der platonischen Soziologin zeigen, dass unter den ‚Philosophen' des 20. Jahrhunderts auch Tragöden, Kultus-Verwalter und sogar manche Rhapsoden zu finden sind, und dass es Leute gibt, die sich bloß ‚Schriftsteller' nennen mögen, aber bei genauerem Hinsehen so dialektisch arbeiten, wie sie es von Philosophen erwartet hätte. ‚Sophistin' möchte sich hier niemand, der etwas werden will, nennen – aber tatsächlich wird die platonische Soziologin ohne große Mühe feststellen, dass unter den unterschiedlichen Amtsvorgängern und Lehrern, Förderern und Mäzenen, Vorbildern und Idolen der *Professionals* des *kommunikativen Gedächtnisses* (von Wissenschaftlerinnen bis Kulturschaffenden) Ausprägungen sophistischer Praxis allgegenwärtig sind – wenn auch die Wege des Geldes von dessen Weg in der *klassischen* Variante, die Sokrates und Platon kennen, abweichen mag. Jedenfalls wird sie, wenn sie platonisch verfahren will, Fall für Fall prüfen müssen, in welchem Verhältnis die Regimes der Neo-Sophisten ihrer rezenten Vergangenheit und die politischen Regimes, unter denen sie leben, sich befinden, wie sie es mit welcher Verfassung halten und wie sie im Oikos, d. h. als *Privatleute,* agieren.

Wenn der Soziologin des 21. Jahrhunderts auch das *lebensweltliche* Vorbild des ihr von Berufs wegen geläufigen Grundbegriffs *Charisma* geläufig ist, so wird ihr nicht entgehen, dass im 20. Jahrhundert mancher sich ‚Dichter' nennt, der *figural* eher Platons Mantiker Euthyphron entspricht. Mantiker *anderer* Tonlagen findet sie in Kreisen der ‚Wissenschaft' und der ‚Kunst', unter *Sachbuch*-Autorinnen, unter den Vorgängern der *Lifestyle-Coaches* ihrer eigenen Jahre und zu allen Zeiten unter den Verfassern von *Volks*-Reden. Die hohe

Dichte, die der bei Platon randständige Typus Euthyphron im *intellektuellen Feld* des 20. Jahrhunderts erreicht, ist eine der Auffälligkeiten, mit deren Hilfe die Soziologin des 21. Jahrhunderts einer unbekannten Ordnung in den Ordnungen (und Unordentlichkeiten), in und mit denen sie lebt, auf die Spur gehen kann. Dabei wird sie fallweise prüfen müssen, ob und inwiefern die Neo-Mantiker der rezenten Vergangenheit als *säkulare* Hinterlassenschaft jahrhundertelang tradierter christlicher Lehren vom Lebensweg sich auf *missionarische* Spielarten eines *daimonion* berufen: auf ihren *Auftrag*, ihre *Inspiration*, ihre *Erfolgsformel* o. ä. – so wie bekanntlich bereits Euthyphron Sokrates' *daimonion* als eine Entscheidungsmaschine missverstanden hat.

Eine weitere Figur, die im *Corpus Platonicum* eher randständig ist, aber in der ‚Welt' des 20. Jahrhunderts in hoher Dichte und verteilt auf verschiedene Professionen auftritt, verkörpert der Rhapsode Ion: Die Verlagerung größerer Teile der politischen Kommunikation auf *Massenmedien,* deren Organisationsform die Soziologie des 21. Jahrhunderts als *Kulturindustrie* kennt, hat einen intellektuellen *Krammarkt* (bekanntlich die *eigentliche Sphäre der Kaufleute*) entstehen lassen, auf dem die vergleichsweise *harten Waren* der zeitgenössischen Sophisten und Dichter portiönchenweise feilgeboten werden. Akteure, die man (ähnlich wie Ion sich) für eine *Führungskraft* oder eine *Influencerin,* einen *Leitwolf* oder eine *Meinungsmacherin* und vielleicht sogar für potenziell regierungsfähig hält, weil sie außergewöhnlich *enthusiastisch* vorzutragen wissen, was ein *Mainstream* für vortragenswert hält, haben wachsende Habitate auf den Boulevards oder in den Cafés der großen Städte, in Zeitungskolumnen, Fernseh-Talkshows, Parteischulen oder Podcasts gefunden und tragen zur permanenten Akkumulation der verbreiteten *öffentlichen Meinungen* bei. In ihrer eigenen Zeit begegnen der platonischen Soziologin Rhapsod*innen nicht selten als Elemente eines trans- und antiprofessionellen Pools von *Celebrities*.

Die *trans*politischen Figuren des 20. (und des 21.) Jahrhunderts sind mindestens so breit gefächert, wie Platons ‚gesamtgriechisches' Lehrer-Ensemble (Euthydemos, Dionysodoros, Gorgias, Hippias, Parmenides, Prodikos und Protagoras usw.). Sie bewegen sich z. B. als Wissenschaftler auf internationalen Kongressen oder als Mitglieder politischer Delegationen auf internationalen Konferenzen, wirken bei internationalen Festspielen oder Sportereignissen mit, agieren als Vertreter*innen nationaler Minderheiten, als Kulturattachées usw. Dabei wird die platonische Soziologin nicht übersehen, dass Sokrates, d. h. der figurale Mittelpunkt des *Corpus Platonicum,* zwar mit den transpolitischen Lehrern ‚Griechenlands' im Gespräch, selbst aber *nicht* Teil dieser Gruppe ist, die manche ihrer Fachkolleg*innen als *Kosmopoliten* bezeichnen würden. Sie wird allerdings wissen, dass dies Sokrates nicht zwangsläufig zu einer *Kommunitaristin* macht: Die (ohnehin unwahrscheinliche) Möglichkeit einer Polis der Epistaten hängt bekanntlich daran, dass auch in anderen Poleis epistatische Regimes eingeübt werden. Allgemein wird die platonische Soziologin die Träger*innen transpolitischer Lehren in ihrer Epoche nach deren Konzeptualisierung *kultureller* Einheiten („Westen' vs. ‚Osten', ‚Europa', ‚Mitteleuropa', ‚Abendland' usw.) unterscheiden können.

Die Figur Sokrates steht exemplarisch dafür, dass die Soziologin des 21. Jahrhunderts bei der Arbeit mit all den figuralen Mustern, die sie (so wie wir hier zum Zweck der Illustration) en gros sammeln kann, jedem subsumtiven Reflex misstrauen sollte. Sokrates ist, wenn wir einmal die kanonische *Prominenz* beiseitelassen, die unsere Zeit ihm *nach Sitte und Herkommen* zubilligt, beim ersten Hinsehen jemand aus der großen Menge der Hopliten, der mit der Zeit ein eigentümliches *Sozialverhalten* entwickelt hat, das ihm den zweifelhaften Ruhm eines *komoidoumenos* eingetragen hat – eine ‚altgriechische' Form von *celebrity,* die er mit verschiedenen Akteuren des *Corpus Platonicum* (Agathon, Kleitophon usw.) teilt. Also kann die platonische Soziologin nicht ausschließen, auch unter Flaneuren und Kaffeehaus-Literatinnen, kleinen Schreibern oder Fernseh-Größen fallweise *Sokratiker* zu finden. Keineswegs darf sie sich darauf verlassen, *Platoniker* zu finden, wo Leute so genannt werden oder selbst sich auf Platon berufen.

Mit der Frage zeitgenössischer Familienähnlichkeiten mit Platons Sokrates-Figur wird es buchstäblich ernst für die Soziologin, die aus einer platonischen Untersuchung der rezenten Vergangenheit eine Haltung zu der Welt, in der sie lebt, gewinnen möchte: Wie wir aus dem *Siebten Brief* wissen, ist für Platon Sokrates nicht zuerst der Fall eines Hopliten, der zum *komoidoumenos* wurde, sondern der Fall eines *tugendhaften Manns,* der Gegenstand einer bodenlosen Justizintrige (eines tyrannischen Akts unter dem Mantel der Demokratie) geworden ist – in der die Ungerechtigkeit des herrschenden Regimes exemplarisch zutage tritt. Das 20. Jahrhundert kennt diese Figur als *Proletariat,* wobei Sokrates allerdings nicht eine gesellschaftliche *Klasse, welche keine Klasse ist,* repräsentiert, sondern ein Regime, das allen Bürgern fremd ist: Er agiert strikt an Wissen orientiert (*epistatisch*) in einer Umgebung, die es, wenn es um die Gründe von Eigentum, Ruhm, Luxus oder politischer Macht geht, nicht so genau wissen will, und führt seine Gespräche im Sinne des eigentümlichen soziologischen Prinzips, bei der Suche nach Weisheit Freundschaft zu finden (*Philosophie*). Anders als beim Proletariat, von dem man im 20. Jahrhundert zumeist geredet hat, entspricht in Fällen *sokratischer* Proletarier das *besondre Unrecht* dem *Unrecht schlechthin.*

Das (unbekannte) *platonische Proletariat* müsste sich, wenn wir nach dem gehen, was wir von Sokrates wissen, in Akteuren der rezenten Vergangenheit materialisieren, die, wenn sie einmal in das politische Geschäft verwickelt werden, der Verfassung gegenüber der öffentlichen Meinung den Vorrang geben; die aber keine Verfassung für die Antwort auf alle oder die letzten Fragen halten, weil es ihnen en gros und en detail um Fragen geht, die durch die gängigen Antworten *verdrängt* werden – weswegen manche sie für eines *Coup d'État* fähig halten; die gegebenenfalls für die ‚Sache' ihrer Mitbürger*innen in einen Krieg ziehen würden, aber für keinen *billigen* (d. h. antihumanistischen) Patriotismus zu haben sind; die wohl gelegentlich ihr Gebaren mit etwas einem *daimonion* Vergleichbarem erklären mögen, aber niemals, um eine *Führungs*instanz geltend zu machen, sondern um eine anderen übertrieben scheinende Bedachtsamkeit zu erklären; die gutes, den Klient*innen dienliches Handwerk wertschätzen, aber zwischen den Handwerken qualitativ zu differenzieren wissen und deren unterschiedliche Wichtigkeiten für ein gelingendes Gemeinwesen kennen; die gerade in den Jungen die Möglichkeit eines gerechteren als des gegebenen Regimes ansprechen, aber sich deren Anfälligkeiten für *schöne* (und manchmal für *tyrannische*) Reden bewusst sind; und die ansonsten all der Schwächen und Mängel verdächtig sein dürfen, deren man jede Bürgerin des 20. Jahrhunderts verdächtigen kann.

Die Soziologin des 21. Jahrhunderts wird, will sie versuchen, ihre Welt am Leitfaden Platons zu verstehen, ihr eigenes Verhältnis zum sokratischen Prinzip, in der Suche nach Weisheit Freundschaft zu finden, klären müssen: Die Akademie ist bekanntlich ein Ort der *Lehre* dessen, was Sokrates *Philosophie* nennt; und platonische Soziologie ist *ein* Aspekt einer Praxis dieses Namens. Wie wir gesehen haben, kann die Soziologin nicht sicher davon ausgehen, dass Sokrates sich selbst für einen Philosophen oder Platon das, was Sokrates tut, für Philosophie hält. Hinsichtlich *Platons* Philosophie (und der Position seiner *Soziologie* in ihr) steht sie vor einem fundamentalhermeneutischen Problem, das sich aus zwei der Wahrheiten ergibt, die er im *Siebten Brief* dekretiert. Philosophie ist (1) eine Praxis, über die sich in Form der Niederschrift nichts mitteilen lässt; d. h. im überlieferten *Corpus Platonicum* wird zwar von Philosophie (und vielleicht auch hin und wieder philosophisch) gesprochen, aber keine der Schriften *ist* im eigentlichen Sinn Philosophie. Und es gibt (2) Regimes, deren Eigenart die Entwicklung der Grundvoraussetzungen philosophischer Praxis *nicht* zulässt. D. h. jemand, der von Platon das Philosophieren lernen will, wird (wie der Fall Dionysios II. illustriert), wenn er unter einem *solchen* Regime *sozialisiert* und in ihm unterwiesen worden ist, nicht einmal verstehen, dass er von der Philosophie nichts verstanden hat – und die Soziologin kann nicht ausschließen, dass es in ihrem Fall ebenso ist.

Mit anderen Worten, die Soziologin des 21. Jahrhunderts kann Platons Philosophie nicht lernen, wie man etwas aus den Lehrbüchern lernt, die die Wissenschaftler*innen ihrer Epoche hervorbringen; sie kann auch nicht diese Philosophie als Haben *verbuchen,* um eine bestimmte soziologische Praxis aus ihr *abzuleiten.* Im Gegenteil sieht sie sich auf das zurückverwiesen, was ohnehin ihr Anliegen gewesen ist: die Klärung ihrer Haltung zu dem Regime, mit dem sie lebt; und auf das, was wir – im Besonderen mit Blick auf die Fragen nach Platons *Soziologie* – ohnehin bereits unternehmen: eine materialbasierte Rekonstruktion eines platonischen Sinnhorizonts jenseits des *Corpus Platonicum* aus dem Sinngehalt der Schriften. Mit Sokrates könnte die Soziologin des 21. Jahrhunderts also sagen, dass sie an der unklaren Lage der Philosophie des *Corpus Platonicum* das Problem der *Unwissenheit in ihrer Seele* etwas besser verstehen lernen kann.

Zugleich findet die Soziologin des 21. Jahrhunderts im *Corpus Platonicum* Gründe für die Annahme, dass es keineswegs die beste Voraussetzung des Philosophierens wäre, würde sie bereits sich für eine Philosophin oder das, was sie ‚Philosophie' nennt, für Philosophie halten: Niemand wird bei der Suche nach Weisheit Freundschaften schließen, der meint, bereits aller Weisheit teilhaftig zu sein. So weiß sie immerhin, obwohl sie so wenig über Platons Philosophieren weiß, dass Philosophinnen jedenfalls allen, die sich ‚Philosophen' nennen (oder gemeinhin ‚Philosophen' genannt werden), einstweilen kritisch (wenn auch freundschaftlich) begegnen werden. Und ihr ist ersichtlich, dass Philosophinnen gerade solchen Regimes, die wie *Familienähnlichkeiten* epistatischer Regime erscheinen möchten, intuitiv misstrauen werden: *Technokratien* oder *Expertokratien* nicht weniger als *Hierokratien* oder *Ständestaaten.*

Zwar muss die Soziologin, wie wir gesehen haben, davon ausgehen, in der *Politeia* nicht Philosophie, sondern bloß philosophische *Dichtung* zu finden; aber sie lernt an ihr zugleich Formen des professionellen Redens zu unterscheiden, die weder das eine noch das andere sind. Philosophie kann demnach unter den Akteur*innen der rezenten Vergangenheit (und ebenso unter ihren Zeitgenossen) nur dort vorliegen, wo *nicht* jemand (en gros oder en detail) sich wie ein Tragöde äußert, *nicht* jemand wie eine Rhapsodin oder wie ein Mantiker agiert, *nicht* jemand (vielleicht hin und wieder sie selbst) im Zuge eines Arguments in Sophisterei abrutscht. Ebenso wenig kann von einer philosophischen Praxis die Rede sein, wo jemandes Lehre z. B. auf eine *Theorie des ‚vernünftigen' Erfolgs,* auf den *Gegensatz von Freund und Feind,* auf eine *Theorie der Gerechtigkeit des Ungerechten* oder auf eine *Theorie des jungen Racket* hinausläuft.

Figural haben wir die irritierende Unwissenheit, was *Philosophen* (z. B. in der Akademie) mit dem *Corpus Platonicum* anstellen, durch zwei Größen der Verfremdung abzubilden versucht. In deren Sinn müsste auch die Soziologin des

21. Jahrhunderts, die das intellektuelle Feld der rezenten Vergangenheit studiert, Philosophen einstweilen als *Abwesende* behandeln, über die die Anwesenden gesprächsweise etwas in Erfahrung zu bringen versuchen bzw. deren *Bildnis* sie sich bedienen; oder sie müsste sie gedankenexperimentell in Anwesenden suchen, die womöglich nicht die sein könnten, als die sie zunächst erscheinen. In *praktischer* Hinsicht (d. h. mit Blick auf das, was während des 20. Jahrhunderts sich zu einer *Philosophie der Sozialwissenschaften* verselbständigt hat) lässt diese Unwissenheit sich als Aufforderung zur nachhaltigen Kultivierung eines Regimes der Fragen (*Soziologie des aufmerksamen Publikums*) verstehen – insbesondere derjenigen Fragen, die bei all dem Wissen, das die *großen Männer* der Epoche ausstellen, unberücksichtigt bleiben oder durch dessen penetrante Ausstellung erst entstehen. Eine platonische Soziologin des 21. Jahrhunderts wird also, nicht anders als Gouldner 50 Jahre früher beim Verfassen von *Enter Plato*, sich sicher als *kritische* Soziologin verstehen.

Eine einfache Handreichung für die eigene Praxis kann die kritische Soziologin der Gründung der Akademie nach langen Jahren stillen Studiums ablesen, die Platon im *Siebten Brief* berichtet: Die Soziologie des aufmerksamen Publikums ist nur phasenweise eine Sache zwischen *einer* Leserin und einem Autor (oder einem Material); ihre reflexiven Potenziale wird jede Leserin erst in Lektüre*kooperativen* voll entfalten. Auch wenn Soziolog*innen des 21. Jahrhunderts gute Gründe haben, sich als *globale* Akteurinnen zu verstehen, kann kein Zweifel bestehen, dass sie den Planeten umspannende Bildschirm-Netzwerke *nicht* als intime Lektürekooperativen im Sinne der Akademie Platons missverstehen sollten. Unsere Soziologin wird also, wenn sie nicht nach *Syrakus* reisen will, Gesprächspartner unter denen suchen müssen, die am Ort sind. Philosophieren ist das, was im Idealfall (d. h. nicht notwendig, aber der Möglichkeit nach) passiert, während die Soziologin in solchen Lektürekooperativen (oder mittels deren ‚innerer' Fortführung) materialgestützt (aber nicht material*versessen*) und ernsthaft (aber nicht *maßlos* ernst) Fragen wie die der gerechten Ordnung (oder wie man über gerechte Ordnungen sprechen kann) bespricht. So ist letztlich auch dieses Buch geschrieben worden, um Gesprächspartner*innen zu finden.

Zeittafel

in den Jahrzehnten vor 700 [v. Chr.]	Beginn der Festspiele am Zeus-Heiligtum in **Olympia**
ab ca. 590	Nach dem ‚Ersten Heiligen Krieg' wird das Apollon-Heiligtum in **Delphi** einem Bund von Poleis gemeinsam unterstellt
um 575–570	Athen erhält im Zuge einer Rechts- und Verwaltungsreform (initiiert von **Solon,** dem gewählten höchsten Beamten der Stadt) ein *geschriebenes* Gesetz
547–510	Nach einem von **Peisistratos** geführten Putsch wird Athen als *Tyrannis* regiert
ab 507	**(Kleisthenische)** Reform der politischen Einheiten, die Athen bilden (139 *Demen*, 30 *Tryttien*, 10 *Phylen*)
ab ca. 480	Athen wird im Zuge des Siegs seiner Flotte gegen ein Expansionsheer des persischen Achämenidenreichs (Schlacht bei Salamis) zur *Hegemonialmacht (Attischer Seebund)*
ca. 470	Geburt von **Sokrates**

ab ca. 462	In Athen wird die Macht des *Areopag*, des von der Aristokratie getragenen höchsten politischen und juristischen Gremiums, zugunsten demokratischer Institutionen begrenzt: eines Stadtrats (der *Boule*) und eines Geschworenengerichts (der *Heliaia*), die durch Los bestimmt werden, sowie der Versammlung aller wehrfähigen Bürger (der *Ekklesia*)
451	Die *Ekklesia* Athens beschließt auf Initiative des Strategen **Perikles** ein Gesetz, das die Bürgerrechte definiert
450	*Parmenides* (dramatisches Datum)
448–445	erster Krieg zwischen den (attischen bzw. peloponnesischen) Hegemonialmächten Athen und Sparta, der mit dem Schluss eines auf 30 Jahre datierten Friedens endet
447	Beginn des Baus des Parthenon-Tempels auf dem alten Burgberg Athens (Akropolis)
ca. 433–432	*Protagoras* (dramatisches Datum)
431	Aus einer Reihe von Bündniskonflikten entsteht der *Peloponnesische Krieg* zwischen den Hegemonialmächten Athen und Sparta
ca. 430	Geburt von **Dionysios I**
429	*Charmides* (dramatisches Datum)
424	*Laches* (dramatisches Datum); Geburt **Platons**
423	Aufführung von **Aristophanes'** Komödie *Die Wolken*, die Sokrates' schlechten Einfluss auf die Jugend Athens thematisiert
ca. 422	*Kratylos* (dramatisches Datum)
421	vorläufiger, auf 50 Jahre datierter Friedensschluss zwischen Athen und Sparta *(Nikiasfriede)*
zwischen 421 und 416	*Hippias minor* (dramatisches Datum)

Zeittafel

zwischen 418 und 416	*Phaidros* (dramatisches Datum)
416	*Symposium* (dramatisches Datum)
415–414	Götterschändungsprozesse in Athen
415–413	Ein von der *Ekklesia* Athens beschlossener Eroberungszug gegen (das von Sparta unterstützte) Syrakus *(sizilische Expedition)* endet mit dem Verlust der Flotte
414	Aufführung von **Aristophanes'** Komödie *Die Vögel*, die Sokrates als Vertreter einer obskuren Psychagogie und Sparta-Sympathien seiner Anhänger thematisiert
413	Mit der Besetzung der attischen Polis Dekelaia durch Sparta setzt der *Peloponnesische Krieg* wieder ein
	Ion (dramatisches Datum)
411	In Athen wird auf Initiative einer Gruppe von Aristokraten bzw. Oligarchen das Bürgerrecht auf 5000 Personen der Stadt beschränkt, die anstelle der *Ekklesia* die Regierung *(Rat der 400)* bestellen sollen
410	Die *demokratische* Ordnung wird wiederhergestellt
ca. 409	*Lysis* (dramatisches Datum)
ca. 407	*Euthydemos* (dramatisches Datum)
406	**Sokrates** amtiert als *Prytane* und widersetzt sich (erfolglos) der Kollektivanklage gegen Athens Generäle in der Arginusen-Schlacht
405	Aufführung von **Aristophanes'** Komödie *Die Frösche*, in der Sokrates und seinen Anhängern eine antipatriotische Haltung attestiert wird; **Geburt Dions;** in Syrakus übernimmt **Dionysios I.**, der in der Folgezeit ein Kolonialreich errichtet, die Regierung

404	Ende des *Peloponnesischen Kriegs* mit der Niederlage Athens und dem endgültigen Zerfall des Attischen Seebunds;
	in Athen installiert sich mit Unterstützung führender spartanischer Militärs eine *oligarchische* Regierung (*Herrschaft der Dreißig*);
	Sokrates widersetzt sich der Teilnahme an der Gefangensetzung des (am *Nikias-Frieden* beteiligten) Generals **Leon**
403	Wiederherstellung der *demokratischen* Institutionen nach einem militärischen Sieg der Exil-Athener unter dem Flottenkommandanten **Thrasybulos**
402	*Menon* (dramatisches Datum)
401–400	*Menexenos* (dramatisches Datum)
ca. 400	Rahmenhandlung des *Symposium*
399	*Theaitetos* (dramatisches Datum);
	Euthyphron (dramatisches Datum);
	Sophistes (dramatisches Datum);
	Politikos (dramatisches Datum);
	Prozess gegen **Sokrates**: *Apologie* (dramatisches Datum);
	Kriton (dramatisches Datum);
	Phaidon (dramatisches Datum)
ca. 397	Geburt von **Dionysios II**
395	Beginn des *Korinthischen Kriegs*, den die (während des Peloponnesischen Kriegs teilweise verfeindeten) Poleis Athen, Argos, Korinth und Theben gegen die neue ‚gesamtgriechische' Hegemonialmacht Sparta führen
393	**Dionysios I.** wird in Athen für seine politischen Erfolge mit einer Stele im Dionysostempel ausgezeichnet
391	Rahmenhandlung des *Theaitetos*

Zeittafel

386	Der *Korinthische Krieg* endet mit einem Vermittlungsfrieden *(Königsfrieden)*, für den das persische Achämenidenreich bürgt, das zudem die Hoheit über die griechischen Gebiete in Kleinasien erhält
384	**Platons** erster Aufenthalt in Syrakus
383	Gründung der *Akademie*
382	Rahmenhandlung des *Parmenides*
367	Tod von **Dionysios I.** und Regierungsantritt von **Dionysios II**
366	**Platons** zweiter Aufenthalt in Syrakus (auf Vorschlag Dions); Verbannung **Dions**
361–360	**Platons** dritter Aufenthalt in Syrakus auf Einladung von **Dionysios II.**; Verbannung von **Herakleides**
360	Treffen **Platons** mit **Dion** in Olympia
357	**Dion, Herakleides** und einem kleineren Kreis weiterer Exilanten gelingt mit Hilfe eines Söldnerheers eine Invasion in Syrakus
354	Ermordung von **Herakleides**; Ermordung **Dions**; Regierungsübernahme in Syrakus durch den athenischen Söldner **Kallipos**; **Platons** *Siebter Brief*
348	Tod **Platons**; **Speusippos** übernimmt die Leitung der *Akademie*
339	**Xenokrates** wird Akademievorstand
zwischen 268 und 264	**Arkesilaos** wird Akademievorstand
in den ersten Jahrzehnten des ersten nachchristlichen Jahrhunderts	**Thrasyllos'** (tetralogische) Platon-Ausgabe

Literatur

Aischylos. 2016. Die Sieben gegen Theben. In *Die Tragödien*. Übertragen von Johann Gustav Droysen. Durchgesehen von Walter Nestle. Neu herausgegeben und eingeleitet von Bernhard Zimmermann. Stuttgart: Kröner, S. 47–92.
Alline, Henri. 1984. *Histoire du texte de Platon*. Paris: Champion
Aristophanes. 2019a. Die Wolken. In *Die Komödien*. Übertragen von Ludwig Seeger, neu herausgegeben und eingeleitet von Bernhard Zimmermann. Stuttgart: Kröner, S. 121–183.
Aristophanes. 2019b. Die Wespen. In *Die Komödien*. Übertragen von Ludwig Seeger, neu herausgegeben und eingeleitet von Bernhard Zimmermann. Stuttgart: Kröner, S. 191–252.
Aristophanes. 2019c. Die Frauen am Thesmophorenfest. In *Die Komödien*. Übertragen von Ludwig Seeger, neu herausgegeben und eingeleitet von Bernhard Zimmermann. Stuttgart: Kröner, S. 441–484.
Aristophanes. 2019d. Die Vögel. In *Die Komödien*. Übertragen von Ludwig Seeger, neu herausgegeben und eingeleitet von Bernhard Zimmermann. Stuttgart: Kröner, S. 313–379.
Aristophanes. 2019e. Die Frösche. In *Die Komödien*. Übertragen von Ludwig Seeger, neu herausgegeben und eingeleitet von Bernhard Zimmermann. Stuttgart: Kröner, S. 489–544.
Aristoteles. 1973. *Politik*. Übersetzt und herausgegeben von Olof Gigon. München: dtv.
Aristoteles. 1987. *Physik. Vorlesung über Natur*. Erster Halbband: Bücher I(A)-IV(Δ). Griechisch-Deutsch. Übersetzt, mit einer Einleitung und Anmerkungen herausgegeben von Hans Günter Zekl. Hamburg: Meiner.
Aristoteles. 2003. *Metaphysik*. Übersetzt, mit einer Einleitung und Anmerkungen versehen von Hans Günther Zekl. Würzburg: Königshausen & Neumann.
Bengtson, Hermann. 2009. *Griechische Geschichte. Von den Anfängen bis in die Römische Kaiserzeit*. 10., unveränderte Auflage. München: C.H. Beck.
Bickel, Ernst. 1944. Das platonische Schriftenkorpus der 9 Tetralogien und die Interpolation im Platontext. In *Rheinisches Museum* 92, S. 94-96.
Blass, Friedrich. 1874. *Die attische Beredsamkeit. Abtheilung 2: Isokrates und Isaios*. Leipzig: Teubner.
Bloom, Allan. 2016. *The Republic of Plato*. Translated and with an interpretative Essay by Allan Bloom. New York: Basic Books.
Blumenberg, Hans. 1996. *Höhlenausgänge*. Frankfurt am Main: Suhrkamp.

Brandwood, Leonard. 1990. *The Chronology of Plato's Dialogues.* Cambridge: Cambridge University Press.

Bremmer, Jan N. 1996. *Götter, Mythen und Heiligtümer im antiken Griechenland.* Darmstadt: Wissenschaftliche Buchgesellschaft.

Buchheim, Thomas. 1995. Sophistik; sophistisch; Sophist. I. In *Historisches Wörterbuch der Philosophie. Band 9*, hrsg. Joachim Ritter und Karlfried Gründer Darmstadt: Wissenschaftliche Buchgesellschaft, S. 1075–1082.

Chaniotis, Angelos. 2020. *Das antike Kreta.* München: C.H. Beck.

Diogenes Laertios. 2008. *Leben und Meinungen berühmter Philosophen. Erster Band. Bücher I-VI.* In der Übersetzung von Otto Apelt unter Mitarbeit von Hans Günther Zekl herausgegeben sowie mit Einleitung und Anmerkungen versehen von Klaus Reich. Hamburg: Meiner.

Dodds, Eric R. 1959. *Plato's* Gorgias. Oxford: Clarendon Press.

Döring, Klaus. 2017. Zur Biographie Platons. In *Platon Handbuch. Leben – Werk – Wirkung.* 2. Auflage, hrsg. Christoph Horn, Jörn Müller und Klaus Döring. Stuttgart: Metzler, S. 2–18.

Dušanić, Slobodan. 1990. English Summary. In *History and Politics in Plato's 'Laws'.* Belgrad: The Serbian Academy of Sciences and Arts, S. 359–398.

Erler, Michael. 2017. Kontexte der Philosophie Platons. In *Platon Handbuch. Leben – Werk – Wirkung.* 2. Auflage, hrsg. Christoph Horn, Jörn Müller und Klaus Döring. Stuttgart: Metzler, S. 63–104.

Flashar, Hellmut. 2000. *Sophokles. Dichter im demokratischen Athen.* München: C.H. Beck.

Fleck, Ludwik. 1980. *Entstehung und Entwicklung einer wissenschaftlichen Tatsache. Einführung in die Lehre vom Denkstil und Denkkollektiv.* Frankfurt am Main: Suhrkamp.

Frede, Michael. 1992. Plato's Arguments and the Dialogue Form. In *Methods of Interpreting Plato and his Dialogues. Oxford Studies in Ancient Philosophy. Supplementary Volume*, hrsg. James Klagge und Nicholas Smith. Oxford: Clarendon Press, S. 201–219.

Friese, Wiebke. 2012. *Die Kunst vom Wahn- und Wahrsagen. Orakelheiligtümer in der antiken Welt.* Darmstadt, Mainz: Philipp von Zabern.

Gaiser, Konrad. 1998. *Platons ungeschriebene Lehre. Studien zur systematischen und geschichtlichen Begründung der Wissenschaften in der platonischen Schule.* Stuttgart: Klett-Cotta.

Gostmann, Peter. 2019. Die Soziologie des Geistes. Systematik und Praxis. In *Soziologie des Geistes. Grundlagen und Fallstudien zur Ideengeschichte des 20. Jahrhunderts*, hrsg. Peter Gostmann und Alexandra Ivanova. Wiesbaden: Springer VS, S. 9–61.

Gostmann, Peter, und Ivanova, Alexandra. 2019. Glossar zur Soziologie des Geistes. In *Soziologie des Geistes. Grundlagen und Fallstudien zur Ideengeschichte des 20. Jahrhunderts*, hrsg. Peter Gostmann und Alexandra Ivanova. Wiesbaden: Springer VS, S. 459–478.

Gostmann, Peter, und Ivanova, Alexandra. 2021. Das Konzept der Regimes. Exemplifiziert an Fällen von Regimes des Erfolgs. In *Macht und Herrschaft. Zur Revision zweier soziologischer Grundbegriffe.* Zweite, erweiterte Neuauflage, hrsg. Peter Gostmann und Peter-Ulrich Merz-Benz. Wiesbaden: Springer VS, S. 269–321.

Gouldner, Alvin W. 1965. *Enter Plato. Classical Greece and the Origins of Social Theory.* New York, London: Basic Books.

Haas, Peter M. 1992. Introduction. Epistemic Communities and International Policy Coordination. In *International Organization* 46, S. 1–35.
Herodot. 1971. *Historien. Deutsche Gesamtausgabe.* Übersetzt von A. Horneffer. Neu herausgegeben und erläutert von H.W. Haussig. Mit einer Einleitung von W.F. Otto. Stuttgart: Kröner.
Horkheimer, Max. 1985. Die Rackets und der Geist. In *Gesammelte Schriften. Band 12: Nachgelassene Schriften 1931–1949.* Frankfurt am Main: Fischer, S. 287–291.
Homer. 2003a. Odyssee. In *Ilias. Odyssee.* In der Übertragung von Johann Heinrich Voß. Düsseldorf: Patmos. S. 439–776.
Homer. 2003b. Ilias. In *Ilias. Odyssee.* In der Übertragung von Johann Heinrich Voß. Düsseldorf: Patmos. S. 3–437.
Huber, Ingeborg. 2013. Einleitung. In: Lysias, *Reden.* Eingeleitet, übersetzt und kommentiert von Ingeborg Huber. Darmstadt: Wissenschaftliche Buchgesellschaft, S. 9–30.
Kahn, Charles. 1996. *Plato and the Socratic Dialogue. The Philosophical Use of a Literary Form.* Cambridge: Cambridge University Press.
Krämer, Hans. 1996. Platons ungeschriebene Lehre. In *Platon. Seine Dialoge in der Sicht neuer Forschung,* hrsg. Theo Kobusch und Burkhard Mojsisch. Darmstadt: Wissenschaftliche Buchgesellschaft, S. 249–275.
Kuhn, Thomas S. 1976. *Die Struktur wissenschaftlicher Revolutionen.* Frankfurt am Main: Suhrkamp.
Ledger, Gerald R. 1989. *Re-Counting Plato. A Computer-Analysis of Plato's Style.* Oxford, New York: Oxford University Press.
Lysias. 2013. Anklagerede gegen Eratosthenes, der Mitglied der Dreißig war – von Lysias selbst gehalten. In *Reden.* Eingeleitet, übersetzt und kommentiert von Ingeborg Huber. Darmstadt: Wissenschaftliche Buchgesellschaft, S. 98–113.
Meier, Christian. 1980. *Die Entstehung des Politischen bei den Griechen.* Frankfurt am Main: Suhrkamp.
Meier, Christian. 1993. *Athen. Ein Neubeginn der Weltgeschichte.* Berlin: Siedler.
Merton, Robert K. 1988. Reference group, Invisible Colleges, and Deviant behavior in Science. In *Surveying Social Life. Papers in Honor of Herbert H. Hyman,* hrsg. Hubert J. O'Gorman Middletown: Wesleyan University Press, S. 174–189.
Moors, Kent. 1987. The Argument against a Dramatic Date for Plato's *Republic.* In *Polis* 7, S. 6–31.
Müller, Reimar. 2003. *Die Entdeckung der Kultur. Antike Theorien über Ursprung und Entwicklung der Kultur von Homer bis Seneca.* Düsseldorf, Zürich: Artemis & Winkler.
Nails, Debra. 2002. *The People of Plato. A Prosopography of Plato and other Socratics.* Indianapolis, Cambridge: Hackett.
Nietzsche, Friedrich. 1997. Die Geburt der Tragödie oder Griechentum und Pessimismus. In *Werke in drei Bänden. Erster Band.* Herausgegeben von Karl Schlechta. Darmstadt: Wissenschaftliche Buchgesellschaft, S. 7–134.
Platon. 1967. Siebter Brief. In *Briefe.* Griechisch-deutsch herausgegeben von Willy Neumann, bearbeitet von Jula Kerschensteiner. München: Heimeran, S. 44–115.
Platon. 1970a. Theaitetos. In *Werke in acht Bänden. Griechisch und Deutsch. Sechster Band.* Herausgegeben von Gunther Eigler. Bearbeitet von Peter Staudacher. Griechischer Text von Auguste Diès. Deutsche Übersetzung von Friedrich Schleiermacher. Darmstadt: Wissenschaftliche Buchgesellschaft, S. 1–217.

Platon. 1970b. Der Sophist. In *Werke in acht Bänden. Griechisch und Deutsch. Sechster Band*. Herausgegeben von Gunther Eigler. Bearbeitet von Peter Staudacher. Griechischer Text von Auguste Diès. Deutsche Übersetzung von Friedrich Schleiermacher. Darmstadt: Wissenschaftliche Buchgesellschaft, S. 219–401.

Platon. 1970c. Der Staatsmann. In *Werke in acht Bänden. Griechisch und Deutsch. Sechster Band*. Herausgegeben von Gunther Eigler. Bearbeitet von Peter Staudacher. Griechischer Text von Auguste Diès. Deutsche Übersetzung von Friedrich Schleiermacher. Darmstadt: Wissenschaftliche Buchgesellschaft, S. 403–579.

Platon. 1972a. Timaios. In *Werke in acht Bänden. Griechisch und Deutsch. Siebter Band*. Herausgegeben von Gunther Eigler. Bearbeitet von Klaus Widdra. Griechischer Text von Albert Rivaud und Auguste Diès. Deutsche Übersetzung von Hieronymus Müller und Friedrich Schleiermacher. Darmstadt: Wissenschaftliche Buchgesellschaft, S. 1–210.

Platon. 1972b. Der Staat. In *Werke in acht Bänden. Griechisch und Deutsch. Vierter Band*. Herausgegeben von Gunther Eigler. Bearbeitet von Dietrich Kurz. Griechischer Text von Émile Chambry. Deutsche Übersetzung von Friedrich Schleiermacher. Darmstadt: Wissenschaftliche Buchgesellschaft, S. 1–875.

Platon. 1972c. Philebos. In *Werke in acht Bänden. Griechisch und Deutsch. Siebter Band*. Herausgegeben von Gunther Eigler. Bearbeitet von Klaus Widdra. Griechischer Text von Albert Rivaud und Auguste Diès. Deutsche Übersetzung von Hieronymus Müller und Friedrich Schleiermacher. Darmstadt: Wissenschaftliche Buchgesellschaft, S. 255–443.

Platon. 1973a. Menon. In *Werke in acht Bänden. Griechisch und Deutsch. Zweiter Band*. Herausgegeben von Gunther Eigler. Bearbeitet von Heinz Hofmann. Griechischer Text von Alfred Croiset, Louis Bodin, Maurice Croiset und Louis Méridier. Deutsche Übersetzung von Friedrich Schleiermacher. Darmstadt: Wissenschaftliche Buchgesellschaft, S. 505–599.

Platon. 1973b. Des Sokrates Verteidigung. In *Werke in acht Bänden. Griechisch und Deutsch. Zweiter Band*. Herausgegeben von Gunther Eigler. Bearbeitet von Heinz Hofmann. Griechischer Text von Alfred Croiset, Louis Bodin, Maurice Croiset und Louis Méridier. Deutsche Übersetzung von Friedrich Schleiermacher. Darmstadt: Wissenschaftliche Buchgesellschaft, S. 1–69.

Platon. 1973c. Euthydemos. In *Werke in acht Bänden. Griechisch und Deutsch. Zweiter Band*. Herausgegeben von Gunther Eigler. Bearbeitet von Heinz Hofmann. Griechischer Text von Alfred Croiset, Louis Bodin, Maurice Croiset und Louis Méridier. Deutsche Übersetzung von Friedrich Schleiermacher. Darmstadt: Wissenschaftliche Buchgesellschaft, S. 109–219.

Platon. 1973d. Kriton. In *Werke in acht Bänden. Griechisch und Deutsch. Zweiter Band*. Herausgegeben von Gunther Eigler. Bearbeitet von Heinz Hofmann. Griechischer Text von Alfred Croiset, Louis Bodin, Maurice Croiset und Louis Méridier. Deutsche Übersetzung von Friedrich Schleiermacher. Darmstadt: Wissenschaftliche Buchgesellschaft, S. 71–107.

Platon. 1973e. Gorgias. In *Werke in acht Bänden. Griechisch und Deutsch. Zweiter Band*. Herausgegeben von Gunther Eigler. Bearbeitet von Heinz Hofmann. Griechischer Text von Alfred Croiset, Louis Bodin, Maurice Croiset und Louis Méridier. Deutsche Übersetzung von Friedrich Schleiermacher. Darmstadt: Wissenschaftliche Buchgesellschaft, S. 269–503.

Platon. 1973f. Menexenos. In *Werke in acht Bänden. Griechisch und Deutsch. Zweiter Band.* Herausgegeben von Gunther Eigler. Bearbeitet von Heinz Hofmann. Griechischer Text von Alfred Croiset, Louis Bodin, Maurice Croiset und Louis Méridier. Deutsche Übersetzung von Friedrich Schleiermacher. Darmstadt: Wissenschaftliche Buchgesellschaft, S. 221–267.

Platon. 1974a. Das Gastmahl. In *Werke in acht Bänden. Griechisch und Deutsch. Dritter Band.* Herausgegeben von Gunther Eigler. Bearbeitet von Dietrich Kurz. Griechischer Text von Léon Robin und Louis Méridier. Deutsche Übersetzung von Friedrich Schleiermacher. Darmstadt: Wissenschaftliche Buchgesellschaft, S. 209–393.

Platon. 1974b. Phaidon. In *Werke in acht Bänden. Griechisch und Deutsch. Dritter Band.* Herausgegeben von Gunther Eigler. Bearbeitet von Dietrich Kurz. Griechischer Text von Léon Robin und Louis Méridier. Deutsche Übersetzung von Friedrich Schleiermacher. Darmstadt: Wissenschaftliche Buchgesellschaft, S. 1–207.

Platon. 1974c. Kratylos. In *Werke in acht Bänden. Griechisch und Deutsch. Dritter Band.* Herausgegeben von Gunther Eigler. Bearbeitet von Dietrich Kurz. Griechischer Text von Léon Robin und Louis Méridier. Deutsche Übersetzung von Friedrich Schleiermacher. Darmstadt: Wissenschaftliche Buchgesellschaft, S. 395–575.

Platon. 1977a. Protagoras. In *Werke in acht Bänden. Griechisch und Deutsch. Erster Band.* Herausgegeben von Gunther Eigler. Bearbeitet von Heinz Hofmann. Griechischer Text von Louis Bodin, Alfred Croiset, Maurice Croiset und Louis Méridier. Deutsche Übersetzung von Friedrich Schleiermacher. Darmstadt: Wissenschaftliche Buchgesellschaft, S. 83–217.

Platon. 1977b. Charmides. In *Werke in acht Bänden. Griechisch und Deutsch. Erster Band.* Herausgegeben von Gunther Eigler. Bearbeitet von Heinz Hofmann. Griechischer Text von Louis Bodin, Alfred Croiset, Maurice Croiset und Louis Méridier. Deutsche Übersetzung von Friedrich Schleiermacher. Darmstadt: Wissenschaftliche Buchgesellschaft, S. 287–349.

Platon. 1977c. Laches. In *Werke in acht Bänden. Griechisch und Deutsch. Erster Band.* Herausgegeben von Gunther Eigler. Bearbeitet von Heinz Hofmann. Griechischer Text von Louis Bodin, Alfred Croiset, Maurice Croiset und Louis Méridier. Deutsche Übersetzung von Friedrich Schleiermacher. Darmstadt: Wissenschaftliche Buchgesellschaft, S. 219–285.

Platon. 1977d. Hippias II. In *Werke in acht Bänden. Griechisch und Deutsch. Erster Band.* Herausgegeben von Gunther Eigler. Bearbeitet von Heinz Hofmann. Griechischer Text von Louis Bodin, Alfred Croiset, Maurice Croiset und Louis Méridier. Deutsche Übersetzung von Friedrich Schleiermacher. Darmstadt: Wissenschaftliche Buchgesellschaft, S. 41–81.

Platon. 1977e. Ion. In *Werke in acht Bänden. Griechisch und Deutsch. Erster Band.* Herausgegeben von Gunther Eigler. Bearbeitet von Heinz Hofmann. Griechischer Text von Louis Bodin, Alfred Croiset, Maurice Croiset und Louis Méridier. Deutsche Übersetzung von Friedrich Schleiermacher. Darmstadt: Wissenschaftliche Buchgesellschaft, S. 1–39.

Platon. 1977f. Lysis. In *Werke in acht Bänden. Griechisch und Deutsch. Erster Band.* Herausgegeben von Gunther Eigler. Bearbeitet von Heinz Hofmann. Griechischer Text von Louis Bodin, Alfred Croiset, Maurice Croiset und Louis Méridier. Deutsche Übersetzung von Friedrich Schleiermacher. Darmstadt: Wissenschaftliche Buchgesellschaft, S. 399–451.

Platon. 1977g. Euthyphron. In *Werke in acht Bänden. Griechisch und Deutsch. Erster Band*. Herausgegeben von Gunther Eigler. Bearbeitet von Heinz Hofmann. Griechischer Text von Louis Bodin, Alfred Croiset, Maurice Croiset und Louis Méridier. Deutsche Übersetzung von Friedrich Schleiermacher. Darmstadt: Wissenschaftliche Buchgesellschaft, S. 351–397.

Platon. 1977h. Gesetze. Buch I-VI. In *Werke in acht Bänden. Griechisch und Deutsch. Achter Band. Erster Teil*. Herausgegeben von Gunther Eigler. Bearbeitet von Klaus Schöpsdau. Griechischer Text von Édouard des Places. Deutsche Übersetzung von Klaus Schöpsdau. Darmstadt: Wissenschaftliche Buchgesellschaft, S. 1–433.

Platon. 1977i. Gesetze. Buch VII-XII. In *Werke in acht Bänden. Griechisch und Deutsch. Achter Band. Zweiter Teil*. Herausgegeben von Gunther Eigler. Bearbeitet von Klaus Schöpsdau. Griechischer Text von Auguste Diès und Joseph Souilhé. Deutsche Übersetzung von Klaus Schöpsdau und Hieronymus Müller. Darmstadt: Wissenschaftliche Buchgesellschaft, S. 1–511.

Platon. 1981a. Phaidros. In *Werke in acht Bänden. Griechisch und Deutsch. Fünfter Band*. Herausgegeben von Gunther Eigler. Bearbeitet von Dietrich Kurz. Griechischer Text von Léon Robin, Auguste Diès und Joseph Souilhé. Deutsche Übersetzung von Friedrich Schleiermacher und Dietrich Kurz. Darmstadt: Wissenschaftliche Buchgesellschaft, S. 1–193.

Platon. 1981b. Parmenides. In *Werke in acht Bänden. Griechisch und Deutsch. Fünfter Band*. Herausgegeben von Gunther Eigler. Bearbeitet von Dietrich Kurz. Griechischer Text von Léon Robin, Auguste Diès und Joseph Souilhé. Deutsche Übersetzung von Friedrich Schleiermacher und Dietrich Kurz. Darmstadt: Wissenschaftliche Buchgesellschaft, S. 195–319.

Popper, Karl R. 1935. *Logik der Forschung. Zur Erkenntnistheorie der modernen Naturwissenschaft*. Wien: Springer.

Popper, Karl R. 1992a. *Die offene Gesellschaft und ihre Feinde. Band I. Der Zauber Platons*. Tübingen: Mohr (Siebeck).

Popper, Karl R. 1992b. *Die offene Gesellschaft und ihre Feinde. Band II: Falsche Propheten: Hegel, Marx und die Folgen*. Tübingen: Mohr (Siebeck).

Radulović, Ifigenija, Vukadinović, Snežana, und Smirnov-Brkić, Aleksandra. 2015. Hermes the Transformer. In *Ágora* 17, S. 45–62.

Ranke-Graves, Robert von. 1984. *Griechische Mythologie. Quellen und Deutung*. Reinbek bei Hamburg: Rowohlt.

Rebenich, Stefan. 2021. *Die Deutschen und ihre Antike. Eine wechselvolle Beziehung*. Stuttgart: Klett-Cotta.

Robbins, Emmet. 1997a. Pindar. In A Companion to the Greek Lyric Poets, hrsg. Douglas E. Gerber. Leiden, New York, Köln: Brill, S. 253–277.

Robbins, Emmet. 1997b. Simonides. In *A Companion to the Greek Lyric Poets*, hrsg. Douglas E. Gerber. Leiden, New York, Köln: Brill, S. 243–252.

Rubel, Alexander. 2000. *Stadt in Angst. Religion und Politik in Athen während des Peloponnesischen Krieges*. Darmstadt: Wissenschaftliche Buchgesellschaft.

Sayre, Kenneth M. 1983. *Plato's Late Ontology. A Riddle Resolved*. Princeton: Princeton University Press.

Schmidt-Hofner, Sebastian. 2016. *Das klassische Griechenland. Der Krieg und die Freiheit*. München: C.H. Beck.

Schmitz, Winfried. 2014. *Die griechische Gesellschaft. Eine Sozialgeschichte der archaischen und klassischen Zeit.* Heidelberg: Verlag Antike.
Snell, Bruno. 1955. *Die Entdeckung des Geistes. Studien zur Entstehung des europäischen Denkens bei den Griechen.* Hamburg: Claassen.
Snell, Bruno. Hrsg. 1971. *Leben und Meinungen der Sieben Weisen.* München: Heimeran.
Söder, Joachim. 2017. Zu Platons Werken. In *Platon Handbuch. Leben – Werk – Wirkung.* 2. Auflage, hrsg. Christoph Horn, Jörn Müller und Klaus Döring. Stuttgart: Metzler, S. 20–61.
Spillner, Bernd. Hrsg. 1984. *Methoden der Stilanalyse.* Tübingen: Narr.
Strauss, Leo. 1945. On Classical Political Philosophy. In *Social Research* 12, S. 98-117.
Strauss, Leo. 1975. *The Argument and the Action of Plato's Laws.* Chicago, London: The University of Chicago Press.
Strauss, Leo. 1988. *Persecution and the Art of Writing.* Chicago: The University of Chicago Press.
Strauss, Leo. 2001. *On Plato's Symposium.* Chicago, London: The University of Chicago Press.
Swift, Jonathan. 2010. *A Tale of a Tub and Other Works.* Edited by Marcus Walsh. Cambridge: Cambridge University Press.
Szlezák, Thomas A. 1985. Politeia. Den Philosophen nicht loslassen. In *Platon und die Schriftlichkeit der Philosophie. Interpretation der frühen und mittleren Dialoge.* Berlin, New York: de Gruyter, S. 271–326.
Szlezák, Thomas A. 2021. *Platon. Meisterdenker der Antike.* München: C.H. Beck.
Thesleff, Holger. 2009. Studies in Platonic Chronology. In *Platonic Patterns. A Collection of Studies.* Las Vegas, Zürich, Athen: Parmenides Publishing, S. 143–382.
White, Stephen A. 1995. Thrasymachus the Diplomat. In *Classical Philology* 90, S. 307-327.
Whitehead, Alfred N. 1987. *Prozess und Realität. Entwurf einer Kosmologie.* Frankfurt am Main: Suhrkamp.
Will, Wolfgang. 2019. *Athen oder Sparta. Die Geschichte des Peloponnesischen Krieges.* München: C.H. Beck.
Wilson, Nigel G. 1962. A List of Plato Manuscripts. In *Scriptorium* 16, S. 386–395.
Young, Charles N. 1994. Plato and Computer Dating. In *Oxford Studies in Ancient Philosophy* 12, S. 227–250.
Zuckert, Catherine H. 2009. *Plato's Philosophers. The Coherence of the Dialogues.* Chicago, London: The University of Chicago Press.

The manufacturer's authorised representative in the EU is Springer Nature Customer Service Centre GmbH, Europaplatz 3, 69115 Heidelberg, Germany. If you have any concerns regarding our products, please contact ProductSafety@springernature.com

Printed and bound by CPI Group (UK) Ltd, Croydon, CR0 4YY
25/03/2026
02078232-0001